菲与刑罚哲学

作者简介

И. М. 拉基莫夫 1951 年 1 月 14 日生于苏联阿塞拜疆苏维埃社会主义共和国。1970 年考入国立列宁格勒大学法律系，1978 年获法学副博士学位，1988 年获博士学位。1996 年晋升为教授。1982-1996 年任职于阿塞拜疆共和国司法部，并成为管理委员会成员。1992-1996 年任司法鉴定、犯罪侦查学和犯罪学问题科学研究所所长。发表的百余篇论文和 8 部专著，主要有《刑罚哲学及其目的问题》、《犯罪与刑罚》、《犯罪与刑罚哲学》等。2004 年当选为俄罗斯安全、国防和法律秩序科学院院士。为表彰其个人在促进俄罗斯与阿塞拜疆之间的友谊关系与合作方面的贡献，2005 年被授予彼得大帝二级勋章，成为第一位获此殊荣的阿塞拜疆人。2011 年，阿塞拜疆共和国总统令授予其"阿塞拜疆共和国功勋法学家"荣誉称号，同年被授予"国际人权保护委员会"法国协会"新月和星"国际一级（最高）勋章和"新月和星"国际勋章获得者称号。

译者简介

王志华 法学博士，中国政法大学比较法学研究院教授，博士生导师，比较法研究所所长，俄罗斯法律研究中心副主任；中国法学会比较法学研究会副会长兼秘书长。译有《我的父亲贝利亚》、《俄罗斯联邦公司法》、《俄罗斯民法》（合译）；出版《中国近代证券法》、《俄罗斯公司法》（专著）；在国内外期刊发表《中国商法百年 1904-2004》、《一部私法草案的公法情结》、《转型时期的俄罗斯陪审制度》、《苏联法影响中国法的几点思考》、《论俄罗斯知识产权法的民法典化》、《解读西方传统法律文化》等论文 30 余篇。

丛凤玲 中国政法大学外国语学院副教授，硕士生导师。2003 年起任职中国政法大学外国语学院，先后担任非通用语种教研室主任、俄语语言文学研究所所长。2008 至 2009 年为莫斯科国家法律学院访问学者，研究俄罗斯法律。曾参与翻译《俄罗斯刑事诉讼教程》、《中国与俄罗斯犯罪构成理论比较研究》（中文版、俄文版）、《俄罗斯中亚国家矿产资源法》、《二十世纪犯罪》，独译《俄罗斯民法》（第 3 卷），并在境内外学术刊物上发表论文十余篇。

犯罪与刑罚哲学

［阿塞拜疆］И. М. 拉基莫夫

→ 著 ←

王志华 丛凤玲

→ 译 ←

黄道秀

→ 校 ←

中国政法大学出版社

2016·北京

版权登记号：图字 01-2016-6204 号

图书在版编目（ＣＩＰ）数据

犯罪与刑罚哲学/(阿塞拜疆)拉基莫夫著；王志华，丛凤玲译.—北京：
中国政法大学出版社，2016.9
ISBN 978-7-5620-6956-0

Ⅰ.①犯… Ⅱ.①拉… ②王… ③丛… Ⅲ.①犯罪学－法哲学－研究
②刑罚－法哲学－研究 Ⅳ.①D917.904②D914.04

中国版本图书馆CIP数据核字(2016)第199775号

出 版 者	中国政法大学出版社
地　　址	北京市海淀区西土城路 25 号
邮寄地址	北京 100088 信箱 8034 分箱　邮编 100088
网　　址	http://www.cuplpress.com（网络实名：中国政法大学出版社）
电　　话	010-58908524(编辑部) 58908334(邮购部)
承　　印	山东临沂新华印刷物流集团有限责任公司
开　　本	880mm×1230mm　1/32
印　　张	9.5
字　　数	180 千字
版　　次	2016 年 9 月第 1 版
印　　次	2016 年 9 月第 1 次印刷
定　　价	56.00 元

中文版序

黄道秀* 译

著名法学家 И. М. 拉基莫夫的专著译成中文问世了。这本书从哲学的角度研究犯罪与刑罚现象。在对社会生活各方面的认识中，也包括对生活当中反面的犯罪现象的认识中，哲学与法，包括刑法，总是并行的。在孔子对违法行为的认识上，这一点表现得特别鲜明。

"犯罪"与"刑罚"——是一对相互依存的范畴，缺少了一个，另一个便不复存在。对整个刑法也可以这样认识：没有犯罪，刑法便没有了对象，没有刑罚，刑法便不设防。刑法对某一危害社会行为的禁止不仅表示该行为是犯罪，而且还应受到刑罚惩处。因此，在构成刑法基础理论系统的范畴中，犯罪制度之后占第二位的便是刑罚制度（但就其重要性而言两者却相同）。

---

* 中国政法大学教授，博士生导师。

迄今为止，人类的思想家们创立了大量的、各种各样的犯罪学说。但是，各种不同的刑罚理论似乎更多。这是完全可以理解的，因为各个时代全人类的和各民族的代表人物都试图遏止、根除、消灭那些被称为"犯罪"的社会罪恶。

纵观历史，我们清楚地看到，在人类的道路上，起初仅着重于报应和报复（即纯粹的惩罚）。后来，重点转移到另一手段——责任的不可避免，其实质可以用一句最流行的格言来表示："刑罚的有效性根本不在于它的严峻，而在于它的不可避免。"然而，即使是这条道路也没有通向预期的结果。最近，人们提出了一系列新的措施：从建议扩大对居民行为的社会法律监督直至建议使用恢复性司法，以替代传统斗争模式来打击对私权利的侵害，甚至建议作为极端的制度去满足受到犯罪侵害的公民的所有权利与利益。

某些颇具浪漫思想的法学家，虽然清楚地懂得"依照法律规定判处刑罚意味着施加痛苦，而刑罚的目的正在于此"，然而却断言："如果应该使之遭受痛苦，那也不是为了玩弄手法，而应该采用人们感受到深刻痛楚与悲伤时所采用的形式。这也许会造成刑罚消失的局面。如果这种情况发生了，那么国家的基本特征也就不复存在了。这种局面仅仅作为一种理想，值得去认识，并且视为善良和人性王国，这个目标是不可达到的，但应争取去达到。"[1]

---

〔1〕 Кристи Н. Причиняя боль. Роль наказания в уголовной политике. СПб., 2011. С. 18.

在俄罗斯，无论过去还是现在，犯罪与刑罚的问题传统上都受到极大的关注，而且是在各个不同的层面上。从以日常法律意识对犯罪与刑罚问题的理解（"谁也不敢说肯定不会坐牢、不会讨饭"，"你们不要论断人，免得你们被论断"，"犯多与犯少，惩罚少不了"，"上帝爱谁，就处罚谁"），再到对它们的哲学思考。探索犯罪与刑罚隐秘本质之谜的历史也是非常悠久的。许多卓越的俄罗斯犯罪学家为研究这些问题而奉献了毕生的精力与创作。立法者也没有袖手旁观，他们不仅构建了刑罚禁止性规定的体系，而且尽其所能地完善刑罚的阶梯。

有赖于几个世纪以来学者与实际工作者们的共同努力，我们今天称之为"刑法中的犯罪与刑罚学说"的成果才得以建立。

然而，是否可以认为目的已经达到，工作全部完成，而上述学说已经成为绝对真理了呢？当然不是。一个鲜明的例证就是奉献给读者的 И. М. 拉基莫夫教授的最新力作。

这部专著正是沿着意欲回答如下"该死的"问题的荆棘丛生的道路上迈出的重要一步：什么是犯罪与刑罚？它们的实质与目的何在？这些范畴的哲学基础和道德基础是什么？刑罚的目的是什么？借助什么样的手段可以达到这些目的？最后一点，对罪犯应该怎样适用刑罚，用多大剂量才能使之康复，也使社会健全？

该书所涉及的问题正源于此。这既是对刑法禁止性规定和刑罚起源与形成的回顾，也是对其要领与实质的研究，又是对罪犯个性特点的分析，还是对刑罚最佳模式建立方法的探索，使之尽可能与犯罪的本质相一致。

作者也没有忽略也许是最尖锐的刑罚学说——死刑问题。事实上，死刑作为一个刑种，它的现在与未来如何呢？И. М. 拉基莫夫对这个问题的回答采取了某种预言的形式："放弃死刑的国家重新回到恢复死刑的问题上，而那些至今仍保留死刑的国家更加坚信自身立场是正确的。这个结论有宗教、哲学和法律上的根据。"作者的论据使我们完全相信这一点。

这部专著的最后一章具有特殊的价值。它对立法者提出了理论与实践的建议，这些建议是这位学者关于犯罪与刑罚哲学本质，关于刑罚对矫正人类行为的可能性，关于构建刑罚阶梯以及关于立法技术的思考与思想的精华。由此可见，这一部分包含最有益的实用价值。

毫无疑问，细心的读者还会发现本书的其他许多优点。此书无疑会激起中国研究者对"永恒的"、"不朽的"课题——犯罪与刑罚学说的关注。

А. И. 科罗别耶夫
俄罗斯远东联邦大学刑法与犯罪学教研室主任
俄罗斯联邦功勋科学家
法学博士，教授

Ю. В. 戈里克
叶列茨国立大学刑法教研室教授
法学博士

目　录

引　言

噢，民众！只要讨论一下对象，你就会获知真理！

《古兰经》第2章

在长时间研究刑罚问题的过程中，我明白，关于任何对象的任何知识都不可能完全穷尽。无论是自然社会还是精神世界，一个人甚至不能将实际存在的任何一种现象彻底研究明白。但是，他永远致力于获知真理。众所周知，这只有对某一对象进行长时间的深入研究才有可能。

越深入探究刑罚问题的本质，我越坚信不能仅仅局限于从法律角度来认识这一特殊现象，必须跳出刑法和犯罪学研究的框架。我也深知，没有对犯罪概念及其成因的哲学思考，我们就不能探知刑罚概念及其本质的哲学含义。因为，只有知道了什么是犯罪，才有可能将人的此种行为或彼种行为归入这一概念，并因而才将针对上述行为做出的反应称为刑罚。

正是基于这些具有原则性的原理，我决定不仅从法学角度，而且从哲学角度考察犯罪概念及其成因彼此关联中的刑罚。所以，我不得不偏离此前我就此问题所阐述的判断。我援引美国哲学家、诗人和政论家詹姆斯·拉塞尔·洛威尔（James Russell Lowell）的话安慰自己："只有蠢货和死人才永远不会改变自己的意见。"

我没有绝对的信心一定能找到真理，因为，令我兴趣盎然的问题涉及的那些知识领域至今依旧争论不息。我只是尝试不断用新的论据检验自己的信念。我能够做到吗？"追求真理的勇气和对于精神力量的信仰，"黑格尔写道，"是研究哲学的第一个条件。人既然是精神，则他必须而且应该自视为配得上最高尚的东西，切不可低估或小视他本身精神的伟大和力量。人有了这样的信心，则没有什么东西会坚硬顽固到不对他展开。那最初隐蔽蕴藏着的宇宙本质，并没有力量可以抵抗求知的勇气；它必然会向勇敢的求知者揭开其秘密，而将它的财富和宝藏公开给他，让他享受。"[1]

起初，将犯罪与刑罚哲学作为研究对象对我来说完全是陌生的，而且还需要事先熟悉许多哲学定义和概念，这让我些许感到畏惧，甚至有一点儿厌恶。但是，我永远记得，知

---

〔1〕 Гегель Г. В. Ф. Энциклопедия философских наук. М., 1974. Е. 1. С. 83.

识就是理智从无知到有知、从不理解到理解、从神秘到真理的前进过程。正如克里莫夫（Д. А. Керимов）所正确指出的那样："认识是如此这般的无穷无尽，正如无穷无尽的世界、生命、存在，其中也包括法的存在。"[1]

与此同时我也清楚地意识到，这条认知之路需要克服许多障碍和困难。显然，没有前辈们的光荣劳作，我们不可能走得更远。这也就是整个世界的进化规律，现代乃过去之子、未来之父（莱布尼茨语）。

在这个世界上，在我们的生活中，没有任何一种东西此 6
前未曾言说，或者面对此情此景所说：所有新的东西，都是被遗忘得干干净净的旧物件。没有一种释义，没有一种，哪怕是最信实和最老到的复述，能比直接阅读过去杰出思想家的著作来得印象深刻，能够表达出曾几何时所述思想的真实含义。在研究哲学、宗教、法和其他犯罪与刑法科学史时，我都对此深信不疑。

在刑法科学中，总会提出这样的问题：我们是否可以仅仅局限在法律的框架内研究犯罪与刑罚？我们设定的目标是否能够达到？作为早期主张扩展刑法科学范围的学者之一，基斯佳科夫斯基（А. Ф. Кистяковский）不同意杜霍夫斯基（М. В. Духовский）教授的观点，他说："如果作者认为，仅仅将刑法视为研究犯罪——作为单独的现象而不去研究其成

---

〔1〕 Керимов Д. А. Методология права. Предмет, финкции, проблемы философии права. М., 2011. С. 7.

因的科学观点是不正确的——那么就可以向他提出这样一个问题：在社会生活规范之中，我们这门学科并非主宰，而社会生活规范又不得不首先仅仅研究犯罪和对犯罪所施加的刑罚，在这种情况下作者将吩咐科学如何作为。"[1]

毫无疑问，对犯罪与刑罚进行法律研究不仅是重要的，也是必需的。正如丘宾斯基（М. П. Чубинский）所强调指出的那样："无论拟定什么样的改革提案，这一点都应当承认，并永久铭记。"[2]

但是，我们需要了解作为犯罪与刑罚概念基础的心理和肉体生命的事实，以及犯罪人有关道德、习惯、爱好、犯罪行为方式方法的信息。除此之外，必须对人的行为进行哲学论证，其中包括犯罪人以及对犯罪刑罚权等。而这些必要的、非常重要的知识和信息，刑法科学并不能提供。因此，如果我们想解释一个人犯罪行为的原因，也就是要理解犯罪与刑罚的本质，就应当利用其他科学的成就。在这种情况下所指的就是利用非法学的科学方法和手段去研究和解释刑法——犯罪与刑罚问题，而不是要将其列为刑罚学的对象。因此，菲利（Enrico Ferri）所论并不正确，他认为"未来整个司法将集中于犯罪人这样一个在某一社会环境中实施行为的生物化学个体"。因此，任何调和的尝试都"不会根深蒂

---

〔1〕 Цит. по: Сергиевский Н. Д. Философские премы и наука уголовного права // Сергиевский Н. Д. Избранные труды. М., 2008. С. 208.

〔2〕 Чубинский М. П. Очерки уголовной политики. М., 2010. С. 24.

固"，没有中间路线，对于科学进步来说，新的必要方法"与将犯罪作为抽象的法本质进行研究并不相干"。[1]

与此同时，现代刑事司法正是集中围绕着作为法律和哲学本质的犯罪而展开，并在研究犯罪人人格时运用心理学、精神病学、遗传学、医学的成果。

换言之，目前犯罪与刑罚问题不仅完全纳入了犯罪学和刑法学所研究和讨论之列，而且还包括哲学、社会学、心理学、神学，等等。

给某一概念下个定义往往非常困难，有时甚至是不可能的，虽然它在日常生活实践中经常被使用，并被认为是不言自明的。因此，一般人在交往和谈话中，关于犯罪、犯罪现象和刑罚都不会有意让自己深究这些概念的本质和内涵。对于他们来说，这些字眼简单而普通，而最需要的是——能够被理解。而这能够让他们彼此很好地沟通。圣·奥古斯丁（Блаженный Августин）写道："如果不问我这些或那些概念的意义，我能够知道在说什么。而如果让我向他人解释它们的含义，我却对此无能为力。"

犯罪与刑罚概念的复杂性、解释的困难性与其哲学本质有关。因此，首先我们发现，存在着一种对这些现象采取整体的与此同时又是深入的哲学立场的需求，目的在于揭示其哲学本质，虽然看起来这个任务是极为复杂的。

8

---

〔1〕　Ферри Э. Sociol crimin. 1893. P. 14, 580, 584.

戈利克（Ю. В. Голик）警告说："决心深入法哲学问题的漩涡者，必将踏上一条妙趣横生、魅力无穷但同时也'险象环生'之路。问题在于，哲学属于那样的一种科学，即在它的研究者中，对任何一个问题都没有统一的看法。这些看法有时是如此之风马牛不相及，甚至没有任何共同点。争议永无止境，往往不是延续数十年，甚至不是数百年，而是数千年之久。"[1]

以上所论完全正确，但我向研究者推荐俄罗斯学者维尔纳茨基（В. И. Вернадский）的话作为研究基础："我充分地意识到，我可能醉心于纷繁复杂、虚幻的假象而踏上通往密林之路，但是我不能不沿着此路前行。我痛恨任何束缚我思想的桎梏。我不能，也不想，让我的思想沿着哪怕是一点点妨碍我更好理解那些困扰我的问题的路走，实际上这也是非常重要的——而这种探索，这种追求，就是任何科学活动的基础。"

有许多问题，思索者在某一时刻就某一方面向自己提出，而某些具体科学和实践对这些问题并没有给出意见一致的回答。哲学的任务恰恰在于研究这些问题，并尽可能地予以解释。世界的构造如何？它是发展的吗？谁或什么决定着这些发展的定律？人固有一死还是可以长生不老？一个人如何理解自己的目的？人的认知能力是怎样的？

〔1〕 Голик Ю. В. Философия уголовного права. СПБ. , 2004. С. 7.

一言以蔽之，完全可以肯定的是，在人类所取得的全部成果之中，都有哲学巨大的，虽然是间接的贡献。哲学是单一的，又是多面向的，一个人的任何一个生活领域都不能避开哲学。"知识的全部领域止于包围我们空间的未知区域。当一个人进入边界区域或绕过了这些区域，他便从科学进入了思辨的领域。他的思辨活动同样是一种研究，而且除却其他种种，它便是哲学。"（伯特兰·罗素语）。

众所周知，哲学包括许多研究领域，其中也包括法哲学。从广义上讲，法哲学研究这些或那些立法原则的后果。不应当忘记，善与恶、正义的概念，都属于伦理哲学学科，即它们属于伦理学，而非法学范畴。这就意味着，"犯罪"与"刑罚"的概念应当归入哲学范畴，因为法、法的科学，尤其是刑法和犯罪学，回答不了让我们感兴趣的问题。

哲学是科学的基础，是研究其他学科具体问题的基础，其中也包括法学在内。比如报应、惩罚、痛苦等概念，只能通过哲学予以考察。

著名法学家、社会哲学家斯比克托尔斯基（E. B. Спекторский）有几句名言："哲学的三个领域——伦理学、形而上学和价值论——与法学紧密相关。正如撒旦向但丁所宣布的那样：'Tu non pensavi ch'io loico fossi!'——'你不要怀疑，我是个逻辑学家！'如此一来，法学也可以这样宣布：'你不要怀疑，我是个哲学家！'"意识到这一点足以让法学得以提升并变得高贵，基于此，那些经常听到的好像法学仅仅是从事于繁重的咬文嚼字或空洞和有害的故意刁难，这样的指摘将变得一文不值。但是，位高则任重（noblesse oblige），意识到这一点也就有了一种责任，它要求法学极为关注哲学及哲学问题。正如柏拉图所指出的那样，一般情况下，如果
10 "对哲学缺乏兴趣是满足于无知胜过真正的知识，那么，法学家的这种兴趣缺乏则已经是对其自身职业事务的漠视，而且这种漠视是不可原谅的，因为其结果将可能是法学在其他学说的冲击下的灭亡"。[1]

可以认为，这是对实证主义代表人物最深刻和有力的回应。他们认为，法律科学是自给的，对于揭示和理解法律现象的本质并不需要借助于哲学、伦理学和其他科学。还是黑格尔说得好："法学是哲学的一个部门。"[2]

而实际上，法学能否绕过哲学而揭示各种概念的本质和理解为数众多的法律问题？如果认为哲学所试图回答各个具体学科所不能解决的那些理论问题，那么，答案就只能是否定的。原则上，所有的科学都具有共同的基础和同样的目的——为了人类的福祉研究自然并揭示其规律。但是，不要忘记《政事论》（Артхамастр 或 Arthashastra）中的话（公元前4世纪为古印度的 Kautilya 所著）："对于全部其他科学来说，哲学永远都被认为是指路明灯，实施其他事业的工具，全部

〔1〕 Философия и юриспруденция // Юридический вестник. Кн. Ⅱ. М.，1913.

〔2〕 Гегель Г. В. Ф. Философия права. М.，1990. С. 17 – 18.

建制的基础。"历史已经证明，正是哲学家在任何时候都是先于法学家提出问题并尝试予以解答。而这是最自然不过的了，因为哲学的本质即在于思索"人—世界"的普遍性问题。因此，如果刑罚的客体是人，而他同时又是犯罪的主体，那么就应当承认，没有哲学就无法解释"犯罪—人—刑罚"体系的本质和内涵。在这种情况下，法律科学，尤其是刑法和犯罪学就会显得疲弱无力。康德写道："哲学不是别 11 的，正是'实践中的人学'。"[1]

哲学关注犯罪与刑罚及其本质乃是以其在共同社会机制中的地位和作用为视角，从伦理规范、道德精神价值层面认为无罪或者应当处刑。[2] 因此，为了使犯罪与刑罚学说在方法论上得以正确建构，并提高社会的效率，它的目标就不应仅仅是法律学科，而首先应当是哲学，只有通过哲学才能将目标延伸至全部人文科学，人文科学正是借助于哲学而联合起来成为一个完整的科学认识论体系。

哲学家与法学家时常因为不能彼此理解而相互诟病。哲学家认为法学家无法表达自己独立、自由的见解，因为他们受制于形式法律的要求。而法学家则认为，哲学家更多的是华丽辞藻，但与事物的实际效用相去甚远。

应当公正强调指出的是，哲学时常会尝试以法学无法企

---

〔1〕　Кант И. Из рукописного наследния. М. : Прогресс, 2000. С. 78.

〔2〕　См. : Сыч К. А. Уголовное наказание и его классификации: опыт теоретического моделирования. СПБ. , 2002. С. 75.

及的极为复杂的概念和范畴解释许多现象，而这对其实际应用造成了一些难题。实际上，复杂的与其说是哲学本身，毋宁说是用以表述的语言复杂。有一种奇谈怪论甚至认为，越是无法理解、复杂、不知所云的哲学思想，越是哲学家的天才表现。

我相信，敢于从事研究诸如犯罪与刑罚这种并不轻松且费力不讨好的问题的每个人，不仅必须专注于了解那些优秀的法学家，而且还有著名的哲学家、心理学家、社会学家、作家与研究这些刑法制度有关的著作。在这种情况下，自然不能忘记，在法律科学体系中哲学乃是基础科学，与法哲学相比，其他的部门学科主要具有实用意义，无论是前者或后者，其发展的成功皆取决于它们的统一性和相互渗透。

阿·韦伯（Alfred Weber）强调说："哲学诞生于思想拒绝用已经转化为寓言的臆想之物解释自然的那一天，同时，取而代之的是思想开始于永恒的力量或永恒的理性，或者用它自己的语言来说，就是用基本的原则和原因将所有的实体整合到一起。"[1] 由此可见，任何现象的任何一种哲学就是研究这一现象发生的原因、其存在和变化的条件。所以，犯罪与刑罚哲学诞生于人类开始思考对他人、对社会共同体造成危害的行为，并考虑如何预防此类现象发生之时。

正如另一些古代哲学家所强调的那样，我们只有通过哲

---

[1] Вебер А. История европейской философии. Киев, 1982. C. 10.

学范畴才能认识犯罪与刑罚概念和实质的真相，而正是这些范畴才是在方法论上认识社会属性的放之四海而皆准的手段、工具和方法。

基于上述这些原则，我尝试回答那些具有哲学本质的问题：何为刑事法律之外的犯罪？人的行为，尤其是犯罪行为的原因和根源何在？刑罚的实质是什么？刑罚从何而来？因为什么而惩罚？为了什么而惩罚？惩罚谁以及如何惩罚？刑罚权属于谁以及谁赋予此权？一般说来，社会是否需要刑罚以及刑罚的未来如何？

第一章
犯　罪

第一节　犯罪的概念与本质

一、犯罪的概念

科学认识"犯罪"概念的必要步骤是必须明确确定"犯罪"一词所表明的对象。换言之，首先必须意识到，我们在使用"犯罪"一词时所惯常想象到的是什么。为此，仅仅将犯罪作为法律范畴进行研究和描述是不够的，应当尝试将犯罪作为一种现象、一个哲学概念进行解释。

犯罪这一概念的旧的、法律、形式和习惯上的意义并不能让我们认识到犯罪概念真实的内涵和本质，也就是说，不能认识刑罚的明确含义及其社会目的。我们认为，数量众多的定义的主要缺陷在于，无论是过去的还是现存的，刑法教义学没有对实际存在、互为因果的关系进行分析，而是着重于分析《刑法典》所列的犯罪行为，而对法典之外存在的同类现象视而不见。

正如库尔古兹金娜（Е. Б. Кургузкина）所正确指出的那样，"对于犯罪真实概念的领悟不能完全局限于法律科学的范围之内，而应跳出框架之外"[1] 这一论断完全出自于黑格尔的论述，他认为，法律科学作为实证法的科学所研究的不是法的含义，也不是相应的犯罪含义，而是此时此地以政权—权威相应方式作为法律所确立的东西（法的实证化）。因此，作为法律科学的刑法从自身角度理解犯罪不是出于理性，而是出于权威，即权力设定。[2]

从实务的角度可以提出这样的问题：什么应当被认为是犯罪？回答很简单：应受处罚的行为就是犯罪。刑法科学正是这样理解犯罪的。但如果更具体一些，传统上刑法教义学则对犯罪概念给出如下定义："犯罪行为乃是违反法律秩序规范的行为。"

曾几何时，圣保罗就说过："哪里没有律法，哪里就没有过犯。"（《罗马书》第4章第15节）在20世纪，胡尔斯曼（Hulsman L.）还在以另一种表述重复着同样的东西："何

---

〔1〕 Кургузкина Е. Б. Понимание преступного // Философские науки. 2008. № 5. С. 84.

〔2〕 См.: Гегель Г. В. Ф. Философия права. М., 2007. С. 283.

处有犯罪，这是法律的规定，是法律创造了‘犯罪’。"[1]
但是，"犯罪"这一概念的法律、形式定义并没有回答下列
一些理论问题。那些在各个不同时代和不同民族中均被视为
"犯罪"并相应受到处罚的行为的共同属性究竟是怎样的？
什么样的行为就其属性而言是犯罪行为？能否找到哪怕一种
行为在所有的法典中都被认为是犯罪？能否归纳出一些特征
是不同社会类型中所有种类犯罪所共有的特征？

波兹尼亚科夫（Э. А. Поздняков）认为，对于犯罪的法
15 律观念及其定义是形式上的，那些渴望深入"犯罪"现象本
质、揭示其深层根源和原因者的需求丝毫得不到满足，他的
论断是完全正确的。[2] 须知"犯罪"概念的纯形式性质能
够使统治权力出于包括政治在内的各种考量而建立需要这一
概念的体制。尽管人们争取做到最大限度的客观，刑法中行
为的罪与非罪仍然不能完全摆脱那些直接从事立法的人们的
主观意志。除此之外，有些对社会并不具有危险性的行为，
仅仅是因为要维护最高当政者小圈子的社会利益而被视为犯
罪，这种情形也不能排除。[3] 尤其是那些极权国家，管理
体制不民主的国家，更是如此。

一言以蔽之，我们不得不承认戈利克所言，法学家长期
的无数次要给出一个完整的和无所不包的犯罪概念的尝试，

---

〔1〕 Хулсман Л. Picnes. Perdue. Paris, 1982. P. 68.

〔2〕 См. : Поздняков Э. Философия преступления. М. , 2001. C. 58.

〔3〕 Кургузкина Е. Б. Указ. соч. C. 84.

至今毫无结果。[1]

部分思想家不满足于犯罪的法律定义，决定摆脱刑事法律研究这一概念。比如，涂尔干（David émile Durkheim）* 步其先驱者巴伦·拉斐尔·加罗法洛（Raffaele Garofalo）** 的后尘，尝试提供犯罪的某种社会学定义，从而有别于法律定义，尽管古代的哲学家已经意识到了犯罪的社会意义。法国的社会学派代表塔尔德（Gabriel Tarde）*** 认为，应当将犯罪首先理解为一种社会现象，而其产生则为历史现象。[2]

按照黑格尔的观点，犯罪的实质在于其从法作为绝对价值的不可动摇性角度而言的虚无性。这一结论源于哲学家的如下命题："犯罪总要引起某种变化，事物便在这种变化中 16

---

〔1〕 См.: Голик Ю. В. Философия уголовного права: современная постановка проблемы // Философия уголовного права. СПБ., 2004. С. 24.

* 埃米尔·涂尔干（1858－1917 年），法国犹太裔社会学家、哲学家、人类学家，法国首位社会学教授，《社会学年鉴》创刊人；与卡尔·马克思及马克斯·韦伯并列为社会学的三大奠基人，主要著作有《自杀论》及《社会分工论》等。——译者注

** 巴伦·拉斐尔·加罗法洛（1852－1934 年），意大利法学家、犯罪学家，犯罪人类学的代表人物，龙勃罗梭的学生，现代犯罪学的创始人。代表作为1885 年出版的《犯罪学》，首次提出自然犯罪概念，它的出版标志着犯罪学从法学中独立出来，成为第一部以犯罪学命名的学术著作。——译者注

*** 加布里埃尔·塔尔德（1843－1904 年），法国社会学三大创始人之一，其研究范围横跨社会学、心理学、统计学和犯罪学。重要著作包括《比较犯罪学》、《模仿律》、《社会规律》、《权力的变迁》、《舆论与群众》等。——译者注

〔2〕 Тард Г. Д. Преступник и преступление. Сравнительная преступность. Преступность толпы / Сост. и предисл. В. С. Овчинского. М., 2004. С. 7.

获得某种实存，但这种实存是它本身的对立物，因而在本身之中乃是虚无的。其虚无性在于作为"法"的法被扬弃了，但是作为绝对的东西的法是不可能被扬弃的，所以实施犯罪其本身是虚无的，而这种虚无便是犯罪所起作用的本质。"[1]

索罗金（Питирим Александрович Сорокин）＊认为，犯罪是一种纯心理的而非外在的现象。他写道："犯罪不是也不可能是某种自发的行为，而仅仅是在一个人经受了某种心理感受的情形下而被定性为犯罪行为。"[2] 这里，索罗金将犯罪理解为存在于该社会中各种行为模式的冲突。

许多作者完全从生物学角度看待犯罪："犯罪是个体无法摆脱同类相残的表现（食人习俗、直接或间接地侵害生命）：它在于用我们身边的人来满足我们的本能和冲动，而非'在外部世界寻找满足我们的需求'。"[3]

功利主义的代表认为："犯罪是该社会集团成员实施的，并被其他成员视为对集团有害的或实施者是在对抗社会的情绪下实施的行为，并且达到了一定的程度，社会集团其他成

17

---

〔1〕 Гегель Г. В. Ф. Философия права. М. , 1990. С. 145.

＊ 皮季里姆·亚历山大洛维奇·索罗金（Питирим Александрович Сорокин , 1889 - 1968 年），俄裔美籍法学家、社会学家、文化学家，社会层级和社会稳定理论的奠基人之一。曾为圣彼得堡大学法律系刑法教研室副教授，1922 年流亡国外，1930 年加入美国籍。——译者注

〔2〕 Сорокин П. А. Преступление и кара. Подвиг и награда. СПБ. , 1914. С. 85.

〔3〕 Bahar. Une nouvelle definition du crime basse sur la science biologique // Revue pénitentiare. 1895. P. 739.

员为维护自身的福利而做出的公开的、公然的和集体的反应。"[1]

正是基于此点，他们得出结论认为，犯罪不仅仅是国家现象，也是社会现象。菲利不同意马努福瑞尔（Manouvrier Leonce Pierre）*的观点，将犯罪完全归结为仅仅具有社会性质的现象，他称犯罪为"自然的和社会的现象"，因为作为社会现象的犯罪，同时也是个体生物性的表现。[2]

看来，以上所列以及许多其他定义的不能尽如人意，与犯罪的法律定义未能回答如下这个问题有关：法律所禁止的行为对于确立犯罪概念是否已经足够？

应当指出的是，最近一段时间，在法律定义"犯罪"概念的同时，学界又开始流行犯罪学意义上的"犯罪"这一术语，建议将对社会具有极端危险的过错行为理解为犯罪，而与法律上认定的犯罪无关。[3] 舍斯塔科夫（Д. А. Шестаков）同时建议单独列出那些想象的犯罪——法律毫无根据的以刑罚相威胁所禁止的行为。

什么样的行为应该视为犯罪，什么样的行为不是犯罪，对这一问题不存在意见一致的答案。按照雅典的法律，苏格

---

〔1〕 Макаревич. Указ. соч. С. 80, 89.

* 马努福瑞尔（1850－1927 年），法国人类学家，致力于人类学的各种问题，尤其是骨骼和人脑的研究。——译者注

〔2〕 Фирри Э. Уголовная социология. М., 2005. С. 102.

〔3〕 См.: шестаков Д. А. Криминология: преступность как свойство общества. Краткий курс. САБ., 2001.

拉底是罪犯,而我们现在认为,他的"犯罪行为"不仅对于他的祖国,就是对全人类都是有益的。在斯巴达,生来有缺陷的婴儿均被作为不能服役、对国家无用者而遭扼杀。阿拉伯人在《古兰经》之前,活埋女婴不被视为犯罪,也不会被判有罪,因为对于家庭来说,女人是拖累,是负担,没有能力完成工作,这也与其战斗中缺少男性有关。没有过错、诚实正直的亚里斯泰德(Aristides)* 被逐出雅典仅仅是因为他与地米斯托克利(Themistocles)** 的竞争按时完成了与波斯人的斗争,由是违反学派的统一与和谐。而对于琐罗亚斯德(Zoroaster)的信徒来说,最重的犯罪被认为是掩埋死者,这些死尸应留给狗和猛禽。希腊人认为,不给死者裹上尸布是最大的犯罪。

还可以从任何一个民族的历史中举出许多这样的例子。马里采夫(Г. В. Мальцев)是对的,他断言"有一种东西曾经存在,并至今不变:任何一个共同体,过去和现在都会根据经验将那些认为对共同事业具有危险性、对集体和某些成员造成损害、给社会组织带来瓦解威胁的行为列入犯罪范

---

* 亚里斯泰德(公元前 530 – 前 476 年),雅典将领和政治家。奠定希波战争胜利的基础,提洛同盟创始人,主政期间获"正义者"称号。——译者注

** 地米斯托克利(约公元前 524 – 约前 460 年),雅典政治家、统帅,贵族出身。前 493 年起多次当选为雅典执政官。前 490 年参与指挥马拉松战役,击败波斯军队。前 480 年当选为将军。温泉关失守后,组织雅典居民撤退,并参与指挥希腊海军在萨拉米斯海战中战胜波斯舰队。约前 471 年被逐出雅典,后死于波斯。——译者注

畴。所有这些目前都归入犯罪行为社会危害性的概念之中"。[1]

基于所有这一切可以看出，所谓"犯罪"种种，不过是应用于特定社会情境中的概念而已。内涵完全相同的行为，在不同的历史时期、不同的社会和不同的社会语境之中会被认为是反社会的、对社会是完全中立的或为社会所称许的行为。比如，在哈里发时期，哈里发乌马尔遵照"怀疑即可减轻处罚"的经文指引，废除了饥荒之年对于偷盗的处罚。塔尔德指出："慈善体系，一如犯罪和作恶体系，随着历史的进程与时变化。"[2] 曾经有些民族，盗窃和抢夺不仅不是犯罪，而且相反，还被认为是善举。

19

每个社会都会产生一定数量特定种类的犯罪，这是社会结构及其一般状况的结果。犯罪的概念与该社会占统治地位的思想有关，与何为有罪并应当予以刑事处罚、何为无罪且不予处罚的观念有关。

将一些行为归入刑事犯罪，而其他行为归入行政违法或民事行为的真正根据，只有在相应民族历史进程的知识土壤中才有可能找得到。此时此地不为社会所称许的同样行为，在彼时彼处就可能乐于接受。确定何种行为被称许，何种行为不被称许是非常困难的。脱离时间与空间研究犯罪，通过

---

〔1〕 Мальцев Г. В. Месть и возмездие в древнем праве. М., 2012. С. 420.

〔2〕 Тард Г. Д. Сравнительная преступность. М., 1907. С. 33.

将其从其所存在的社会环境中剥离出来是不可能的。因此，谁被视为犯罪人和什么时候被视为犯罪人——也是一个时代和历史时期的问题。

因此，索罗金强调说："比照各种被不同法典称为犯罪的具体行为可以看出，不能指出一种行为能够被所有法典认为是犯罪。甚至像杀人这样的犯罪，也不是所有的时间和地点都被认为是犯罪。"[1]

往往会出现一些情势，社会状态、公认的准则和价值观由于某种原因丧失了强制性，致使绝大多数居民普遍质疑其合理性和公正性。比如在苏维埃时期，投机倒把和欺骗买主被认为是犯罪，虽然国家的居民明白，对这些行为规定刑事责任是没有意义的，也是不公正的。

20　　众所周知，对许多民族来说，饮用酒精类饮料具有悠久的传统，且对于某些民族甚至构成其典型特征。部分暴力犯罪也正是在醉酒的状态下实施的，这一点也是确定的。应当注意的是，每年都有数万乃至数十万人因酗酒而丧命。难道此情此景之下的这一现象不会危害到人和整个社会？为什么吸食毒品被认为是危害社会而被确定为犯罪，而滥用酒精饮料则不是？

曾几何时，苏维埃刑事立法甚至将醉酒状态下实施的犯

---

〔1〕 Сорокин П. А. Преступление и кара. Подвиг и награда: социолог-ический этюд об основных формах общественного поведения и морали / Сост., вступ. ст. И предисл. В. В. Сапова. М., 2006. С. 128－130.

罪在处刑时被认为是减轻情节，直到后来才不得不取消。因此，未来并不排除醉酒，即饮用酒精类饮料可能被视为犯罪。

原则上，可能被确定为犯罪的行为数量会不断增加。

比如，立法可能引入追究妇女从事卖淫行为的责任，原因是她们的人数日益增加，势不可当，即便这种现象（行为）古已有之。那个时候，她们会被石块打死，社会舆论也对她们予以谴责。

有一个时期，高加索地区的民族（还有许多民族）流行绑架女孩儿的习俗，而不被认为是犯罪。因为所追求的目的并不是危害女孩儿或者她的亲人，而是相反，她因之能够出嫁，并组成自己的家庭。从道德的角度而言，这种习俗是邪恶的，因为女孩儿可能因为没有爱情而不同意出嫁。但是，那些时期高加索人的日常生活是这样的，大部分女孩儿出嫁的时候甚至不知道自己要嫁给谁。换言之，习俗和传统认为这类行为不是犯罪，而是完全正常的现象。后来，在苏维埃政权时期，这种现象被认定为绑架，并被认为是犯罪——旧时代的残余。可见，没有一种行为在所有时代和所有民族都被认为是犯罪。

包括刑法在内的法律，往往规定的都是公序良俗而禁止伤风败俗。但是，在许多情况下，立法者和社会认定对社会具有危险性和有害的习惯，实际上却往往是有益的。相反的情况也是如此。比如在波斯，法律不认为儿子与母亲发生性关系为犯罪，却认为与异教徒交往是重罪，具有不可比拟的更大危险性。习惯是法律产生的渊源和原则。

根据该词的词源学，习惯乃是日常生活的形式，即习以为常的、不断重复的行为的形式[1]。德里尔（Дмитрий Андреевич Дриль）*认为，"习惯并不是共同的、对未来行为所预先规定的强制性规则，仅仅是一种决定，虽然由于多次的重复而具有了综合性，并随着新情况的特殊性而允许变更"[2]。

认为法律习惯是古老的前工业社会时代遗留下来的东西，这样的想法是不对的。包括法律习惯在内的习惯是现代社会生活充满活力的、不断发展的调节因素。

尽管血族复仇早已被禁止，但实际上时至今日它依然于一些部族中存在。这一点都不奇怪。非高加索人会认为，血族复仇是古老的残余，是无情报复的野蛮之法。也许，事情就是如此。但是，血族复仇的法律远较欧洲大多数法律更为复杂，更为丰富多样。血族复仇便是如此，不会瞬间产生，也不会转瞬即逝。高加索人从婴儿时起即知道血族复仇的全部规则，并保留在自己的意识之中。原则上，血族复仇基础

22

---

〔1〕 См.：Даль В. Толковый словарь живого великорусского языка. СПБ.；М.，1881. Т. 2. С. 637–638.

* 德米特里·安德烈耶维奇·德里尔（1846–1910年），俄罗斯著名犯罪学家，被公认为俄罗斯刑事人类学派分支的领军人物。——译者注

〔2〕 Дриль Д. А. Преступленость и преступники. Учение о преступности и мерах борьбы с нею. М.，2010. С. 224.

的唯一障碍来自于大规模屠杀方面。正是由于血族复仇，高加索地区才得以多年维持了让所有人满意的秩序。对复仇的恐惧和复仇的规则（条件）有助于，更确切地说是成为了部落、人际关系的基础。紧追敌人不放，直至其生命终点，被认为是高加索人的神圣职责。

何谓血族复仇？它在理论上可以归结为无限循环的神圣职责，因为复仇会产生新一轮的复仇，因此循环往复，无休无止。"不仅仅是血族复仇，而是所有形式的刑罚，从简单原始到完善的形式，都是复仇的体现。"[1]

实际上，报复性杀人乃是个体对于不公正、不正确行为的一种回应，这种行为致使他本人或其家庭、亲族、部落、集团成员之一的死亡或严重伤害。这不是对进攻的防卫，因为它发生于伤害造成之后，因此，说它是防卫免受危险的威胁为时已晚。血族复仇可以不仅仅只针对实施侵害者，也可以针对集团的其他成员。根据弗洛姆（Erich Fromm）*的观点，一个人开始决定着手审判，便是其丧失信念之时。"在自己复仇欲望的驱使之下，他不再需要任何权威，他就是'最高的裁判者'，而当他完成复仇行动的时候，他感到自己便是天使和上帝……这是他的光辉时刻。"[2]

---

〔1〕 Menninger K. A., *The Crime of Punishment*, New York, 1968.

* 艾瑞克·弗洛姆（1900 – 1980 年），美籍德裔犹太人，人本主义哲学家和精神分析心理学家，被尊为"精神分析社会学"的奠基者之一。——译者注

〔2〕 Фромм Э. Анатомия человеческой деструктивности. М., 2004. С. 380.

回想 20 世纪 90 年代初在阿塞拜疆林科拉区（Ленкоран-ский район）发生的事件曾经轰动一时，未成年人 P 在大庭广众面前的法庭上直接将杀害自己父亲的仇人射杀。而这就发生在现在，发生在我们的时代，而不是过去、古代。为什么复仇心理会如此的根深蒂固和极度强烈？

也许，人天生就具有基本的正义感？上述现实中的这个例子，实际上未成年杀手相信法庭不会作出公正的判决。因此，他决定自己亲自来审判。

心理学家断言，复仇的渴望是存在于人性中的深层情感，所有的人都有，无关乎民族和宗教信仰。因此，很难同意弗洛姆的看法，认为当一个人在自我发展中达到基督教和佛教作为人的相应理想水平时，便会完全失去复仇情感。首先，《圣经》承认复仇；其次，这种情形也适用于遵守伊斯兰全部原则的穆斯林。

根据弗洛姆的观点，出于复仇的杀人可以随着一个人宗教信仰的发展而消失。在我们的时代，已经很难找到一个能够达到这样水平的人了。而且刚好相反：在现代条件下，基于宗教土壤的杀人已经登峰造极。

应当指出，血族复仇在当时为保障社会的稳定实际上发挥了一定的社会作用，它是社会中预防严重犯罪的强有力的手段。

在伊斯兰人之前的麦加，没有法庭，没有监狱，也没有刑罚。部落依靠习惯和规则维护着足够数量的成员。其中当女孩儿生得太多时，贝都因人便能找到简单的方法将她们杀掉。残酷的沙漠习俗解决多余女孩儿的方法是将她们活埋，以使她们不至于成为部落的负担和减少吸吮母乳的男孩儿比例。有一次，在加拜，一个小女孩儿从先知穆罕默德身旁走过。他将孩子叫到跟前，温柔地抚摸她的头，并开始唱儿歌给她听。一些古来氏人围坐身旁，他们打量着小姑娘和先知，不以为然地摇着头——要知道，女孩儿是无用的造物。一位年长的古来氏人，对这令人羞耻的一幕再也不能熟视无睹。他走到穆罕默德的面前说："为什么要爱抚这个小孩儿？或者你不知道杀死女孩儿是不受惩罚的？"先知站起身，并坚决地宣布了一节新的《古兰经》条规："你们应当孝敬父母，在他们生命中的短暂时光；你们不要因为贫穷而杀害自己的儿女，我供给你们和他们。"*（《古兰经》第6章第151节）这样便产生了一条重要的伊斯兰法，并终结了沙漠中自古以来既已存在的习俗。

有的时候，习惯与传统在人们的意识和生活条件中是如此根深蒂固，以至于要废除或禁止只能逐渐分步地进行，不能一蹴而就。比如禁酒令的实行，按照《古兰经》，有一次几个信徒在醉酒状态下来参加礼拜，他们的举止引起了大家的不快。于是，《古兰经》便出现了如下一节："他们问你饮酒和赌博（的律例），你说：'这两件事都包含着大罪，

---

* 本书所引《古兰经》相关章节内容主要参考译文：马坚译，中国社会科学出版社1981年版。下同。——译者注

对于世人都有许多利益，而其罪过比利益还大'。"（《古兰经》第 2 章第 219 节）

因此想要强调的是，奥本海默（Оппенгеймер Г.）很可能不了解《古兰经》，所以才不正确地阐述了伊斯兰禁止饮用酒精饮料的原因。他写道："比如我们可以确信，穆罕默德教法、中国法和墨西哥法中惩罚饮酒的理由乃是因为相信法术，而酒精饮料与其他毒品类似，由于其自身的特别效用而被认为具有超自然的属性。"[1]

看来，《古兰经》的这一节没有严厉地禁止饮用酒精饮料，还有赌博。也就是说，对此还没有规定责任。相反，甚至还说到做这些事的若干好处。

问题是，在《古兰经》之前的时代，阿拉伯人的习俗和精神品性已存在数千年之久。尤其是他们赞赏饮酒并非因为其本身是值得骄傲之事，而是因为他们认为类似之举是慷慨（惩罚）的表现之一；更确切地说，是激发他们一掷千金之情的方式。如果翻阅一下《古兰经》之前的诗集，我们会见到许多圣化饮酒的赞美诗篇。

同样的说法也适用于赌博，认为这一行为是慷慨的表现之一，因为他们赢得的全部，或输给赢家的筹码，都会用于穷人的食物开销。该节《古兰经》更重要的是通过坚定信念，而非通过强制的方式对人发生作用。后来又出现了《古

---

〔1〕 Оппенгеймер Г. Исторические иследования о происхождении наказания. М., 2012. С. 77.

兰经》的第 4 章第 43 节，真主向人们宣布："信道的人们啊！你们在酒醉的时候不要礼拜，直到你们知道自己所说的是什么话……"看来，《古兰经》的这一节对于饮酒已经较为严厉，但还没有被认为是一种罪过，而用法律的语言表述就是犯罪。

《古兰经》涉及酒精饮料和赌博的最后几节实际上已经禁止此类活动，并对其规定了惩罚："信道的人们啊！饮酒、赌博，只是一种秽行，只是恶魔的行为，故当远离，以便你们成功。"（《古兰经》第 5 章第 90 节）"恶魔惟愿你们因饮酒和赌博而互相仇恨，并且阻止你们纪念真主和谨守拜功。你们还不想戒除吗?"（《古兰经》第 5 章第 91 节）正是根据这些《古兰经》的条规，当今世界上的一些伊斯兰国家都认为类似行为是犯罪，对此规定了严厉的惩罚措施。

对于这个问题应当指出，《古兰经》和其他伊斯兰法渊源中都详细考察了各种不同的刑法制度，其中也包括犯罪制度。

根据伊斯兰法，调整人们行为的规则有宗教、法律、道德规范、习惯、礼节和礼仪规则。依照《古兰经》，人的生活无时无刻不在真主的监督之下，他从是否符合宗教教规（规范）的角度审视人们的一言一行。其中多次强调，真主注视着一切，人们的所作所为，"无论在地上还是在天上"，都逃不过他的眼睛。

因此，任何一个犯罪行为——不仅是背离、违反法律规范——在今生就要受到惩罚，而且同时也作为宗教上的恶而在彼岸世界受到惩罚。而这也说明，根据《古兰经》，犯罪既可以是背离法律规范的禁令，也可以作为宗教上的恶来看待。

《古兰经》第4章的法律规范中涉及犯罪与刑罚的问题（第33、34、94、95节）。但是，虽然上述各节具有宗教法的性质，但仍然不能将《古兰经》称为现代意义上的法典。

在研究犯罪的概念时，伊斯兰法学家基于两个哲学神学基本原则。首先他们认为，所有的行为，甚至人们的思想，都是通过各种方式由真主的意志所事先决定了的。但是，《古兰经》所设定的范围足够宽松，能够让人在许多生活情形下对自己的行为方式作出独立选择。因此，《古兰经》给出的是总的方向、基本原则和维护五个基本价值的规范：宗教、生命、理智、传宗接代和财产。

按照伊斯兰犯罪法学家权威代表的观点，法律形式意义上的犯罪行为（犯罪）乃是实施了真主所禁止和应受其惩罚的行为。

目前，在许多伊斯兰国家，《古兰经》实际上已经不再作为法律的手段，但是为了防止犯罪而在精神方面继续发挥作用。因此之故，便在刑事立法和宗教条规之间产生了矛盾。这是很自然的，因为无论《古兰经》如何同时既深刻、精细、具体又涵盖方方面面，其一系列规定、规范在现代伊斯兰国家的刑事立法中仍然不能丝毫不差地直接得到体现和实现。

由此可见，仅仅通过理论和实用犯罪学研究法律性质而 27
不引入社会学、心理学、统计学、哲学的认知方法，就无法
揭示犯罪的实质。犯罪学不能给出一个有关犯罪法学、经济
学、社会学、心理学的无所不包的指南，它只是向社会通报
犯罪现象的状况，并建议与这一现象进行斗争的相应方法。
在犯罪行为中，总是存留着某种神秘莫测的东西，它潜伏很
深，不能为犯罪学分析之刃所洞穿。因此，这便产生了犯罪
学和其他独立学科所拥有的分析手段不足的难题。

按照客观属性，犯罪是具体的人对社会中确立的人与人
之间、集体与个人之间关系秩序的侵害。这使犯罪具有了社
会性，因为个人单元的互动构成了社会现象的本质。实施了
此种或彼种犯罪行为，一个人便与社会其他成员、社会群体
乃至整个社会建立了互动关系。但是，社会互动不应理解为
所有种类的互动，而只是那些除了人类共同生活，即人与人
之间或组织与组织之间才有的在其他任何地方都不存在的互
动。还应当特别强调的是，犯罪之所以成为社会现象乃是由
于此行为或彼行为永远都会伴随着心理感受。

因此，人们之间与心理形式不存在任何关系的互动于形
式上不属于社会现象范围。而我们知道，犯罪行为永远都会
伴随着心理感受。索罗金指出："任何一种互动，无论其在

何者之间发生，既然其具有心理性质，它就会成为社会
现象。"[1]

28   处于心理彼此互动之中的个体的总和构成了社会群体或
者社会组合。因此，犯罪是人们缺乏正确进行心理互动的必
要条件的结果，所以社会各种不同成员相同的心理感受，其
表现却不相同。换言之，社会中的社会条件为人们创造了并
不相同的可能性，而这导致了他们之间不正确的心理互动，
也就是冲突。

问题并不仅仅在于外部社会条件。社会成员或群体，基
于人类特点的个别性，对生活于其中的这样或那样的社会条
件的理解和接受并不相同。而这最终会导致个人与社会的利
益冲突，并往往以犯罪告终。结果是，我们拥有一个特殊的
与社会格格不入的社会群体，其特点是具有重复性、大众
性、典型性、社会危险性，并因此成为社会学分析的原始
要素。

这样，犯罪的社会学对象最终锁定在人的一般行为尤其
是犯罪人的行为上。因此，犯罪原则上可以视为一种社会心
理现象。但是，为了理解犯罪的本质，这还不够。必须进行
哲学思考，并认识这一现象。

应当指出的是，最近一段时期，哲学文献中对于犯罪和
犯罪现象问题给予了极大的关注。出版了波兹尼亚科夫的专

----

〔1〕 Сороки П. Преступление и кара. Подвиг и награда. СПБ. , 1914.
С. 19.

著《犯罪哲学》。巴比切夫 （Д. С. Бабичев） 题为《犯罪现象哲学的政治法律研究》的论文通过了法学副博士学位论文答辩。杜布诺夫 （А. П. Дубнов） 和杜博夫采夫 （В. А. Дубвцев） 的《犯罪哲学——俄罗斯社会犯罪化问题》一书也得以出版 （1999 年）。最后，包括不久前刚刚面世的亚历山德罗夫 （А. И. Александров） 的巨著《恶的哲学和犯罪哲学》 （2013 年）。

　　此处应当指出的是，这些作者并未区别 "犯罪哲学" （философия преступления） 和 "犯罪现象哲学" （филос- офия преступлености） 的概念。比如，巴比切夫就这样写道："犯罪现象哲学的研究就是要求将犯罪这一现象视为能够不断存在和发展的不可回避的现实存在。"[1] 在另一处，作者甚至建议在研究犯罪现象哲学时要依靠在哲学、法哲学、社会学和其他人文科学领域所获得的知识。[2]

　　应当立即指出的是，作者使用 "犯罪现象哲学" 概念的同时，在著作中还不止一次地运用 "犯罪哲学" 概念。按照他的观点，犯罪现象哲学的研究是对违法现象的特点进行哲学思考，考察其本质，从基于人性 "恶" 的绝对表现角度考察其本质。根据作者的观点，正是人性中存在的 "恶" 作为一种现象构成其本质，并主导其行为，从而产生了最初的犯

〔1〕 Бабичев Д. С. Политико – правовое исследование философии прест- упности. Дис. … канд. юрид. наук. Уфа, 2004. С. 40.

〔2〕 Там же. С. 22.

罪。对于这一点不能不同意，因为巴比切夫正确地认为，犯罪行为的原因要到人的自身之中去寻找。由此可见，作者所回答的哲学问题是"人为什么会实施犯罪"，不管有意还是无意，他因此肯定了使用"犯罪哲学"概念的正确性，而非"犯罪现象哲学"。

同样，也不能同意亚历山德罗夫有关使用"犯罪现象哲学"概念的理由。[1] 在使用这一概念时，作者实际上指的就是"犯罪哲学"。比如，作者在其专著的第 65 页这样写道："犯罪现象哲学应当相应地领悟违法现象的哲学理论含义和本质，其与合法行为的界限和程度、揭示犯罪行为产生和保持其生命力的基本原因和条件，以及创造方法论的前提条件，即使不能消灭犯罪，也要将犯罪减少到最低程度。这正是犯罪哲学作为完全独立的和前途广阔的科学研究方向的研究任务。"

首先，违法现象，当然包括犯罪现象在内的含义和本质、犯罪行为的原因和根源，这些都是犯罪哲学研究的客体；因为，什么是犯罪？这一现象的起因、根源何在？回答上述问题的是犯罪哲学，而不是犯罪现象哲学。

作者在第 69 页又回到这一问题，指出："在对犯罪现象进行哲学研究时，应当回答一系列问题：人为什么会实施犯罪？置入其中的何种属性促使其实施被定性为犯罪的行为？"

---

〔1〕 Александров А. И. Философия зла и философия преступности. СПБ. , 2013.

如果将这些问题归入犯罪现象哲学，那么请问：什么样的问题应当由犯罪哲学回答？如果由此得出结论认为，这并不具有原则性意义，因此"犯罪现象"和"犯罪"概念之间的界限并不存在，虽然亚历山德罗夫随后又将这些现象视为一般与个别、数量与质量的关系。（第85页）

其次，在我们看来作者犯了一个错误，他断言"犯罪现象哲学"应当创造方法论前提，如果不能完全消灭犯罪现象，至少也应降到最低限度。这里讲的实际上是与犯罪进行斗争的刑事政策，而这已经不是哲学研究，而是犯罪学和刑法研究的客体了。

但是，为了确信采用"犯罪哲学"和"犯罪现象哲学"概念的正确性，在我们看来，应当研究"犯罪"与"犯罪现象"概念的相互关系、独立性及其相互关联性。区分这些概念的重要性和必要性在于，研究犯罪现象与犯罪成因的一般方法论正是系于将如何理解它们之间的相互关系。换言之，如果犯罪现象与犯罪具有质的不同，如果它们不是一个序列的现象，那么，通过认知具体犯罪行为的成因来研究犯罪现象之不具有前途性便显而易见和再自然不过了。

二、犯罪与犯罪现象

"犯罪"与"犯罪现象"的概念可看作部分和整体的相互关系。因此，为了正确理解这一问题，尤其必须使用整体与部分的哲学范畴。

早期的思想家，从亚里士多德开始，在定义这些概念时便遇到了无法解决的困难。黑格尔在这方面有着足够深入的研究，他试图克服这些困难。而我们这些法学家，所能做的只是在自己的研究中运用那些被认为普遍承认的东西。

黑格尔写道："……物之为物，即其数量之间的相互关系，系其'也是'的简单积聚。它由一种物的特定数量构成，甚至也可以由其他种类物的一定数量构成，以及完全由他物构成：物只是构成不存在任何联系的联系。"[1]

将犯罪现象作为物来理解，使列普斯（Лепс А.）得出如下结论："犯罪现象作为物，由不同犯罪构成，不同犯罪或各种犯罪之间仅存在着量的关系，或'其简单的叠加'，或其'总和'。同样我们可以说，犯罪现象作为各种不同犯罪的总和，各种犯罪之间并不具有相互关系"[2]

32　　作者接着从理论转向实践领域，他断言，"现代犯罪学在今天将某一地域特定时间段实施的犯罪集中一处，从而获得了一个全新的现象（犯罪现象）——对作为本质现象的犯罪现象进行动态考察，研究其结构并对比居民的数量等。当然，这样的'手册'对于那些被列为执法机关的机构日常工作具有一定的操作性意义。但是，这样的'手册'时常被赋予科学价值，即便其与科学相去甚远"[3]

---

〔1〕 Гегель Г. В. Ф. Наука логики. СПБ., 2002. С. 448.

〔2〕 Лепс А. Философия Гегеля и преступность как явление сущности // Юридические науки и образование. 2012. № 35. С. 167.

〔3〕 Там же. С. 468 – 470.

由此可见，列普斯认为，犯罪现象作为一种新的现象，乃是一定区域内个别犯罪总和的结果。作者以此强调"犯罪率"概念的数量统计性质，没有异议。与此同时，列普斯指出，被称为"犯罪率"的新构成是一种实质现象，具有自己的结构、动态、趋向、风格等。这就产生了一个问题：具有上述所列特征、作为实质现象的犯罪率能否仅仅具有量的特征而没有质的属性？因此，又产生了兼具理论与实践意义的许多其他原则性问题。是否有一些犯罪，既作为独立的部分又作为犯罪现象的整体而存在，或者与犯罪现象相分离？个别犯罪在犯罪现象中以什么方式——自然而然还是以人为的途径结合起来？根据数量的特征还是质的特征？犯罪现象中个别犯罪的相互作用是否导致不具有犯罪属性部分的整体新的质的产生？何者优先产生：作为整体一部分的个别犯罪还是作为整体的犯罪现象？

今天，犯罪现象被定性为否定的社会法律现象，甚至还是社会或同时是社会和法哲学现象，是评定社会机制状态的社会指数之一，也是其组成部分之间的非谐调性。[1] 33

亚历山德罗夫给出的定义非常具有原创性。对于什么是犯罪现象问题，作者这样回答："犯罪现象就是人们以违反

---

〔1〕 См.：Криминология. Учебник / Под ред. В. Н. Кудрявцева, В. Е. Эминова. М.，1997；Криминология для юридических вузов / Под ред. А. И. Доловой. М.，1997；Спиринов Л. И. Социология преступности. М.，1978. и др.

刑法禁止性规定处理其自身问题的群体决定。"[1] 根据这一定义会得出什么样的结论？人们群体决定解决其自身问题强调的是犯罪现象的有意识、有组织、有目的性质，而不是自发性。换言之，为了解决自己的问题，人的特定集团，也就是特定的群体集合起来，事先商定，并在特定的区域、特定的时间段对违反刑法禁止性规定实施犯罪作出统一的群体决定。在此情况下，这些犯罪的性质没有意义。类似的群体决定有可能吗？

也存在其他观点，无论是后苏联区域还是国外的犯罪学领域都很流行：犯罪现象就是在特定时间段内该社会或该地区实施的所有具体犯罪的总和。

某些作者认为，这一定义具有形式性质，仅仅规定了犯罪现象的形式，并未揭示这一社会现象的本质。[2]

34   众所周知，任何社会现象都体现为该社会所代表的社会制度要素。在该制度的框架内，所有的社会现象和进程都在其相互作用中得到分析。犯罪现象也属于这类现象。利用认知的统计方法，社会学提供了有关犯罪率现象的质和量变化的社会材料。根据这些材料，犯罪学研究犯罪现象的现状、动态、结构，即所有与犯罪率相关的统计数据。而犯罪率是

---

〔1〕 Александров А. И. Указ. Соч. С. 71.

〔2〕 См.: Шапиев С. Преступность и общество (Криминологическое теоретико - прикладное исследование): Дис. ... докт. юрид. наук. СПБ., 2000. С. 31 - 32.

由人们在社会中实施的反社会利益的行为构成的。

犯罪率的特点在于，每一起个别犯罪行为都是人有意识而为之的行动结果，而犯罪率数据是自发形成的，也就是犯罪率的统计数据可以和实际发生的不一致。当然，也不能仅仅局限于犯罪率统计数据的分析而不涉及其社会和历史渊源方面。犯罪率乃是同时涉及群体性的、随历史不断变动的、具有刑事法律性质的社会现象。

但是，犯罪率的社会性取决于具体犯罪的社会本质，而不是由于犯罪具有的社会根源和原因。而这是指什么呢？

问题是，人的行为是属于社会范畴的现象。而犯罪行为，众所周知，只是行为的一种。因此，在将犯罪行为作为社会范畴现象进行研究之前，我们必须为我们所理解的社会行为下个定义。龚普洛维奇（Ludwig Gumplowicz）* 指出："我们所理解的社会现象是产生于人群互动和交流的关系。"[1]根据齐美尔（Georg Simmel）** 的看法，社会现象或社会"存在于若干个体相互作用的地方"。[2]

看来，齐美尔与龚普洛维奇观点的区别在于，后者将群体而非个体作为互动的因素，虽然在这里没有原则意义，因

35

---

* 龚普洛维奇（1838－1909 年），生于波兰，奥地利犹太裔经济学家、社会学家、法学家，社会达尔文主义的主要代表人物之一。——译者注

〔1〕 Гумплович Л. Основы социологии. СПБ. , 1899. С. 113, 105, 106, 116, 265 и др.

** 格奥尔格·齐美尔（1858－1918 年），德国社会学家、哲学家，后生命哲学的主要代表人物之一。——译者注

〔2〕 Зиммель Г. Sociologie. Leipzig, 1908. С. 5－7, 31－39.

为"若干个体"也可作为群体对待。

从社会学的角度看，作为社会学客体的社会现象首先就是这些或那些中枢的互动，或是具有某些专门特征的互动。但是，人们的任何互动永远都会伴随着交流者之间一定的内在过程。换句话说，在分析社会现象，尤其是生活在群体中人们的行为并试图将种类无限的行为归入某一范畴时，必须永远从分析那些伴随者的某一行为的心理感受入手。

由此可见，正是对心理感受的分析给了解释各种人的行为的一把钥匙，其中也包括解释犯罪行为，而在社会现象中应用心理学范畴和概念的时候，这也是可能的。

因此，并非任何互动，而只是那些具有心理性质的互动才会被理解为社会现象，其在何人或何者之间实施的互动则在所不问。然而，什么是心理互动？

从心理学（内在）的观点来看，这种互动可归结为交流、愿望和一般被称为心理感受的一切。这样，互动也就不必带有长期性质。互动可以是临时的或偶然的，这些对于心理感受就已足够，比如没有一定的计划准备，即临时起意实施的犯罪。

犯罪现象的社会性恰恰也在于个别人通过"犯罪行为"这一概念的互动之中，即由于实施具体的犯罪行为。若什么时候不再有犯罪行为，使用"作为犯罪现象的犯罪行为"概念自然也丧失了必要性。

如此一来，如果我们将犯罪现象当作统计数据指标（如

2011 年在阿塞拜疆实施犯罪 24 000 起），那么就很难讲犯罪现象的社会性质，因为这一现象并非人们互动的产物，正如不能将诸如性别、年龄、身高、体重、头发颜色等特征归为社会现象一样。将犯罪现象视为个别的、具体犯罪行为的总和，如果其重复性、大众性、典型性、社会危害性已经确定，也即如果其特征和属性已经固定下来，这种情况则另当别论。在这种情况下，作为社会现象之一的犯罪现象就变成了社会学和犯罪学研究的出发点。

让我们回到黑格尔："整体由部分组成，没有部分就无所谓整体……因此，整体与部分互为前提条件（是）……每一方面都自我独立，它们是两个独立的存在，彼此没有区别……整体等于部分和部分等于整体。"[1]

依据部分与整体相互关系的逻辑，让我们直接对犯罪行为和犯罪现象的表现进行分析。部分应当理解为个别现象，也就是具体的犯罪行为，其属性、品质、要件的总和决定其特点和特殊性，并以此区别于犯罪的其他部分。比如，杀人与强奸不同，虽然它们都是同一整体的组成部分。尽管存在大量各种不同的犯罪表现，也不可能有两个部分的完全等同，由于不存在绝对相同的犯罪，正如不存在实施犯罪的相同主体一样。与此同时，也没有完全孤立的外在于其他犯罪现象的个别犯罪。在没有弄清所抢的内容之前，我们就无法

---

[1] Лепс А. Указ. соч. С. 173.

37 理解抢夺这种犯罪，否则我们就不能对他们作出正确的定罪。

一般而言，如果与其他社会、政治、法律、精神和道德生活没有关系和互动，任何犯罪就都不会发生、存在、消失。但是，如果个别犯罪（部分）彼此之间相互联系、相互作用，它们便因之具有了某种共同的使它们归入同一整体（犯罪现象）的共同性。

这些共同的东西为所有犯罪毫无例外地固有，并构成犯罪行为的本质。可见，正是作为哲学范畴的恶才是犯罪的本质。也正是通过恶的范畴，我们才能对个别犯罪进行比较鉴定。例如，杀人在许多属性方面与强奸不同，但恶将它们联系起来，这就是两种现象中共同的东西。因此，正如没有完全相同、绝对一模一样的犯罪一样，它们之间也不存在绝对的不同，不同的仅仅是恶的程度和性质。这样，对于犯罪的共同性应当理解成那些为所有犯罪毫无例外所固有的属性和品质的一致性。

克里莫夫写道："只有各个部分实际存在联合成一定的总和，并构成某种完整组织的时候，整体才会产生。"[1] 所有这一切使我们能够断言，没有个别的犯罪行为（部分）就不会有犯罪现象（整体）。相反的情况亦复如是。它们相互有机地联系在一起，相互依赖，相互制约。这里应当特别强

---

〔1〕 Керимов Д. А. Методология права. С. 212.

调的是，作为整体构成的犯罪现象，其自身所包含的不仅仅
是犯罪行为的某些本质属性，而且还包含个性、特殊性的全
部总和，即犯罪现象囊括了整个犯罪行为。结果是，新的构
成，即犯罪现象获得了构成犯罪行为本质的属性——恶。这
样一来，无论是犯罪行为还是犯罪现象，都具有共同的特
征——恶。而作为整体构成的犯罪现象，并不仅仅是犯罪行
为的简单总和。

38

  作为整体的犯罪现象，对于个别犯罪行为，也就是部分
来说，具有客观性、规律性，其构成则带有必然性。沃尔特
（Вольт Л. О.）指出：“任何整体都具有若干规律的有序性，
是各部分的组织体，并以此与其机械组合相区别。”[1]

  基于这一点，应当将犯罪现象视为一种体系，因为，正
如阿法纳西耶夫（Виктор Григорьевич Афанасьев）* 所指出的，
“毫无疑问，任何整体都是体系”,[2] 由于犯罪行为的总和
就是一个体系，而犯罪行为的相互作用就决定了新的品质的
存在，而这些品质是其组成部分所不具有的。犯罪现象还具
有一定的结构。

  犯罪现象作为整体的特征是：必须具有共同的结构。这

---

  [1] Вольт Л. О. Соотношение структуры и элементов // Вопросы философии. 1963. № 5. С. 45.

  * 维克多·格雷格里耶维奇·阿法纳西耶夫（1922－1994 年），苏联哲学
家和苏联共产党活动家，苏联科学院院士（1981 年）和俄罗斯联邦科学院院士
（1991 年）。——译者注

  [2] Афанасьев В. Г. Проблема целостности в философии и биологии. М., 1964. С. 8－10.

种结构将作为部分的个别犯罪行为结合在一起，并打上自己的烙印。

斯维杰尔斯基（Свидерский В. И.）* 将结构理解为"整体中各要素的原则、方式、关系法则，该整体范围内各要素关系的体系"。[1] 犯罪现象结构决定其组织体的内在形式的特征。在这一结构的自身之中，个别犯罪行为以其不同的要件纳入其他整体。比如，未成年人犯罪、特别严重犯罪、经济犯罪就是这样形成的。

犯罪现象是变化着的，并不稳定。犯罪现象的稳定性取决于个别犯罪行为的特点、性质、属性、动态趋向。因此，可以肯定的是，个别犯罪行为，也就是部分，对于犯罪现象（整体）来说是第一位的，但对于以前的犯罪行为则是第二位的。那些后来才获得犯罪法律地位的行为均属此类。克里莫夫断言，"正是整体构成了各个部分存在、功能发挥和得以发展的基础。因此，不管部分在整体构成中具有怎样的意义，归根结底，它们对整体来说都带有从属性"。[2]

但是，整体——犯罪现象——只是基于部分即个别犯罪行为而存在，并发生变化。须知，只有通过对具体的犯罪行为进行统计和仔细分析才能深入认识犯罪现象的本质，发现

---

　　* 符拉基米尔·约瑟福维奇·斯维杰尔斯基（1910－1994 年），苏联哲学家、哲学博士，列宁格勒大学教授，列宁格勒本体论学派代表。——译者注

　　[1] Свидерский В. И. Некоторые особенности развития в объективном мире. Л., 1964. С. 135.

　　[2] Керимов Д. А. Указ. соч. С. 219.

犯罪现象发展的新的规律性，以及将已知的规律性具体化。
这丝毫不会降低整体的意义，而整体就是研究犯罪现象共同
原因的客体。因此可以肯定，个别犯罪（部分）与整体的犯
罪现象（整体）都是独立的科学研究客体。菲舍尔（Kuno
Fischer）* 指出："整体是独立的，而部分仅仅是这个统一体
的一个要素；但是，在这种情况下它们便获得了同样的独立
性，而统一体不过是其一个要素而已。"[1]

　　承认犯罪为社会现象不可避免地导致承认犯罪受特定社
会原因的制约。换言之，如果与个别犯罪不同的犯罪现象不
是"自由意志"的行动，那么，其存在自然也就是由某种确
定的、不以人的意志为转移的作用力或原因所致。

　　犯罪现象由人们在社会中实施的违反社会利益的行为组
成。任何社会变化，无论其多么微不足道，都会直接或间接
地影响犯罪现象的水平和变动。但是，这不能与犯罪现象的
原因联系起来，因为这些变化以及现实存在的一般社会条件
只是通过个体并对其行为施加负面作用来影响犯罪现象。

　　社会学和犯罪学不止一次地回头探寻影响犯罪现象各种
表现和整体上负面因素的状态、水平、结构、动态。这样的
因素是很多的，例如经济的、政治的、人口的，还有宇宙
的。试问，它们对谁发生影响？对个人抑或作为个别犯罪统

40

---

　　* 库诺·菲舍尔（1824－1907 年），德国著名哲学史家。——译者注
　　[1] Фишер К. Гегель: его жизнь, сомнения и учения. М., Л., 1933.
С. 390.

计总和的犯罪现象？在这种情况下我们应该研究什么？这些因素对人抑或没有个别犯罪便不能存在的犯罪现象发生的影响是什么？当我们试图回答犯罪现象的成因时，我们便开始从实施犯罪的行为主体中寻找答案，而犯罪现象的成因问题便退居次要地位。因此，应当同意曼海因（Манхейн Г.）的观点，他认为，"完全放弃寻找犯罪现象成因的时代已经到来"，[1] 应当认真研究人的行为，尤其是犯罪行为的渊源机制。

由此可见，脱离法律现实仅仅在哲学层面上研究犯罪现象是不可能的，因为犯罪现象是复杂的、多面的，而首先是社会法律现象，有其自身的特性和发展规律。可见，犯罪现象与犯罪行为是不同的概念，因此，在它们之间不能画等号。

运用统计认识的方法，社会学提供了关于犯罪现象质量和数量的客观资料。犯罪学应当根据这些资料研究犯罪现象的状态、动态、结构，也就是一切与犯罪现象统计有关的东西。至于涉及犯罪行为成因，则并非犯罪学，而是其他科学要解决的问题，如哲学、心理学、生物学、遗传学。一言以蔽之，就是所有那些在广义上研究人的本质的科学。由此可见，应当研究的不是犯罪现象的成因，而是人的犯罪行为的成因以及得以实施该行为的条件和情节。

---

〔1〕 Манхейн Г. Comparative Criminology. London, 1965. P. 208.

　　犯罪现象是资料总结的结果，即对统计资料的加工整理，但其目的并非发现人的犯罪行为的原因，而只是为了用于与这一现象进行斗争的实践与理论需要。这就是为什么不能讲"犯罪现象哲学"的原因。应当使用"犯罪社会学"这一术语，因为犯罪现象同时又是犯罪法律现象。无论作为犯罪社会学还是犯罪哲学对象，都会在人的一般行为尤其是犯罪行为中实现对接。

　　说到犯罪哲学，也应当承认，还存在着犯罪社会学和犯罪心理学。犯罪是社会心理学和法律哲学概念。因此，我们不能同意波兹尼亚科夫的观点，他认为犯罪概念"作为定义应当带有法律性质，其他种种都是不可能的"。[1]

　　只有在弄清人的意志自由作为哲学这门科学的任务之后，才能理解犯罪哲学的本质。

　　犯罪哲学在研究对象的意义上更为具体，自然亦不受解决哲学一般问题观念的制约。它努力回答这样的问题：一个人为什么会在这样或那样的情境下实施犯罪行为？涅克留多夫（Неклюдов Н. А.）*认为，犯罪哲学不是根据刑事统计数据进行犯罪研究的科学。他写道："……犯罪行为哲学不是别

---

〔1〕　Поздняков Э. А. Фолософия преступления. С. 82.

　　*　尼古拉·阿德里阿诺维奇·涅克留多夫（1840－1896年），俄国法学家、犯罪学家。——译者注

42　的，是对于质量与数量统计的抽象。"[1]

　　作者断言，犯罪行为哲学并不以研究那种对我们的精神产生犯罪影响的态度——其是否为任意专断或一个人相对自由的产物，是其恶意为之抑或仅仅是命中注定、法官裁决的结果——为目的，这是一般哲学，特别是刑法哲学的任务，一言以蔽之，是主观哲学的任务。

　　由此可见，对于涅克留多夫来说，存在着以外部条件作为犯罪出发点的客观哲学以及以恶意作为犯罪原因的主观哲学。换句话说，客观哲学的对象乃是那些纯粹作为主观哲学对象的恶意所充分利用的外部情形。

　　这样一来，根据作者的看法，从犯罪的客观哲学的角度，犯罪行为的实施不能仅以一个恶意为前提条件，因为它本身不能自我繁育，还需要外部条件。

　　首先，不能同意这样的论点，即认为根据刑事统计数据所进行犯罪研究的科学就是犯罪哲学。这毋宁说是犯罪学，正是通过对统计数据进行分析来达到制定与犯罪现象进行斗争的对策的目的。

　　其次，通过人为的方式将犯罪人和犯罪从对其具有意义和与其处于不可分离的有机联系的社会环境中，从那些日常生活条件当中剥离出来而超越时空对犯罪人和犯罪进行研究是不可能的，也是没有意义的。

---

〔1〕　Неклюдов Н. А. Уголовные статистические этюды. М., 2010. С. 5.

最后，当我们说到犯罪哲学的时候，我们所指的不是直接与外部世界相关的人的行为，即"纯粹的行为"。在这种情况下我们要回答的问题是：当一个人实施犯罪的时候，他的行为选择是自由的还是不自由的？我们对他所处其中并使其得以实施的条件和情境并不感兴趣。这就是为什么我们认为，将犯罪哲学分为主观的和客观的是没有意义的原因所在。

犯罪哲学就是对以下问题答案的永恒探索：一个人对于自己行为的选择是自由的吗？何处是犯罪行为的根源所在？

第二节　犯罪行为的原因与根源

一、历史插曲

犯罪成因学说具有丰富的发展历史，其中不乏各种经久不衰、色彩纷呈的理论，以及原创观点和哲学家、法学家、心理学家、社会学家、宗教界代表、医生甚至作家的奇思妙想。经过仔细研究之后可以看出，其中有些想法是极为粗糙的，有时甚至显得可笑和令人不解。与此同时，他们对犯罪原因问题产生了极大的兴趣。结果，至今还留存着被普遍接受的产生犯罪原因的观点：规范法学、哲学、伦理学、宗教学、人类学（人的生物、自然属性结果）、社会学等。也可以将这一问题的历史划分为以下若干连续发展的阶段。

在史前时期，这一问题是哲学家所关注的对象，他们在一些简短的议论中涉及了犯罪的概念和原因，也就是说，在审查哲学的一般科学问题时有所论及。犯罪的社会意义及其原因，自古代哲学家梭伦（Solon）、毕达哥拉斯（Pythagoras）、普罗泰戈拉（Protagoras）时就已经开始意识到，也就是说这些在伟大的古希腊思想家柏拉图和亚里士多德出现之前。在《高尔吉亚》对话篇中，柏拉图不认为犯罪的原因是犯罪人心灵的疾病，而是国家的疾病，因此将治疗的义务转给国家政权承担。换句话说，哲学家认为犯罪的根源在于社会，而非个人自身。

与柏拉图不同，亚里士多德的观点带有更多的目的性，因为他从来不像柏拉图那样从抽象的哲学视角论及犯罪的原因，而是以刑事政策的视角。亚里士多德甚至将犯罪的原因视为社会之恶，应当与之进行斗争，并尽可能地予以防范。斯多葛学派，其哲学具有普世性，他们刚好相反，认为犯罪是人与生俱来的缺陷。但是，古代的哲学家对于犯罪及其原因始终未能创造出一个为人们所接受的稳定理论，虽然他们的观点在刑法科学发展中起到了不可估量的作用。

第二时期开始于古典刑法学派产生之时，并与两个伟大事件——人文主义思潮和宗教改革运动——紧密相关。丘宾斯基（Михаил Павлович Чубинский）* 十分正确地指出，没有文艺复兴和宗教改革，就不会产生导致新的刑事法律学说得

----

* 米哈依尔·帕弗洛维奇·丘宾斯基（1871 – 1943 年），俄国和乌克兰法学家、政论家，十月革命的反对者，后移居南斯拉夫。——译者注

以繁荣的自然法学理论。[1]

政治家、哲学家和法学家开始思考犯罪原因新视角的问题，其中包括胡果·格老秀斯、霍布斯、斯宾诺莎、洛克、费希特、哥麦里（Гомель）、费尔巴哈等。毫无疑问，他们为与陈腐过时的犯罪概念及其原因的观点做斗争以及相应地与这些现象进行斗争的方法做出了巨大的贡献。但是遗憾的是，其中没有一个人能够达到贝卡利亚的成就。

菲利写道："无论是对民法进行了卓越研究的罗马人，45还是中世纪法学家，都没有将刑法提升到哲学体系的高度。是贝卡利亚率先更多地遵循情感而非严格的科学追求让犯罪与刑罚学说实现了飞越。"[2]

的确，刑法古典学派的形成与贝卡利亚的名字紧密相连，正是之后在该学派的原则基础之上，整个文明世界的刑法体系得以建立。这一学派的科学方法是对犯罪的抽象法律本质进行经验研究，其中最杰出代表之一卡拉拉（Francesco Carrara）说过："犯罪是法律现象，是违法，而非行动。"[3]

俄罗斯古典学派的优秀代表定义犯罪为包含"法律关系"范畴的现象，[4] 而就其本身而言是纯法律研究的客体，

---

〔1〕 Чубинский М. П. Очерки уголовной политики. М.，2010. С. 136.

〔2〕 Ферри Э. Указ. соч. С. 22.

〔3〕 Carrara. Programma, parte generale. 6 – e ed.，P. 1, 21 – 23.

〔4〕 Набоков В. Д. Сборник статей по уголовному праву. СПБ.，1904. С. 8.

正如塔干采夫（С. Н. Таганцев）* 所表述的那样，"研究犯罪
现象的法律结构"。[1]

由此可见，古典学派的出发点是，犯罪行为是法律概念
范围之外的事实关系，而不应成为犯罪学家的研究对象。因
为对于刑法而言，按照纳博科夫（Владимир Дмитриевич Набоков）**
的话来说，"犯罪与刑罚就是概念"。[2]

犯罪概念的这种结构，不可避免地会导致对于犯罪人作
为犯罪行为主体的人格的忽视。这一点让我们能够向古典学
派提出这样的问题：能否脱离实施犯罪行为的个人来研究犯
罪？菲利就此写道："对于古典学派的犯罪学家来说，犯罪
人人格仅具有次要意义，正如从前病人之于医生，犯罪人对
于他只是一个应用理论公式的存在物，是理论探索的产物
——吹了气的人体模型。在其背部，法官贴上了刑法典条文
的编号，并在执行刑事判决时本身成了号码。"[3]

接着，人们指责古典学派将犯罪定义为法律现象，并以
此穷尽刑法科学的内容，从而将自己对于犯罪的研究范围仅

　　＊　尼古拉·斯杰潘诺维奇·塔干采夫（1843－1923 年），俄罗斯法学家、
犯罪侦查学家、国务活动家。——译者注

　　〔1〕　Таганцев Н. С. Русское уголовное право. СПБ., 1902. Т. 1. С. 16.

　　＊＊　符拉基米尔·德米特里耶维奇·纳博科夫（1869－1922 年），俄罗斯法
学家、政治活动家，立法民主党组织者和领袖之一。——译者注

　　〔2〕　Набоков В. Д. Указ. соч. С. 5.

　　〔3〕　Ферри Э. Указ. соч. С. 32.

限于法律现象。[1] 但是，对古典学派最强有力和最彻底的指责是针对其将实施了犯罪的人的意志自由作为一种有意义的公理；也就是说，实施或者完全没有实施犯罪，以何种方式以及实施犯罪数量的多少，则取决于人的意志自由。[2]

实际上，古典学派原则上并不否认研究犯罪人的可能性，他们只是对其不加关注而已。古典学派关注犯罪人基本上只从一个方面——从所实施的犯罪方面——入手，虽然其也承认脱离实施犯罪的主体对犯罪进行研究是不可能的。因此断言，古典学派将犯罪仅仅视为法律的本质、没有行动者的行为，完全忽视人与社会学因素对犯罪的影响，与事实并不相符。对此，在贝卡利亚《论犯罪与刑罚》这一著作中就能找到证明。

正如丘宾斯基所正确指出的那样："正是在贝卡利亚之后，强劲的改革大潮才得以蓬勃发展，最终敢于挑战旧的刑事审判程序，并号召建立与旧的原则和组织根本对立的新秩序。"[3]

另外，还应当强调的是，其著作对贝卡利亚观点之形成产生巨大影响的孟德斯鸠，不仅阐述了卓越的形势政策思想，而且还致力于对此进行论证。从这一意义上，他超越了

47

---

〔1〕　См. : Чарыхов Х. М. Учение о факторах преступлености. Социологическая школа в науке уголовного права. М. , 1910. С. 1.

〔2〕　Ферри Э. Указ. соч. С. 33.

〔3〕　Чубинский М. П. Указ. соч. С. 218.

除培根之外的所有前辈（埃罗、尼科利亚、托马斯·莫尔），
更具有实证主义学派的特点。

显然，无论是贝卡利亚还是孟德斯鸠，都没有像实证主
义法学派那样掌握足够丰富的社会学、统计学和人类学资
料，他们只是在最大程度上利用了历史资料。

在我们看来，古典学派的观点在于研究犯罪主体的心
理、生理组织，不应当也不能够成为法学尤其是犯罪学研究
的对象，因为对于人的物理学、生物学、心理学本质的研究
乃是人类学和社会学研究的独立领域。

反之，在使用刑事立法当中规定的所谓"合法定义"的
犯罪概念的同时，还应当使用犯罪学中的概念，也就是"实
体的"或者犯罪学定义。

19世纪初，对于犯罪的研究，主要是从统计学角度研究
犯罪。可见，认为这是与犯罪人人格紧密相连的对犯罪概念
和特性进行研究的新的开端是正确的，即第三阶段。

众所周知，与物理现象和生物现象不同，对包括犯罪现
48 象在内的社会现象进行准确的实验研究是不可能的。因此，
不得不限于和满足于在社会学领域中进行科学研究的观察方
法。对于这种观察，最有益和有效的工具之一刚好就是统
计学。

塔尔德写道："统计学是某种类似于正在发展中的社会
感官上的东西：在社会上，它就像动物的视觉，确定地、逐
渐地、日益丰富着自己的图表和时而线条倾斜、时而色彩纷

呈的地图，每一天都让人惊奇不已。实际上，眼睛不是别的，而是一个奇妙的机器，它能够迅速地在一瞬间对于光学的摇摆进行独特的计算，而光学流动就像一个不断更新的地图，向我们展示不间断的视觉图像。"[1]

犯罪现象统计学在比利时和法国是以道德统计的形式出现的。一群不以犯罪现象本身为研究目的的学者，将道德统计作为自己科学研究的对象，视犯罪为不道德的、伤风败俗的行为。他们不是在经验证据的基础上，而是根据从社会生活现实中获得的结论来研究犯罪现象问题。

刑事的科学统计学出现于1825 – 1830年之间。刑事统计学的创始人被认为是布鲁塞尔大学的凯特勒（Adolphe Quetelet）*教授。科隆（Krochue）曾经说过，刑事统计学"是与犯罪现象大军进行斗争取得成就的首要条件，它在这一斗争中所起到的作用就像战时的侦察兵所起的作用一样"[2]

利用统计数据，凯特勒研究了如下问题：作为具有道德情感和思想的人之行为是否服从一定的规律性？于是，他得出了如下大胆的结论："社会在自身中即带有犯罪的萌芽。社会本身通过这种或那种途径不可避免地制造犯罪，在其掌

---

〔1〕 Тард Г. Д. Указ. соч. С. 81.

　* 阿道夫·凯特勒（1796 – 1874年），比利时统计学家、数学家、天文学家、社会学家，近代统计学之父、数理统计学派创始人。——译者注

〔2〕 Krochue. Der gegenwärtige Stand der Geff ngnisswissen Schaft, G Zeitschz f. d. ges. Strafzechtw. 1881. L. s. 75.

49　握之中的犯罪人仅仅是犯罪工具而已。每一社会形式都会产生一定数量和一定种类的犯罪，在其环境中实施具有必然性。"[1]

　　凯特勒认为，犯罪将是周期性的和不变的，直到对其原因进行研究和为了改变而对其施加影响，虽然在他之前许多认真研究这一问题的人都知道这一点。新的和重要的一点是，根据对犯罪现象的统计数据进行分析，他尝试对能够通过刑罚方式与犯罪现象进行斗争的信念予以沉重打击。

　　他尤其强调，不触及影响犯罪率的社会因素的刑事惩罚不能阻止其增长。对此我们应当毫无保留地同意，虽然我们深知，将惩罚直接有效地作用于社会因素我们还无能为力。与此同时，在对犯罪率诸如年龄、气候、经济条件、社会地位等这些因素的意义进行评估的同时，作者也试图对犯罪现象的生物学因素进行研究。

　　凯特勒是如此迷恋于自己的统计数据，甚至开始证明哪个人明显具有犯罪倾向性。凯特勒的贡献在于，在他之前证明犯罪原因都是先验的、理论上的，而现在则能够借助于数字或多或少地准确指出犯罪的原因，从而可以期待沿着科学所指出的道路阔步前行。

　　统计学的另一个同样重要的贡献在于，根据统计数据和违法行为的原因去研究犯罪动机，即使犯罪学家几乎不运用

　　〔1〕　Quetelet A. Physique sociale. Essai sur le développement des tacultés de lhomme. 2 ed. 1869, l. P. 312；l l. P. 358.

这些数据。与此同时，正是在这些数据当中，不仅作为预防犯罪，而且对于惩罚犯罪来说，为正确适用刑事处罚都能够起到有益的作用。

看来，统计学家的基本任务在于，借助数字指标能够帮 50 助确定犯罪现象的原因和具体犯罪行为的根源。与此同时，应当注意的是，统计学尚未论及能够决定犯罪条件和犯罪的个体因素的总和。因此，别赫杰列夫（Бехтерев Б. М.）指出："统计学一般会采用大的数据，因此有关接近于犯罪现象本质的个别条件并未给我们确切的提示。只有对该个体发生影响的全部因素的总和，其中不仅仅是一般性的，而且还包括更为局部的、最近的因素，这些共同决定了犯罪及其性质。"[1]

众所周知，凯特勒对影响犯罪产生的原因进行了许多研究，他编制了一个出色的表格，标出一年中对犯罪倾向产生特定影响的季节。学者断言，统计学能够预测特定地域的犯罪率。尤其是他得出结论认为，每年实施犯罪的数量几乎是不变的。按照他的观点，犯罪率的变动是如此之平稳，甚至达到了编制犯罪列表的程度，几乎可以准确到为命案的发生编制表格。比如他这样写道："人类的状况何其悲惨，我们可以如此准确地确定出生和死亡的数量，并且我们可以据此预言，有多少人的双手会沾满亲人的鲜血，多少人会成为造

---

〔1〕 Бехтерев Б. М. Объективно - психологический метод в применении к изучению преступности // Дриль Д. А. Преступность и преступники. Учение о преступности и мерах борьбы с нею. М., 2010. С. 708.

假者和下毒者。"[1] 当然，我们很难同意凯特勒的这一论断，实际上，像他这样如此准确地预言犯罪现象的状况、动态和水平是不可能的。因为这一现象带有自发性。虽然现在对于犯罪率的发展已经有了一定的预测。凯特勒这一论断的不准确性是可以得到谅解的，因为他所掌握的是非常短时间段的统计数据，还应当考虑的是凯特勒作为一个数学家，正是在数字材料的基础上得出结论，也就是说，他是在社会生活条件之外对犯罪和犯罪人数量进行的研究。

通过对主宰道德秩序的物理规律进行研究，他得出结论认为，"中等人"对犯罪具有一定的倾向性，也就是说个体在一定程度上都有可能实施犯罪。凯特勒有关气候、性别、年龄对一个人犯罪行为影响所得出的结论过于粗糙简单，并在此后也被证明是可值得怀疑的。然而，对于统计学的贡献亦不能不给予应有的评价。正如1860年伦敦国际统计学大会所正确指出的那样，"刑事统计学之于立法者的重要意义，犹如地图、罗盘和测深仪之于航海者"。

由此可见，在刑法实证主义学派研究犯罪及其原因产生的很久之前，统计学就已经开始对犯罪现象进行研究。但是，这种研究更多的带有数字和字符性质。对这些还应当进行辨析、研究，并要借助于其他科学的数据资料。无论是人类学家还是社会学家，以及所有那些从事犯罪原因研究的

---

[1] Quetelet A. Phesique sociale. Essai sur le developpement des tacultes de lhomme. 2 ed. 1869. 1. P. 312；11. P. 358.

人，正是遵循了这一路线。结果便产生一个问题：不断变动的数字构成与作为古典刑法学派基础的自由意志概念能否并行不悖？

否定古典学派有关犯罪原因即意志自由的基本原则，实证主义学派开始在其他方面寻找这种原因。人类学家断定并证明犯罪不是自由意志的产物，而是犯罪人的全部生理和精神个体性的必然结果。恰雷霍夫（Чарыхов Х. М.）对主张自由意志的古典学派进行了严厉抨击，他写道："无论是理论家，还是实务工作者，他们只有杀人、强奸、盗窃、诈骗的概念。借助于可悲的'自由意志'理论，被引导实施犯罪的主体成了杀人、抢劫、诈骗真正的罪人。但就像所有的错误一样，错误认识早晚都会被消除。有关'自由意志'学说的衰落，乃是实证主义犯罪学说占领阵地的开始。"[1]

起初，人类学家在周围的物理环境中寻找犯罪原因：气象、气候、气温、地理等因素的影响。但是很快，他们便将主要注意力集中在人的身上：开始在人类学、生理学和心理组织中寻找犯罪原因，从而断定一个人实施犯罪。投入其中的不仅有他的动物（生理的、生物的）性，还有他的心理，其内容并不仅限于其机体状态所产生的感受。按照人类学家的观点，在犯罪行为的构成中，"所有我们见到和听到的一

─────────

〔1〕 Чарыхов Х. М. Указ. соч. С. 133.

切都参与其中，一句话，包括所有我们与外部世界的关系"[1]。

龙勃罗梭（Cesare Lombroso）* 认为，研究动物犯罪能够帮助我们深刻理解人的犯罪，正如动物解剖学和生理学能够帮助认识人的特性。实际上，研究动物犯罪能否更好地确定人的犯罪？龙勃罗梭认为，不仅在动物身上可能，甚至在植物身上也是可能的。

人类学对象或有关人的学说，正是对人之天性的认识。正是人类学让他得出结论，遗传性和人的犯罪行为存在着直接关系。难道在我们这个时代，还有谁相信犯罪行为本身是遗传的结果吗？我想，龙勃罗梭本人也不相信这点。他断言，任何犯罪都是一般人习惯的转变，所以每个罪犯所不同的是其身体和心理所表现的野蛮人特征。

虽然人类学派不能建构犯罪概念，因此其理论体系学说与古典学派不同，在逻辑上是不完善的。然而，正是人类学家完成了从古典学派对犯罪与犯罪人的教义学、逻辑学研究向实证主义认识的转变。也就是在具体的表现中考察现实现象本身已取代抽象的结构和抽象的犯罪概念。龙勃罗梭最后得出结论，"犯罪是如此自然和必然的现象，正如出生、死

---

〔1〕 Manouvrier. La genese normale du crime // Bul. De la Societe d Anthropologie. Paris, 1893. P. 456.

＊ 龙勃罗梭（1835－1909 年），意大利犯罪学家、精神病学家，刑事人类学派的创始人。——译者注

亡、妊娠、心理疾病，这是不可避免要经常发生的"[1]

对其理论体系空白进行填补的是他的后继者加罗法洛（Raffaele Garofalo）。他尝试用自然科学概念定义犯罪，并以此将人类学派理论学说提高到犯罪的自然科学理论的水平。这一尝试是不成功的。这个理论的另一代表巴哈（Bahar）决定"根据生物科学重新定义犯罪"[2] 按照他的观点，剥夺自己同类生命的倾向是继承而来的食人习俗本能的表现，这对人和动物都是一样的，这种本能促使人为了食物需要而牺牲弱者。

人类学关于天生犯罪人理论未能获得社会认可，尤其是在行使审判权的工作人员之中。在此后的1882年，菲利宣布创建了新的学派，他称之为刑事社会学，并引入人类学、生理心理学、精神病学和刑事统计学实验材料，以及与犯罪现象进行斗争的科学方法（通过预防和惩罚的方式）。正如菲利本人所解释的那样，新学派的目标在于"研究犯罪自然产生的历史，即诉诸犯罪人本身以关注其所生活的环境，目的就在于不同的原因使用不同的方法医治"[3]

最后，他得出如下结论："当我们谈及犯罪类型和天生犯罪人时，我们所指的是对于犯罪的生理心理取向。这种取

〔1〕 Lombrozo. Lhome criminal. Paris, 1895. T. Ⅱ. P. 150.

〔2〕 Bahar J. Une nouvelle definition du crime basse sur la Science biologique// Revue penitentiare. 1895. P. 739–740.

〔3〕 Ферри Э. Уголовная социология. М., 2005. С. 22.

向并不会导致一些个体实施犯罪行为（正如精神疾病取向并不全都导致精神失常一样），如果其能被良好的环境条件所克制。但是如果这些条件很快变坏，其便成为犯罪人反人道和反社会活动的唯一实证解释。"[1]

这样一来，菲利指出，不管犯罪的形式怎样以及属于哪个范畴，都具有复杂的起源和性质，即包括生物学性质，也包括生理性质和社会性质。因此，人的行为可归罪于人，人也就顺理成章地成了其行为的责任人，因为他生活在社会之中。

最终，我们获得了社会学派，它将犯罪与刑罚问题变成了三个独立又紧密联系的学科研究的问题。这些学科构成了刑法科学体系：刑事社会学（犯罪学）、刑事政策学和刑法教义学。实际上，这一学派是较为粗糙的，因为尤其关注犯罪现象的社会因素，其大部分代表人物既不能放弃运用大量的人类学资料，也不能排除构成古典学派核心的法学研究。

55 　　作为社会学派代表人之一的塔尔德写道："犯罪乃是社会现象，与其他所有现象一样，但与此同时，它又是反社会的。正如癌症一样，参与有机体的生命，但又促进其死亡。"[2]

原则上，这一学派的所有代表都认为，犯罪不是别的，正是对社会不公正的回应，正是社会组织的不完善和不能令人满意的后果。其激进的改革也只能使犯罪率的数字最小

---

〔1〕　Там же. С. 114.

〔2〕　Тард Г. Д. Указ. соч. С. 198.

化，但不能完全消除。

社会学派的出发点是，犯罪是犯罪人成长和生活于其中的社会环境的必然结果。这一学派的代表人物之一恰雷霍夫写道："可见，社会环境决定和推动社会发展的形式，犯罪作为社会和人的个体行为形式之一，作为社会发展的形式之一，不能脱离那些决定和推动整个社会发展形势因素的影响而进行考察和研究。因此，犯罪作为整个发展过程的个别情形，取决于社会环境因素而非宇宙环境因素。"[1]

马努福瑞尔将犯罪视为社会学本质而非生理学本质，认为，"一个人总是按照其生理组织行动，但是其行为的特征和性质完全取决于外部环境。只有一个人的活动能力受制于解剖学和生理学，而他如何行动，已经由环境来决定了。"[2]

这样一来，可以得出如下结论。

首先，如果社会环境就是一切，如果它遭到破坏的程度已经有利于邪恶和犯罪的发展，那么，我们改革的努力方向正是要针对这种环境和环境发挥作用的条件。"社会中存在 56 这些犯罪人，那是社会罪有应得。"[3] 所以，犯罪率的上升与下降主要取决于社会因素，也就是取决于那些较之其他因

---

〔1〕 Чарыхов Х. М. Указ. соч. С. 19.

〔2〕 Manouvrier. Les aptitudes et les actes // Revue Scientifique. 1891. P. 592.（Второй конгресс в Париже，1789）.

〔3〕 Lacassagne. Marche de la criminalité en France // Revue Scientifique. 1881. N 22. С. 167.

素能够易于为社会所改变和修正的因素。

其次，可以得出结论，在社会阶梯上地位越低的人，从其自身方面实施犯罪的可能性就越大。

再次，社会学派将犯罪因素分为两组——社会的和个体的——认为社会因素作为犯罪首要因素的范畴对于确定犯罪原因具有更为重要的意义。因此没有首要因素即社会因素，那么，在其他同等条件下就不会导致个体（派生的）秩序原因即心理生理属性的复活和产生。由此可见，应该寻找人本身的原因作为犯罪的原因。应当首先在社会环境中去寻找这些原因，因为犯罪原因即在人的自身之中，但是人自身的原因又在环境之中。犯罪人即"微生物"只有在为自身找到饮食环境的时候才获得意义的元素。

最后，将犯罪现象的社会因素理解为社会环境影响的总和，而将个体因素理解为一个人个体环境的影响（李斯特、恰雷霍夫）。

这一学派的缺陷在哪里？可以这样解释，犯罪就是由社会因素所决定的社会现象，仅此而已。这一现象的特性是恒久不变还是不断演进？对此，没有答案。认为在社会因素和犯罪现象之间有着直接原因关系，社会学派的代表运用实证方法没有走得更远。也就是说，他们没有试图去发现社会环境产生犯罪这种社会现象的逻辑依据。最后，社会学派没有在社会和个体因素以及经济原因、条件之间划分清晰的界限。这样一来，社会学派没有构建完整与合理的体系，因为在一系列问题上它们与人类学派分歧严重。而与此同时，在许多观点上又与其相近。因此，这两个学派不能够体现为敌对的和泾渭分明的两个阵营。

对犯罪及其原因进行经济方面的研究，具有丰富的理论和实践基础，其倡导者享有很高的知名度。

社会现象能够作为非常重要的实时反映社会变化的晴雨表，这是无可争议的。对经济发展状况各异的国家的犯罪状况进行比较分析能够有力地证明这一点。莫尔在《乌托邦》中指出，引起数万人贫穷与赤贫的经济原因促使其走上犯罪道路。罗曼纽斯（Gian Domenico Romagnosi）* 认为经济贫困导致犯罪："我们可以指出基于匮乏和奴役而实施抢劫的不幸例证。当被羁押人之后被问及他为什么要从事这种明知危险性极大而又没有回头路的行当时，他们回答说，他们确实知道会遭遇怎样的危险，但他们认为宁愿冒此风险，也好于他们所过的不幸生活。"[1]

恩格斯借助统计数据对犯罪现象进行了专门的研究，最终他得出结论，英国犯罪率异常地增长与恶劣的经济状况有关。

伏尔泰主张对犯罪采取广泛的预防措施，首先要求立法者研究哪些犯罪最能体现人性的弱点。例如他指出，那些财产犯罪主要是由穷人实施的，而法律是由富人制定的。他反

58

---

* 罗曼纽斯（1761－1835 年），意大利哲学家、法学家。——译者注

[1] Romagnosi. Cenesi del dizitto penale. Milano, 1841. P. 294.

对不关注这些犯罪的原因。他重申与贫困和流浪做斗争需要的不是看得见的死刑，而是要关心以理性措施根除被称之为贫困的现象本身。

边沁曾经正确地指出，如果一个人失去了生存手段，那么惩罚的恐惧就不能再阻止他，因为不可克服的动机会促使他去犯罪。既然合法满足他的需求不再可能，那么按照作者的观点，最为可信的方法，不是等待贫困，而是要防止贫困。边沁的理论以严肃可信和原创性见长，其前辈中的任何一个人都没有如此深入到犯罪产生的隐秘之处，也没有找到如此有效的对此予以防范的方法。[1]

应当指出，荷马在《奥德赛》中既已看到："空胃是不长耳朵的，饥饿带给人们的是无穷的灾难。"黄金时代的哲学家还没有注意到物质条件对犯罪现象影响的问题，例如色诺芬在贫穷中看到了许多刺激犯罪行为的因素。在《会饮篇》中，他借卡利阿斯（Callias）之口说道："那些知道其生活衣食无忧的人是不会去犯罪的。"

由此可见，没有谁会怀疑贫穷与赤贫对犯罪状况将产生实质性的影响。但也不要忘记，富足与奢侈对于实施犯罪同样起到不小的作用，一切取决于犯罪的类型和性质。柏拉图在《共和国》一书当中写道，物质的极致——奢侈与赤贫——同样危险。因此，哲学家建议治国者注意，在国家中不

---

〔1〕 См.：Bentham. Introduction aux principles de moralie et de jurisprudence，1789.

要出现奢侈与赤贫：前者孳生卑鄙龌龊、游手好闲和追逐新鲜刺激，后者则孳生情感的卑鄙龌龊和作恶的欲望，而无关乎对新鲜事物的爱好。

59

对这一问题非常具有原创性的思想是亚里士多德在《修辞学》第一卷中提出的。他指出，富足与贫困本身并不促使犯罪的发生。但是，穷人渴望有钱，因为他们需要，而富人则沉迷于声色犬马，到处寻欢作乐，而没有这一切，生活也会完全正常。无论富人还是穷人，促使他们犯罪的既不是富足，也不是贫困，而是欲望。可见，根据亚里士多德的观点，犯罪的根源正在于由财富和贫困唤起的欲望和愿望。因此，没有赤贫也没有富足就能够消除欲望，也就是犯罪。哲学家在这一著作中指出了一个非常重要的情节：当无所失去时，处于赤贫状态下更容易犯罪。

确实，包括社会经济因素在内的外部因素，对于主体产生一定的影响，并将其引入一种心理生理状态，部分民众会因此走向犯罪的道路。但是，并非所有的个体在此种情境之下都会走上犯罪的道路。在这个世界上，只有占地球全部人口总数6%的人为犯罪人。这就是为什么，确定犯罪与经济条件之间的联系会成为一个最具争议和困难的问题之一。在这种情况下应当注意，这些条件既带有个体性质，既针对具体的个体，也带有普遍性质，即经济地位、整个社会、民族的经济状况。因此，"经济条件"这一概念既可归入社会生活，也可归入每个单独个人的生活，这样的理解是正确的。

当我们论及犯罪的经济原因时，所指的并非直接原因，而是那些影响一个人的意志，即促使其做出这一决定而非其他决定的东西，而这个东西掌握在人的手中。对这个东西产生影响的不仅仅只是经济状况，还有性质各异的其他因素，其中也包括心理生理因素，因为一个人同时也是一个生物体。

"将公民分为穷人与富人的经济不平等是不是犯罪的主要原因或主要原因之一？"我们对这一问题的回答是：社会经济状况，与整体社会环境一样，是犯罪原因产生的条件。换句话说，赤贫、贫穷可能影响犯罪行为，但不是犯罪的主要原因。原因存在于一个人的自身之中。甚至在集体主义、平均主义的条件下，犯罪，特别是经济犯罪依然继续存在，即便对这些行为规定了非常严厉的刑罚，其中也包括死刑。因此，民众经济状况的改善无论如何都不会导致犯罪现象的消失，最多只能有所减少而已。如果大多数人感受到了经济条件对犯罪行为的影响的话，那么也没有理由认为这些条件对他们的作用就强于对那些经济上富有的少数人。但是，无论如何，穷人构成了犯罪大军的主力，这又如何解释？这是否意味着，是他们构成了绝大多数？

通过对阿塞拜疆过去一段时期的犯罪统计分析表明，在犯罪率与国家经济条件之间的确存在着联系。但与此同时，这一分析还发现，犯罪自身也带有明显与其完全不同的现象的痕迹：政治、民族关系；国家政治社会结构变化；国家管理形式等。比如，已经延续超过 25 年之久的卡拉巴赫冲突，对犯罪现象的状况、性质和层级产生了重要影响，这在阿塞拜疆不仅是由于来自亚美尼亚和卡拉巴赫出逃难民糟糕的经济和社会状况，而且在更大程度上还由于整个共和国全体居民的心理状况。

对这一问题的特别观念形成于十月革命之后。按照科兹 61
洛夫斯基（М. В. Козловский）的说法，犯罪人就是社会环境的产物，其全部行为、全部动机不取决于他和我们的"意志"，这一原则被布尔什维克视为公理。虽然年轻苏维埃国家的犯罪学家在 20 世纪 20 年代都一致认为，"没有任何一桩犯罪可以仅仅解释为外部原因，而忽略其实施者人格的特殊性"。[1]

当然，刑法学者和刑法科学解释犯罪概念及其原因的这种态度并不符合马克思主义哲学。它宣称："这种把刑罚看作罪犯个人意志的结果的理论只不过是古代' jus talionis'（报复刑）——以眼还眼、以牙还牙、以血还血——的思辨表现罢了。"[2]

布尔什维克坚信，犯罪的根源就是被推翻的、为整个国际资产阶级支持的剥削阶级的反抗以及小资产阶级无政府主义、资产阶级习惯和尚为广大劳动者阶层所热衷的习惯性反应的自发现象。他们确信，消除这些原因，犯罪也会自动消失。

---

〔1〕 См.：Пролетарская революция и право. 1918. № 1. С. 27.

〔2〕 Маркс К., Энгельс Ф. Соч. 2 - е изд. Т. 8. С. 531.

由此可见，犯罪概念及其原因的科学解释经历了与政治和社会主义国家理论与犯罪现象进行斗争背道而驰的历程。因此，从 20 世纪 30 年代初开始，苏维埃犯罪学不得不修正其对犯罪概念的理解，也就是对犯罪行为根源的解释。比如，特拉伊宁（Трайнин А. Н.）在那时指出，"愚蠢的遗传性、生理或心理的不正常在犯罪率的变动中不具有决定性意义，因为社会现象由社会杠杆和社会本身决定，上述那些因素只是从人们生活的社会基础中派生的"。[1] 这种态度延续至 60 年代初，当时的苏联学者开始注意犯罪人的人格，并且在犯罪行为中，人格社会学和生物学相互关系的争论全面展开，这一争论一直延续至今。

原则上，可以将犯罪特性发展的历史归结为两个方向——社会学和生物学——斗争的历史。而这一切又可归结为如下几个问题：机体的遗传属性与一个人的行为，其中也包括犯罪人的行为之间是否存在着某种联系？如果存在，对一个人机体的各种不同功能、心理过程和行为而言，生物学数量上的"贡献"又达到了怎样的水平？

如果说，在 19 世纪之前这一问题还没有如此尖锐，那么随着时间的推移，医学和遗传学所取得的成就则开始让人们产生希望，这些科学能够帮助回答令所有人激动不已的问题：为什么人会实施犯罪？这种行为的起因是什么？如何将

---

[1] Трайнин А. Н. Уголовное право. Общая часть. М., 1929. С. 141 – 142.

其根除？

　　马克思列宁主义的原则立场在于，包括犯罪在内的社会现象不能从生物学的角度予以解释。但是，这时便产生了一个问题：人同时又是一个生物体。也就是说，也要从社会生物学角度研究一个人及其行为。相反，也就是如果一切都纳入社会环境，并认为一个人自然的、生物的东西在犯罪行为中不起任何作用，那么必然的结果就会是，社会中所有的问题都将得以解决，对人的惩罚必然下降，因为人对社会现象的缺陷没有过错。雨果在小说《悲惨世界》中用主人公冉·阿让的话提出质问："人类社会是否有权在同等程度上一方面对自己的成员漠不关心，另一方面又表现得残酷无情。总是将不幸的人置于不足与过度——缺少工作、过度惩罚的困境之中？" ₆₃

　　我们认为，不应当在人的获得和继承的社会性和生物性上寻找共同的东西，而应当尝试揭示具体的相互作用。在解释行为原因时，应分析那些因素作用的机制。显然一个人能够改变，但是不能免除、不能消灭自身当中的那些自然的、生物的成分。遗传的多样性创造了每个人生物个体的唯一性、不可复制性，但科学证明人的生物性差异甚至种族和族群的差异与其共同性相较都是微不足道的。

　　确实，许多心理属性由遗传而来，但这不能证明在人的生理结构、心理构成和犯罪行为之间就存在着联系（精神病学家恩斯特·克雷奇默*和富内斯曾论及于此)。

恺撒(Günter Kaiser)曾经正确地强调:"将犯罪现象作为遗传之物进行研究存在很多不足。我们应当老实承认用遗传因素解释犯罪行为是不成功的。"[1]

如果能够成功地确定生活与特定时间、特定地域、人文、遗传发展的规律与犯罪率变化的规律相吻合,我们就能够确证犯罪现象遗传的原因是存在的。

由此可见,遗传因素不是行为的,其中也包括犯罪行为的决定性原因。与社会原因相较仅起到次要作用。在这种条件下,有关生物学作用争论的基础便可排除。须知预防犯罪发生的方法和形式取决于这一问题的解决,如果能够确定犯罪行为的原因与生物因素有关,那么就需要发明影响犯罪人的医学方法、遗传控制的形式。原则上,绝大多数苏联和当代法学家曾经认为而今天依然认为犯罪现象属于非生物学范畴。这种观点也为哲学家所坚持,比如费多谢耶夫(П. Н. Федосеев)写道:"在人的生物性中寻找犯罪现象的根源何其荒谬,但与此同时,在此处也应当关注人与人之间的若干个体差异。"[2]

64

---

* 恩斯特·克雷奇默(Ernst Kretschmer, 1888 – 1964 年),德国精神病学家和心理学家。——译者注

〔1〕 Кайзер Г. Genetics and Crime. Proceedings of the International Symposium on Criminology. San Praulo, Brasile, 1975. P. 7 – 8.

〔2〕 Федосеев П. Н. Проблемы социального и биологического в философии и социологии. Биологическое и социальное в развитии человека // Вопросы философии. 1976ю. № 3. С. 29.

实际上，假如一个人的思想和行为带有先天的、遗传程序的性质，那么一个非理性的人很难完成能够无限发展进步的、有思想的行动者角色。科学证明，"人脑的极大可塑性、训练和学习排除了生物程序的宿命意义"。[1] 这意味着，具有正常遗传程序的人能够自我控制，而在违反其程序的情况下，人的大脑会在一定程度上感到痛苦。也就是说，生物程序的损害会招致社会需求与生物能力之间的尖锐矛盾。

众所周知，在苏联20世纪20年代，关于犯罪行为社会学和生物学成分相互关系的激烈争论开始之时，也正是犯罪人人格研究受到极大关注之际。应当指出，由于尚未深入这些对立观点的冲突历史之中，这一争论今天仍在继续。

1969年，卡尔佩茨（Игорь Иванович Карпец）* 断然宣称："有关犯罪特性问题的社会学和生物学已经不能和平共处。"[2] 显然，法律科学首先是犯罪学，已经不能解决这一问题。因为这里所论及的是人性，其本质和一般行为尤其是犯罪行为的原因。对于人的犯罪原因这一问题更应该由遗传学家、生物学家、精神病学家和生理学家，也就是那些直接研究生物学意义上的人性科学的代表给出答案。

65

---

〔1〕 См.: Беляев Д. К. Современная наука и проблемы исследования человека // Там же. 1981. № 3. С. 15.

* 伊戈里·伊万诺维奇·卡尔佩茨（1921 – 1993年），苏联著名法学家、犯罪学家，法学博士、教授，苏联内务部刑事调查总局局长（1969 – 1979年）。——译者注

〔2〕 Карпец И. И. Проблемы преступности. М., 1969. С. 32.

破坏性理论奠基人弗洛姆认为，人的行为的偏差不必然解释为心理原因所致。心理失常往往受制于社会环境现实。[1] 在苏联犯罪学之中，任何时候都无人断言存在天生的犯罪人、"犯罪类型"或犯罪是一个生物学概念。任何时候都没有，现在依然没有公开的或隐蔽的龙勃罗梭理论的拥护者。但是，目前普遍被接受的是人不仅要服从社会发展的规律，而且也要服从自然规律、生物规律，他是两种——生物性和社会性——特性的统一体。因此，对犯罪的生物学研究应当与社会学研究手拉手一同前进。也就是说，将犯罪作为社会的一种现象进行研究，并在其基础上阐述犯罪的社会条件。卡尔佩茨指出："人不能脱离其存在的条件，正如不能将其行为的原因，其中也包括犯罪行为的原因和整体犯罪现象的原因解释为生物因素。"[2] 因为个体就是社会的人，但作为自然的一部分，他也是生物体。费多谢耶夫解释说，对于生物学和社会学相互作用的机制，尤其是在心理学领域之中，还有许多未解之处。[3] 在这里，他是绝对正确的。但问题依然十分尖锐：在人的行为尤其是犯罪行为中，哪一方面——生物性还是社会性——更具优势？沃尔科夫（Б. С.

66

〔1〕См.：Фромм Э. Анатомия человеческой деструктивности. М.，1994. С. 244－310.

〔2〕Карпец И. И. Современные проблемы уголовного права и криминологии. М.，1976. С. 33.

〔3〕Федосеев П. Н. Проблемы социального и биологического в философии и социологии. Биологическое и социальное в развитии человека. 1977. М.，С. 29.

Волков）认为，"生物特征对人格的社会定式的形成具有更大的影响"。[1] 按照诺伊（И. С. Ной）* 的观点，"对于现代科学来说，新的生命在一定程度上'是程序化的'，今天已经没有争论"。[2] 我们认为，在研究犯罪原因时不能一味地向心理学和精神病学因素的方向倾斜，而无视客观社会条件对这些因素的影响。

犯罪是如此这般复杂，以至于生物学或社会学在人的犯罪行为中何为第一性或第二性问题上没有前途可言。主要的是由于上述因素的存在才有了犯罪行为的可能，应该讨论的不是某一因素的优先性问题，而应当是生物学与社会学相互作用，即人与环境的问题。

二、犯罪原因的宗教解释

在一个古老的神庙刻有这样的题词："我就是现在、过去、未来的我，而没有一个人知道我是谁。"我们的出发点是，不确定犯罪的原因就无法认识其哲学本质。而与此同时，显而易见的是，回答"一个人为什么实施犯罪"这一永恒的问题直接取决于认识人的一般行为的含义。但同样显而易见的是，为此必须理解人本身的本质和特性，自然也是让 67

---

〔1〕 Волков Б. С. Детерминистическая природа преступного поведения. Казань，1975. С. 80，85 – 86.

* 约瑟夫·索罗莫诺维奇·诺伊（1923 – 1997 年），苏联和俄罗斯著名法学家、犯罪学家。——译者注

〔2〕 Ной И. С. Методологические проблемы советской криминологии. Саратов，1976. С. 79.

我们感兴趣的那一部分，之后才转向研究其行为，其中也包括犯罪行为。我们正是按照这样的先后顺序来考察这一问题。

一则众所周知的、刻写在德尔斐阿波罗神庙入口处的格言——"认识你自己"成为从古希腊、罗马开始的哲学家的研究目标。在延续数世纪之久的进程中，人关于自己、自己在世界中的地位、自身存在的含义、正义、善与恶渊源的深入和细致思考的能力得到了不断发展。人类缓慢地、逐渐地走在认知真理的路上。蒙田写道："一个人最恶劣的状态乃是当他不再能意识自我和把握自我之时。"[1] 而由此得出结论，一个人的最佳状态乃是其能够认识和理解自我以及把握自我之时。但是，这是否可能？柏拉图有这样的格言："做自己的事，并认识自己吧。"难道哲学家是想告诉我们，如果一个人有想法并做出努力，他就一定能够实现，也就是说能够测度人之本质的秘密。但直至今日，人依然是一个谜，完全不受认知的控制，这是许多哲学家曾几何时警示我们的。比如蒙田曾经写道："令人惊奇的庸碌无为，实际上只是长久和永恒摇摆不定之物——人。对其拟定一个固定和统一的理念何其容易。"[2] 帕斯卡尔更为具体地表达了他的观

---

[1] Монтень М. О природе человека: Монтень, Ларошфуко, Паскаль. М., 2009. С. 110.

[2] Там же. С. 19.

点："对于人来说，没有比他自己更无法解决的任务了。"[1]

人是自己最不能理解的自然造物，因为他很难懂得什么是物质之躯，而什么是精神就更难理解，物质之躯与精神的合二为一则完全不可理解。

人究竟来自何处？创造先知亚当——第一个人——的历 68
史在犹太人、基督徒和穆斯林的圣典之中都有描述，对创造的描述在犹太人和基督徒的渊源中基本一致。根据《创世纪》中亚当用"尘土"被创造出来，《塔木德》则断言，上帝用泥捏出了亚当的身体。伊斯兰文明创造亚当的说法与基督教和犹太教不同，我们在其中能够找到许多经文的细节。

"那是全知幽明的、万能的、至慈的主；他精制他所创造的万物，他最初用泥土创造人。"（《古兰经》第 32 章第 6-7 节）

第 2 章"母牛"最完整地揭示了亚当的用途。"当时你的主对天神说：'我必定在大地上设置一个代理人。'他们说：'我们赞你超绝，我们赞你清净，你还要在大地上设置作恶和流血者吗？'他说：'我的确知道你们所不知道的，都是真的。'"（《古兰经》第 2 章第 30 节）

如此这般便开始了有关亚当——大地上第一个人——的故事。根据神的命令，天使降临大地开始收集地上存在的各种泥土：红色的、白色的、褐色的、黑色的；绵软的与柔和

---

[1] Там же. С. 368.

的、坚实的以及冷硬的。在此之后，神用一把收集来的泥土
创造了亚当，他的后代命中注定会如此多种多样，就像来自
世界不同角落的泥土造就了他们的祖先一样——不同的外貌
和品性。

在《古兰经》中用以创造亚当的泥土根据阶段的不同有
许多不同的称谓，这在某种程度上能够帮助我们设想其创造
的过程。天使满世界收集之时被称为土壤，神有时将其称为
黏土。在与水混合以后，黏土或土壤则变成泥。风干之后，
则获得了黏土"坯子"的名称。经过若干时间之后，开始变
暗，并散发气味，变成黑色平滑的黏土。正是用这一物件，
神造了亚当的躯体，他的没有灵魂的躯体又经过一段时间的
干燥，按照我们所知的《古兰经》说法就成了"能发出声
音的黏土"。亚当由接近陶土之物被创造出来，对其轻轻敲
击就会发出声响，令人惊奇的是，这一切都意想不到地获得
了证明。原来，最简单的黏土本身包含着生物生命的基本元
素，看来从远古至今，借助于黏土能够医治各种不同的疾
病，并非毫无道理。

从远古时代起，许多民族就有人由黏土创造的神话和传
说。比如在马其顿的神话中，神亲手用黏土造了人，并努力
"让躯体的每个部分都保持端正，以便不让人感到委屈"。但
是之后他决定加快造人的过程，并专门制作了一个人的模
型，往里面塞满泥土，在这种"系列的生产中"开始出现质
量问题。一些人手脚不正，而另一些人则成了盲者或秃顶，

还有的人成了桀骜不驯或者顽固不化的人。如此一来便出现了好人（神亲手所造）和坏人（模型所造）。有意思的是，在苏美尔神话中，恩基（Enki）和宁玛赫（Ninmah）神也是用黏土造了人。与此同时，他们开始时造了些好人，而后来为取乐他们又造了各种畸形丑陋的人。

关于黏土造人，在古希腊和埃及、北美印第安许多部落、非洲各民族的神话中也有论述，而《圣经》当中用泥土造人的历史毫无疑问更为许多人所知。正如学者所肯定的那样，甚至古犹太"人"一词本身就与"土地、红壤"有关。

20世纪初，俄罗斯学者维尔纳茨基在研究黏土时发现了一系列有趣的属性，证明了造人的古老神话。在黏土的构成中，存在我们机体当中所有的全部宏观和微观元素。最有意思的是，其在黏土中成分构成的比例也几乎是一样的。

前不久，美国学者的发现轰动一时，从更高的水平上验证了维尔纳茨基的结论。他们确定，普通黏土本身含有生物生命用以组成人以及其他生物机体细胞膜的基础元素。应当指出的是，细胞膜不仅参与生命的构成，而且本身即包含着机体的基因密码——作为整个生物基础的核糖核酸。

地质学家和土壤学家分辨出近四十种黏土，他们在成分、结构和颜色上都彼此不同。有蓝、白、红、黄、绿、灰以及黑色，黏土的颜色和色调以及属性由其化学成分决定，黏土的疗效也取决于此。土的黏性决定于独一无二的离子交换属性，它可以为贫弱者提供细胞，并抽取多余的赘物，补不足而损有余。由此可见，黏土能够使机体的矿物成分标准化，并调节交换的过程。

可见，上帝造人只是一种说法。但是，我们能否认知非我所造之物？须知，不认识自己就不能解释我们的行为，也就意味着无法理解犯罪行为的原因。实际上，知道什么是善什么是恶，人为什么有时还要选择后者？正如波兹尼亚科夫所正确强调的那样，这就是"人之为物现象荒谬性的证明，人因此为自己的全部历史而苦恼不已，还有死刑和惩罚，这一切都理所当然"。[1]

很有可能，上帝自己赋予了我们某种非人性的本能？霍布斯就此写道："人的天性是邪恶和破坏性的，他让人想起杀人是其所乐于从事的行当，只是在更强的杀手面前，出于恐惧才会罢手。"[2]

要知道天使曾经提醒上帝，人将会实施攻击，并制造流血。但人之原罪与邪恶的罪魁祸首是蛇，"它是上帝所创造的大地上最狡猾的野兽"，它用花言巧语诱惑夏娃品尝了辨别善恶树上的禁果。女人拒绝，并说上帝禁止他们吃这树上的果子，因为食后会死掉。蛇回答说，她不会死，"你们将会像上帝一样知道善恶"。女人最终惑于蛇的劝诱，违反了上帝的意志。之后又将果子交给亚当品尝，这样亚当和夏娃

71

〔1〕 Поздняков Э. А. Философия преступления. С. 155–156.

〔2〕 Подробнее см.: Гоббс Т. Левиафан. 4.2. // О государстве Гоббс Т. соч. : В 2 т. М., 1991. Т. 2. С. 324.

就知道了善与恶，意识到了自己赤身裸体，便藏起来躲避上帝。

辨别善恶之树是一种象征，上帝代替人并为人优先作出什么是善恶的决定。在人堕落之前，恶已经存在于堕落的天使所代表的世界。还有亚当，他给动物命名并知道什么是善和恶。按照一种滑头的说法，起初上帝把人创造成为一个专断者，否则他就不会因违反其戒条而施罚或因遵守戒条而奖励。原罪包括：人希望掌握上帝的权力决定：什么是善、什么是恶。对罪人的惩罚包括：蛇受到诅咒，注定要用腹部爬行，以灰为食；女人注定要"经受生育子女之苦"，并服从丈夫；男人注定要备尝辛苦，终其一生都要在其所"诅咒的"大地上大汗淋漓地劳作。人不再长生不死，死亡之后便化为灰烬，回归大地，亚当就是由灰烬创造出来的。在此之后，上帝为人们制作了衣服，并将人从伊甸园中驱逐出去，"以便耕种其所由来的土地"。为了不让人们吃到生命树之果，门口站着司智天使，并悬挂一柄"不断转动的燃烧之剑"。也就是说，恶被置于人性的深处，置于其非理性的自由，置于从神性的堕落之中，它具有内在的渊源。[1]

与没有残酷感的动物不同，为什么人又倾向于表现残酷？弗洛姆写道："人是唯一能够消灭自己的同类而无需对

---

〔1〕 См.：Бердяев Н. А. Мировоззрение Достоевского. М.，2001. С. 237.

自己有任何好处或利益的生物。"[1]

72   上帝创造了我们,又让我们具有嗜血的倾向,这是不可能的。那么恶的根源是什么?罗素引用卢梭如下的说法:"人无需远觅作恶者:这就是你自己。"[2] 按照弗洛伊德的理论,人的行为受动物本能的支配。他断言人受这些本能的支配,因为这些本能是天生的。[3]

依照宗教理念,人的恶行、残忍、犯罪,是"恶的"力量作用于人的结果。比如,圣奥古斯丁断言:"人在选择自己的行为时是自由的,只有在受到恶的意志的影响、恶的力量对其发出命令时他才会实施犯罪。"[4] 为什么上帝容许人成为罪人,也就是作恶?罗曼涅茨(Ю. В. Романец)写道:"上帝否定恶是最终的,但容许其作为向善的工具。"[5] 类似的论断我们从大司祭普拉东(Игумнов)(Архимандрит Платон)那里也能找到:"为善的倾向在其作为战胜为恶倾向的后果时具有真正的精神价值。"[6]

按照圣奥古斯丁的话说,身体健康的愉悦在备尝病痛的

---

〔1〕 Фромм Э. Анатомия человеческой деструктивности. М., 1994. С. 189 – 190.

〔2〕 Рассел Дж. Б. Князь тьмы / Пер. с англ. И. Ю. Ларионова. СПб.: Евразия, 2002. С. 347.

〔3〕 См.: Фрейд З. Я и Оно. Тбилиси, 1991. С. 374 – 380.

〔4〕 Творения Блаженного Августина. Киев, 1990. С. 41.

〔5〕 Романец Ю. В. Этнические основы права и правоприменения. М., 2012. С. 302.

〔6〕 См.: Архимандрит Платон (Игумнов). Православное нравственное богословие. Свято - Троицкая Сергиева Лавра, 1994. С. 224 – 228.

百般折磨时最为明显。"因为每个人生来都是骨肉凡胎，开始必然与亚当一样，带着恶与肉欲。而当其复活、皈依基督以后就会成为一个善良的人和信徒……虽然并不是所有的恶人都会变得善良，但是，如果不曾是一个恶人又怎会成为一个善良的人?"[1] 这是否意味着上帝容许我们每个人作恶也即犯罪，其条件是必须忏悔。"我所愿意的善，我反不作;我所不愿意的恶，我倒去作。"(《罗马书》第 7 章第 19 节)

上帝在创造我们之后，同时发布了行为规则，详细规定了虔诚的人应当做其所应做的一切。如果他没有这样做，就应当以某种方式对自己的过去予以补偿，并重新成为一个虔诚的人。上帝赋予人以善恶的品质，同时又要求我们不要作恶，而是相反，要一心向善。

首先，宗教在确定人的行为时，依据的是善恶概念。转译为法律语言则是指:正确的、人性的、合法的或非法的、有害的和犯罪的行为。

《古兰经》这样说:"为善事，哪怕微不足道，将见其善报;为恶事，哪怕微不足道，将见其恶报。"(第 99 章"地震"第 7 - 8 节)

或者:"在真主面前行善的人，要报偿他十次。在真主面前作恶的人，也会受到报应，对作恶者无公正可言。"(第 7 章"障碍"第 8 节)

---

[1] Блаженный Августин. О граде Божьем. Т. 3. М., 1994. С. 43.

　　如此这般的神示在《福音书》中也能见到："行善的复活得生，作恶的复活定罪。"（《约翰福音》第 5 章第 29 节）

　　应当特别注意的是，在圣典之中，作恶与行善完全取决于人本身，这对他甚至是一个恩典。换句话说，人的此种或彼种行为取决于他的意志自由，而这意味着人在上帝面前要对自己的行为承担完全的责任。

　　"如果你们行善，那么，你们是为自己而行善；如果你们作恶，那么，你们是为自己而作恶。"（《古兰经》第 17 章"夜行"第 7 节）

74　　或："行善者自受其益，作恶者自受其害。你的主绝不会亏枉众仆。"（《古兰经》第 41 章"奉绥来特"第 46 节）

　　最后的表述毫无疑问："你的主绝不会亏枉众仆"，正好强调了人的行为是自愿的，取决于其自身，谁都没有强迫他。因此应当肯定，上帝给了人行为选择的自由。

　　根据《古兰经》，真主宣示了理性至上，赞美有理性的人，理性能够让人远离那些可能对他造成损害的一切。

　　可见圣典的基本元素是戒条，它是具体的命令——禁止、义务或容准或一般原则。应当指出，在《古兰经》的许多章节中都特别强调了对于善行的奖赏。

　　神圣的《古兰经》在人们之中播种了坚定的信念，没有这一信念，一个人便不能直道而行，因此至高无上的神称之为敬神者的正确指引。这就是为什么《古兰经》这部伟大的圣典以及其他当之无愧被称为圣典的典籍一样，其本身即包含着显而易见的真理和广博的知识。

"这部《古兰经》必引导人于至正之道,并预告行善的信士,他们将要享受最大的报酬。"(第17章"夜行"第9节)

基于这一切可以理解,上帝在创造我们之后,还希望人都成为善人。而实际上,他天性如此。

"恶的"力量的作用,始于人起步的地方,而这正是他灵魂—精神的世界。这意味着在我们存在之时,我们的内心当中居住着两个灵魂或两种力量。他们之中的每一种都将我们引向自己的一边:一个向善,另一个向恶。而从这一原理可以得出结论:如果恶的力量更强一些,人就会实施某种犯罪。蒙田指出:"那些从事人类行为研究者最大的困难在于要让它们之间彼此调和,并给出一个统一的解释,因为我们的行为通常都是如此的相互对立,以致它们来自于同一渊源看来是不可能的。"[1]

可见,宗教的原则立场在于人是不完善的。因为其天性中有着人类始祖——亚当和夏娃无法消除的原罪烙印,他自然倾向于魔鬼的蛊惑。罹于难以自拔的蛊惑,人便踏上了通向犯罪即否定的道路。因此,便自然产生这样一个问题:从宗教的角度,一个人对行为是否能够选择?如果承认人是至高无上之神的造物,也就意味着只有他才能完全知道其所创

---

〔1〕 О природе человека: Монтень, Ларошфука, Паскаль. С. 103–104.

造之物的本质，而因此也有其行为，包括犯罪行为的根源。但上帝是否赋予人以自由掌控自身行为的能力？

这一问题由奥古斯丁在给保罗教皇的一封信中提出："一个人是否因为无知而不能掌握自由的意志，选择其所应当做的事；或者由于情欲的驱使，根据自己的天性转而使其作恶的力量得到加强。他看到应当如何正确去做，也有这种愿望，但就是不能实际施行。"奥古斯丁本人试图证明，任何的意志自由都是不存在的，人的生命已由上帝事先确定，或者得到他的恩赐和祝福，或者为其所诅咒。也就是说，人是按照上帝的意志实施犯罪。因此，犯罪的首要原因是上帝的意志。如此一来，一个人便不能或无法对自己的行为负责，其中也包括犯罪行为。这便产生了对所实施行为的责任问题。为什么上帝对一些人赐予恩典，却对另一些人施加诅咒？为什么一些人根据他的意志变成了罪人，而另一些人却成了正人君子？最后，为什么上帝宁愿让其所创造的人成为罪人和劣迹斑斑者而无动于衷？

早期基督教将自由选择与即将发生行为的事先预谋、目标明确的深思熟虑和充分讨论直接联系起来。这意味着，如果一个人决定实施故意杀人，那么他便对这一犯罪事先做好准备，也就是说一切都经过了权衡，对实现自己计划的后果和各种可能进行了思考。相应地，未经思考的行为激情引起的自发的、不由自主的、临时起意的行为便不是自由的。比如一个军官回家撞见妻子和情人在一起，他当即射杀了他们。所有这一切，都在数秒中完成，结论就是军官的行为不是自由的。

尼梅修斯（Nemesius）* 这样写道："自愿的（或随意的）行为可以被理解为有意识的理性活动，它缘起于行动者，也就是人自身。相应地，不自由的（或不随意的）行为可以理解为缘起于人之外的某种因素。它可以分为强制的不自由和基于无知的不自由。"[1]

如果我们所有的行为都为上帝所知，并取决于上帝，那么他为什么容许一个人针对自己的手足实施犯罪？大马士革的约翰（Saint John of Damascus）** 在《准确阐述东正教信仰》一书中承认，因为上帝是一切福祉的起源和原因，那么人的任何善行的实施都受到他的嘉许、推动和帮助。虽然恶行并非上帝所愿，但他"应允给自由意志"。[2]

按照奥古斯丁的观点，一个人的意愿只能针对恶行，而其能够获得的福祉只能借助于神的恩典。[3] 基于这一观点，多洛费耶夫（Д. Дорофеев）认为，"这一观点使我们必须从

---

* 尼梅修斯（Νεμέσιος），公元 4 世纪宗教哲学家，新柏拉图主义亚历山大里亚学派代表，主要著作为《人之天性》。——译者注

〔1〕 Эмесский Немезий. О природе человека. М., 1998. С. 103.

** 大马士革的约翰（约公元 675 - 约 749 年），基督教东方教会修士、希腊东正教神学家。生于大马士革。曾为希腊教会编写教理神学教本，并于公元 730 年左右著《论圣像》三篇，驳斥拜占庭皇帝利奥三世并反对拜圣像的人。——译者注

〔2〕 Дамашкин Иоанн. Точное изложение православной веры. Ростов н/Д, 1992. С. 115.

〔3〕 Блаженный Августин. Указ. соч. С. 250 - 253.

77 术语上区分上帝让渡的任意选择和只有上帝本身才能行使的真正的自由选择。对于前者负面因素'任意选择'开始使用'随意性'这一术语，将其作为自主意志的评价应用于人，并用以证明对其独立性和个人自治性否定评价所提出的要求"[1]。

如果上帝知道并预见到人的行为，那么上帝为什么不阻止他实施杀人？大马士革的约翰这样回答："应当知道上帝事先知道一切，但并不事先决定一切。因为他事先知道的是我们掌控的那些，他对此并不事先作出决定。因为他不希望罪恶发生，但也不强制人们行善。"[2]

奥古斯丁批评西塞罗的观点，将世界上的原因分为三类：偶然的、自然的和随意的，并承认人的自由意志对于其所认同的行为是随意性原因。同样的原因也存在于整个的临时性因果之中，这些从一开始就作为超验和永恒之物为上帝所知[3]。

一个人在自己实施的随意性、意想不到的犯罪行为时是否是自由的？比如杀人的行为。尼梅修斯认为，在任何情况下一个人都被认定为"自己行为的起因，并具有自我决定的能力"[4]。

---

〔1〕 Дорофеев Д. Под знаком философской антропологии. М., СПб., 2012. С. 86.

〔2〕 Дамашкин Иоанн. Указ. соч. С. 115.

〔3〕 Блаженный Августин. Указ. соч. С. 250–253.

〔4〕 Эмесский Немезий. Указ. соч. С. 116.

所以，甚至对自发的、冲动即临时起意的犯罪也要承担责任，因为其实施是根据人的自我意志。坎特伯雷的圣·安瑟伦（Saint Anselm of Canterbury）*认为，随意性就是对理性之人的界定。他指出，一个人的随意性作为比如说与石头有别，后者"是根据必然性而运动"，必然的运动是完全由"本性"所决定的运动。[1]

从这一命题出发，人之意志的所有行动都是随意的，与动物本能的"趋向"不同。"随意性"一词通常用于界定自然现象和人的行为，意指已发生行为原因的特殊性质或已实现过程的特殊状态。至于伊斯兰教对这一问题的态度，《古兰经》中明确且毫无疑义地肯定了真主对于世界上所发生的一切，其中也包括与人有关的以及他们的活动、行为的主宰。针对这种情况，伊斯兰学者对这一论断给出了不同的解释。

一些人确信与人有关的一切也就是他所有的行为都是绝对前定的，是真主的意愿。正是全能的真主掌控着人们的所作所为，因此无论行善还是作恶，人都不是根据自己的意志，而是根据真主的意志。这样便产生了一个人为其所实施的犯罪的责任问题，要知道，一个人如果不是其自身行为的

---

* 坎特伯雷的圣·安瑟伦（1033－1109年），英籍意大利人，中世纪神学家和哲学家。著有《上帝何以化身为人》（1097－1099年）、《独白》（1077年）、《宣讲》（1078年）等著作。提出了现今著名的"本体论"观点，主张上帝概念并证明上帝的客观存在。——译者注

〔1〕 Ансель Кентерберийский. Сочинениея. М., 1995. С. 198－273.

发起者，其中也包括犯罪行为，如果任何所实施的活动都是真主所为，那么要如何对这些行为负责并施加惩罚？如果真主创造了一个孤立无助的人并掌控着他的行为，剥夺他的选择自由，让人承担所实施犯罪的责任，最后又把人打入地狱，这是否是真主的不公正？

否定人的意志自由的人如此回答这一问题：人的行为都是真主意志的体现，他是唯一的真正的行动者，而人仅在譬喻的含义上才是行动者。这意味着人不同于真主的其他造物仅在于他要为自己的行为承担责任，无论其是好还是坏，是善行还是犯罪，虽然这些都是真主授意所为。换句话说，真主创造了行为并同时赋予人实施行为的能力，因此正是人应当对此承担责任。

79　　这样一来，在实施杀人之前，真主已在人的身上制造了实施这一犯罪的能力。但是在此之前，他应当创造行为，因为没有这一行为实施杀人是不可能的，即使在真主给人植入实施这一犯罪的能力都是如此。在这种情况下，有理由提出疑问：如果真主确实是公正的，而对此无须怀疑，因为在《古兰经》中这是一条贯穿始终的"红线"，那么他又如何容许因这一犯罪对人加以惩罚，尤其是根据他的意志而实施的杀人？要知道，真主不会做任何违反正义和公正之事，智慧的真主只能做那些为人类带来福祉和良善之事。全能的和公正的真主对于自己的仆人——也就是人——不会是恶的，也不会做恶事，尤其是犯罪，不会要求自己的臣民做不可能之事。总之，为什么真主要责成人们为那些他们不是根据自己的意志而是根据全能之神的命令而实施的犯罪承担责任？此外，我们承认真主吩咐人们有所作为，这意味着他有所期待，要实现某种愿望而有所需要。而难道说，真主——全世界以及所有的生物和非生物的统治者和创造者——会有所需要？因此，愿望，尤其是犯罪的愿望，不能归咎于真主。

那么为什么会存在邪恶、暴力、犯罪、杀人，难道真主在这些负面的和有害的行为面前是无能为力的吗？如果全能的主宰不具有战胜邪恶尤其是犯罪的力量，那么他对抗邪恶就是软弱无力的。这同时也表明真主也不具有作恶的神的能力，此外，如果他统领着恶与犯罪，那么就此可以得出结论，真主对于地上所发生的恶行和犯罪一无所知，否则他不会允许这一切的发生。但是，如果万能的主宰对于这些现象完全知晓，那也就意味着他意欲和需要这些，否则他为什么要创造恶、暴力和犯罪？

但是，通过对《古兰经》许多章节的内容进行分析和深入思索，就能够让我们断言，真主赋予了人以自由意志。然而，从哪一刻起——从一出生还是每一行为实施之前？ 80

真主的正义意味着，一个人应当成为自己事务的创造者。因为只有在这种情况下，他才可能是自由的，也就是为自己的行为承担责任的人。换句话说，如果真主将人创造为自己行为的作者，这也就意味着，行善还是犯罪，均在他的意志掌控之中。但是，真主要求人不要作恶，也不要实施犯罪。所以，人应当被理解为独立自主、有意志的生物，其行为可以符合或者不符合神的意志。真主必须要做的一切就是赐给人以自由意志和选择，之后再赐给人理性以掌控自己的行为即足够。正如克雷安德（Клеанф）＊所说，"愿意的人追随命运，不愿意的人，被命运拖曳前行"。

我经常从实施犯罪者那里听到人所共知的言说："我命该如此"或"这就是我的命运"。不同人讲述的来源于现实生活的大量事实让许多人产生这样的思想，即存在着命中注定的必然、不可改变的命运，它主宰着一切。但是，一切的结局是否已经注定，或者我们是否可以发挥我们意志、我们意愿的力量以某种方式改变事件的进程？这一问题在考察人的犯罪行为问题时具有原则意义，因为如果这是命运，从其出生的那一刻起就已确定，那么对犯罪人适用惩罚措施就不再具有意义。印度哲学关于戒条（Dharma）——管理整个宇宙及其全部居民的律法——这样教导说，存在一个萨达那（Sādhanā），即生命的意义和已然确定的道路，在这命定之路上，这一意义尽显无遗。它肯定业力（Karma）——因果报应是存在的。古希腊人也敬奉高居于奥林匹亚山主宰于宙斯之上的神祇，他被称为宙斯－盾（Зевс－Зен）。埃斯库罗斯（Aeschylus）说到他时，将其作为主司命运之神。中世纪欧洲卡

＊ 克雷安德（Κλεάνθης，约公元前 331/30－前 232/1 年），早期斯多葛学派代表，芝诺的学生。芝诺死后成为他的继承者，并领导该学派。——译者注

巴拉（Kabbalah）宗教神学体系将其称为"虚无"。他高居于 81
王冠的顶端，统领所有未知世界。他的动力来自上天，以便
到达我们的世界。

一言以蔽之，所有的古老民族都直觉地感到，在表象范
围之外的很远处，甚至高于神的地方存在着命运的神秘原
则。什么是命运？我们是否可以改变它？既然如此，赋予人
的选择自由又是什么？如何理解，走在生命之路上的何人将
是善良的，何人又将是罪犯？

在古希腊罗马的异教徒那里，命运乃是事件和人之行为
无法理解的定数。异教徒的命运就是命中注定、劫数，人只
是命运的玩物、情境的奴隶，无法逃避，也不能改变，正如
斯多葛学派所主张的那样，只能顺从。命运的这一概念只将
一个方面——人的不自由——绝对化了。

我们发现形而上学哲学家也持这种观点，他们断言，人
受最高的莫名力量的主宰，它对人的权力是无限的。感觉个
体意志的自由表现或选择能力，这些都只是幻想。存在着人
所未知的命运路线，由神明或定数引导他沿着此一路线前
行，并赋予其满足于作为某种无限强大意志之玩偶的角色。

在宗教意识中，存在着将命运作为神学，即神明决定论
的概念。不是盲目的定数，也并非不可名状的物理规律，而
是智慧和仁慈的造物主打理人的生命。看来，宗教与异教或
自然科学命定论不同，将自由和福祉思想交给神的造化。一
个人在善与恶之间的选择是自由的。因此，成为一个善良的

人还是一个罪犯，这个决定取决于他自己。自己的命运，一个人要在自己的一生中实现。

在伊斯兰教中，一个人的命运有所不同：穆斯林的命运绝对由真主的意志决定，是真主想要一个人成为善良的人，或者相反——成为一个罪犯。应该怎样才不会成为罪犯而是进天堂。事先猜度是不可能的，唯一能做的就是听从真主的安排。

82 我们可以立足于以下观点，即每个人都有自己的命运，虽然谁都不知道其为何物。但是，我们都要为每一瞬间发生在我们身上的事情负责，对此不能听之任之，或者自甘堕落。因为相信命运绝对无法逃避的人，就会被生命之流裹挟而去。而最后的结局如何，生活会以事实予以证明。每个人都有机会能够按照自己的节奏、能力和意志力在道路上前行，但是，无论他用怎样的节奏，具备怎样的能力，都要永远向前，不断地自我修行并变得纯洁。柏拉图曾经说过，人们在自己的行动中总是倾向于抱怨命运、神灵和随便什么东西，但就是不怨自己。人们已经习惯于将自己的无助、软弱、病痛、罪恶和数不清的愚蠢整个地推给命运这个无所不能的女神。犯罪不是命运，而是缺乏意志或软弱的结果。除了激情状态之外，一个人在任何情况、任何情境下都是有意志的。而在特殊的条件下，原则上永远都不会实施违背其利益的行为。

三、心理学与犯罪行为的根源

与圣典肯定人起源于神不同，达尔文主义指出，人与动物界有着不可解除的遗传学联系，确定人是来源于动物的一种。这意味着，我们的动物祖先具有生物性本质。

在其协调进化的过程中表现了生物性与社会性的统一，在"理性人"物种产生之前形成了专属于这一物种并可称之为"社会化的"特殊遗传程序。这样一来，在出生之后的意识形成过程中，人的遗传程序在生物前提的基础上并未丧失自身的意义，它所获得的属性，能够为新生儿在适当的社会条件下继续发展做好准备。换句话说，人的生物属性获得了社会化的性质。但是，作为有生物，人无论如何都要服从一般基本的和生物的规律。因此，他具有地上所有生物——首先是动物——所具有的特殊性、属性。

总之，正如科学所证明的那样，人的发育正是在生物性与社会性相互作用的辩证过程中实现的，而非彼此吞噬。这就是为什么会产生一个自然而然的问题：在这种情况下，人的哪个方面更多些——生物性还是社会性？

众所周知，高级动物和人的行为中都存在很大的攻击性成分，表现在回应攻击或对特定种类刺激物的敌意倾向之中。但是，正如克鲁克（Д. Крук）所正确强调的那样，"不存在可靠的证据去证明基因上（遗传上）存在着实施攻击性的需求"，[1]虽然正是攻击性被认为是犯罪遗传性的基本指标。与此同时，医学断言，人的攻击行为不会被锁定在与生

---

〔1〕 Крук Д. The Nature and Function of Territorial Aggression // Man and Aggression. Oxford, 1968. P. 154.

俱来的心理机制之中，而这意味着，可以通过药物方法减弱或强化攻击性和情绪。论及犯罪行为中的生物性因素，一些人关注人的生理，另一些人关注遗传，还有一些人关注人的物理和生理属性。在这种情况下，人的这种或那种属性在与犯罪行为最为不同的各种关系中被描述。最后可以得出结论，今天没有一门科学能够回答存在了数千年的这一问题：是什么促使人走向犯罪？其什么样的生物属性为其行为，其中也包括犯罪行为在内的渊源？

一个人自己是否有能力独自对抗这些属性？如果赋予其选择的自由，包括实施违法行为的自由，确切地说，一个人 84 按照自己的天性能够在犯罪行为与守法行为之间作出选择的话，他就能够对抗这些属性。

但是，存在着与此对立的观点。比如，卢梭认为，好像人的天性都是善良的，而其全部的缺陷都是文明的错。叔本华抨击卢梭的观点，断言人乃是类似于野生动物的可怕之物，文明与文化都无法使其驯化。确实，善与恶共同构成了人的本质，具有巨大的能量将人诱惑和吸引到自己的罗网。如果一个人放任阴暗的取向，他便会丧失意思表示的能力，从而成为自己欲望的人质、情境的奴隶、宿命力量的玩物。

如何判定一个人是善良的人还是恶人？一切取决于从哪个方面去看他。自然的人是那些能够保证其在自然界中生存的与生俱来的品质和能力的总和。他不知道善与恶之间、犯罪与守法之间有何区别，因为他还处于无意识的水平。社会的人是其获得性的品性、心理属性、技能、意识、行为等的总和。最后，精神上的人是意识到内在价值本身、自身唯一性的人格。换言之，人是复杂之物，带有与生俱来的特征（自然人），具有相应的政治、道德、法律品性（社会人），能够在从最简单到最复杂的世界——符号、意义、标志和意思构成——里辨识方向。

人所具有的这些属性，每一个在其行为中的作用如何？心理学、精神病学、生物学、社会学、医学和其他科学很久以来就尝试对这一问题给出答案。对这一问题的深入研究做出巨大贡献的是精神病学，它长时期不仅要与精神病现象，而且还要与人类的恶习以及犯罪打交道。

在达尔文得出人类起源的"进化论"结论之后，构成 85
"人性"特殊固定"本体"的理论就已无法立足。因此，弗洛姆提出，"只有在进化论学说的基础上才能期待在人性中有新的发现"。[1]

进化论使心理学能够断言，正是这一科学能够对有关人的一般行为，尤其是犯罪行为起源的历史问题给出答案。

据以得出这种结论的基础在于，心理学应当研究究竟是怎样的机制刺激人的行为以及如何能够被用以达到实现最大成果的目的。众所周知，心理学在这方面获得了诸多发现，存在着各种理论和流派，虽然至今人的行为渊源问题仍然迷

---

[1] Фромм Э. Анатомия человеческой деструктивности. М., 2012. C. 300.

雾重重。在我们看来，原因正在于弗洛姆所正确强调的那样，"人本身尚未表现出其足够完善、完美，他的准备尚未完成，充满矛盾。人所能显示给我们的是其正处于自我最佳发展途径的积极探索之中，而且这一探索还因外部有利条件的缺失而时常遭到破灭"。[1]

心理学家对于人之行为攻击性问题的不同观点和看法导致犯罪学家对于犯罪行为原因的见解各不相同。

1868 年，德斯宾（П. Деспин）研究犯罪人的《自然心理学》文章问世。通过了解事实使他确信，重罪犯人没有那种告诉人什么是善、什么是恶，提示他人有犯罪念头会受到谴责并引起良心不安的道德情感。著名的法国精神病学家毛利（Morre）在 19 世纪初得出结论认为，机体通过有利的外部作用得以发育、成长，并通过遗传产生越来越完善的心理生理类型。而在不利的外部因素影响下则相反，机体会退化、受到破坏，并同样通过遗传产生出各种不断恶化的病态，其特点在于突出最为愚蠢和恶劣的旨趣、取向和品味。这些退化的类型不仅不能使人类在精神道德上得到进步，而且刚好相反，会以其与社会健康部分的交会接触而成为走向进步的最大障碍。

德里尔曾经指出："的确，经验告诉我们，在最接近一致的条件下，两个人中的一个去犯罪，而另一个却以健康乃

---

[1] Там же. С. 353.

至生命为代价而不去犯罪。试问，这一区别源于何处？其根源在于，在前者的性格中，也就是在以其性格作为基础的心理生理组织体中当下刚好存在着促使其犯罪的特点，而后者刚好相反，存在着能够克制不为的因素。"[1]

研究犯罪特性的精神病学家和监狱医生通常会指出这一现象的病态性质。他们几乎都会得出结论认为，犯罪具有病态的性质，一方面与人之种类退化有关，另一方面与精神病现象类似。在此，他们指出犯罪人的许多精神不正常之处：他们极低的感知能力、自私、缺乏道德情感。

对于心理分析学者来说，理性就是他们开始研究犯罪现象的最初起点，因为理性被认为是人与其他动物的根本区别所在。所以，应当在理性之中寻找人的特殊性，即犯罪倾向的原因。

如果认为心理学应当研究什么样的机制来刺激人的行为且如何能够用以实现最大化结果的目的，那么，正是心理学家应当对这一问题给出答案：到哪里去寻找人的一般行为尤其是犯罪行为的渊源，以及是什么样的机制刺激着这一行为？根据本能主义理论（弗洛伊德、洛伦茨、弗洛姆等），人都生活在某种过去之中，也就是说，其行为，其中也包括攻击、暴力在内的犯罪行为，都与其祖先即动物有关。弗洛姆断言，人的灵长类祖先是对包括人在内的所有生物都具有

---

〔1〕 Дриль Д. А. Преступность и преступники. С. 59.

攻击反应的猛兽。因此,人的破坏性具有遗传(与生俱来)的渊源。所以说,弗洛伊德是对的。[1] 因此,本能主义的著名代表如此看待针对人之行为渊源尤其是攻击行为渊源的理论是合理的。

让我们从弗洛伊德开始,他是最早研究人类全部欲望——爱情、仇恨、虚荣、贪婪、羡慕和忌妒——的现代心理学家之一。[2] 按照他的看法,性取向是所有这些欲望的渊源。弗洛伊德将所有这些欲望塞入理论公式狭窄的框架之中,在这里它们所获得的依据要么是升华转化,要么是任何形式的性欲实现。

简言之,弗洛伊德基本理论的前提宣称:支配人的只有一种欲望——渴望或者毁灭自己,或者他人,这一悲剧性抉择很难成功避免。基于这一结论,弗洛伊德认为,犯罪作为一种攻击形式(此处指暴力犯罪)乃是指某种长期以人之存在、人性本身的生物性和生理结构作为前提条件并存在于机体当中随时会爆发的冲动。

换句话说,人是一种具有时时产生攻击性犯罪能量的存在,这种能量不可能长期受到控制。这种能量或者应当用于有益的目的,或者通过暴力犯罪——杀人、强奸等——表现自我。

---

〔1〕 Фромм Э. Указ. соч. С. 175.

〔2〕 См.: Фрейд З.: 1)Введение в психоанализ. СПб., 2012;2)Психология бессознательности. СПб., 2012.

　　因此，人身上起作用的是人未意识到的，并通过合理化使其不能意识到的力量。这意味着，犯罪行为决定于基本处于无意识水平的心理力量。因此，包括犯罪行为在内的行为根源，可以通过人的自我认识揭示其无意识取向而获得理解。弗洛伊德真诚地相信，理性是唯一能够扭转犯罪倾向和抑制邪恶的力量。但是，按照弗洛伊德的观点，什么是自我认知？而这意味着人能意识到存在于无意识水平上的东西。

　　弗洛伊德承认，这是一个极为困难的过程，因为人在此时会遇到极大的阻力，干扰其意识到自己没有意识到的东西。按照他的看法，自我认知意味着从理智和情感上深入自己心灵最为隐秘的角落。

　　弗洛伊德的理论同时还极大地关注到社会环境问题。弗洛伊德主义的公理宣告：患者所有负面的发展都是早期童年时代对其有害影响的结果。因此，人身上负面心理因素的原因还应当在其教育和发展中去探寻。与此同时，这也意味着犯罪行为的渊源在遗传方面没有关系。

　　与其前辈相较，弗洛伊德观点的主要进步在于，他将所有的"取向"归入两个范畴：自我保护本能和性欲本能。因此，将弗洛伊德理论视为关于本能学说发展历史的最后阶段是完全正确的。

　　弗洛伊德认为，自己的主要贡献是揭示了存在着否定意识的无意识心理过程。弗洛伊德的无意识指的是什么？无意识就是运行于意识控制之外，并表现在人之精神活动和社会

89

行为之中、以各种形式表现出的正面和破坏性的深刻心理过程领域。无意识能够在犯罪行为中宣示自我。弗洛伊德的精神分析理论对于以犯罪行为动机为前提的犯罪心理学分析是否具有某种意义？可想而知，在某种程度上就是这样的，起码我们不能否认，弗洛伊德成功地论证了除犯罪合理的有意识的动机之外几乎总是存在着深层的无意识定式，尽管是隐秘的，却能够成为发起犯罪的主发动器。这一点也为许多突发的实施犯罪事实以及受害人诱发犯罪，即受害人过错所证明。能否缓和无意识与正常限制的尖锐冲突？换句话说，能否做到让无意识不要在犯罪的形式中宣示自我？弗洛伊德指明了两种基本方法。首先是，将性本能的能量转化为社会活动的升华方法。这一结论是基于这样的原则，即人在社会中活动的最主要动力是性能量——力比多（性欲）。如果这一能量找不到出路，即不能得到消耗，人就要么会成为罪犯，要么成为精神病患者。

对那些长期服刑没有可能满足自身生物、自然性需求的人又该如何？他们或者应当淫荡无度，或者以非自然的方法满足自己的需求。但是，根据弗洛伊德的理论，还可以另寻出路：紧张的体力劳作加之严酷的条件，能让所有的能量消耗殆尽。

其次是，作为心理疗法体系专门研制的精神分析方法。

德裔美国心理学家卡伦·霍妮（Karen Horney）* 认为，弗洛伊德的古典精神分析将所有的神经官能症归结为性倒错，具有明显的狭隘性和局限性。

可见，根据弗洛伊德和新弗洛伊德主义理论，包括犯罪行为在内的攻击行为的发生，乃是无意识领域未实现的、隐秘的、与生俱来取向的发作。美国心理学家埃德温·舒尔（Edwin M. Schur）评论说：“依照流行于精神分析学者的一些对犯罪的看法，我们每个人在内心都是一个罪犯。”[1]

洛伦茨（Konrad Zacharias Lorenz）** 在《所谓恶》（1963年）一书中试图证明，人对于暴力、恶的欲望是以不受其控制的生物因素为前提条件的。攻击、恶乃是自身的内在紧张需要缓解和寻求表现，而无关乎是否存在适当的外部刺激。对于本能行动所必需的特殊能量在神经中枢日积月累，当这一能量累积达到一定量的时候，就可能在完全没有任何刺激的情况下突然爆发。

在考察人之犯罪行为的渊源时，从洛伦茨的构想中可以

---

* 卡伦·霍妮（1885－1952年），美国心理学家，新弗洛伊德学派的主要代表人物之一；对基本焦虑研究贡献良多，并提出理想化自我的心理学概念。——译者注

[1] Шур Э. Наше преступное общество. М., 1977. С. 100.

** 康纳德·洛伦茨（1903－1989年），奥地利动物学家、鸟类学家、动物心理学家。基于他在个体和社会行为的构成和激发方面做出的重大贡献，1973年与卡尔·冯·弗利、尼可拉斯·汀伯根共享了诺贝尔生理学（或医学）奖。2015年去世后，被剥夺萨尔茨堡大学荣誉博士学位，原因是他“拥护纳粹意识形态”。——译者注

得出怎样的结论？

　　首先，根据洛伦茨的理论，人的犯罪行为不是对外部刺激的反应，也即一个人实施杀人不存在任何动机和原因，因为这应当是在某个时候必须要发生的。虽然实践证明，大量暴力犯罪的实施正是外部刺激对人作用的结果。

91　　　其次，根据这一构想，犯罪或可作为能量紧张的释放器。实际上，在犯罪人与受害人的关系中，长期累积紧张过程的结果与犯罪的实施有关联。这在日常生活的犯罪中经常遇到，当家庭成员或邻里之间的关系累积达到极限的时候，只需一个微不足道的刺激就会爆发，本能就会发挥作用。

　　按照洛伦茨的看法，如果一个人在该种情况下未能实施杀人，那么他在另一次、另一个地方针对其他人肯定还要行此杀人之事。但是，在许多情形下，一个人处于该种状况之下基于某种原因并未实施自己的攻击行为，经过若干时间之后逐渐平息，便不再实施类似的行为。

　　最后，宣布"人之犯罪行为是其与生俱来的特性"意味着与人的这种攻击行为做斗争已无多少意义。除此之外，其理论也妨碍对于人格结构、犯罪现象产生和发展的个体与社会条件的理解。

　　为了减少杀人、强奸以及其他人类暴力犯罪，洛伦茨提出了怎样的建议？洛伦茨对这一问题的回答是："与浮士德(Johann Georg Faust)不同，我知道方法，并能够教会人们如何让自己向好的方向改变。我觉得，我在这里并未夸大自己的能力。"[1]

第一条建议是"认识自我":"需要深入认识我们自身行为的因果关系",即进化规律。[2] 不同意这一点是不可能的,因为揭示包括犯罪行为在内的人之行为秘密所出现的难题都与我们对人性的认识不足有直接关系。

第二条建议,以分析心理学方法对所谓的升华进行研究。[3] 众所周知,我们已经谈过这一点,弗洛伊德对这一问题有深入的研究。 92

第三条建议,"……置身于不同民族和党派之间来进行个人认识"。[4] 可以举出无数的例证,无论其为何种民族,正是在经过长时间的交往和获得友情之后,才会实施针对彼此的暴力行动。乌兹别克人和土库曼人在苏联共同生活了数十年,在这个国家濒临解体之际实施了惨不忍睹的罪行。在卡拉巴赫冲突后,阿塞拜疆与亚美尼亚人之间的情形也是如此。

第四条建议,"必须帮助青年人找到真正的目标,以使他们立足于当今世界"。[5] 这已经属于国家的社会政策领域。如果洛伦茨认为人的犯罪行为是与生俱来的,那么,这一建议以及前一条建议还是有益的和有效果的吗?

----

〔1〕　Лоренц К. Так называемое зло. 1963. С. 393.

〔2〕　Там же. С. 374.

〔3〕　Там же. С. 394.

〔4〕　Там же. С. 399.

〔5〕　Там же. С. 401.

可见，无论是弗洛伊德还是洛伦茨，均从不同途径得出了同样的关于人的理念。那就是，人乃是作为不断产生并不会存在很久的攻击—破坏性能力的生物。

"破坏性和残忍性乃是非本能取向，而欲望则根植于人之存在结构的整体之中"，[1] 这一论题应归属于名声并不稍逊的弗洛姆。在此，他将人之欲望与其在整个机体生命过程中的功能联系起来考察。按照他的观点，紧张并非源于特殊的生理需求，而是整个机体的生存和发展需要，无论是在肉体还是在精神上都是如此。[2]

93

心理学家试图证明，攻击和破坏性，即作为攻击形式的犯罪，既不是生物性所赐，亦非一时产生的冲动，而是各种社会条件与人的存在需求相互作用的结果。

弗洛姆将攻击分为良性攻击和恶性攻击，良性攻击是生物学上适应性的有助于维持生命的攻击（比如一个人为保护自己免受死亡攻击而杀死攻击者），而恶性攻击是与维持生命无关的攻击。生物学上，适应性攻击乃是对个体生命利益受到威胁做出的反应，它被置于系统发育之中，无论动物还是人，皆具备，带有爆发性，作为对威胁的反应随时发生，其结果或者消除威胁本身，或者消除其原因。作为良性攻击性基础的不是本能，而是某种人的潜能，它植根于人所生存

---

〔1〕 Фромм Э. Указ. соч. с. 109.

〔2〕 Там же. С. 23.

本身的社会条件之中。[1]

由此可见，根据这一论题，犯罪应当归入恶性攻击一类。因此，它不是与生俱来的，也就是说，它并非被认为是根深蒂固、难以纠正的。

因此可以认为，犯罪乃是人之某种能够轻易解脱的潜能。但如何解脱？弗洛姆认为，正是性格决定了符合主要目的的行为选择。这意味着，我们可以根据某种性格特点"预测一个人最有可能的行为。我们可以更确切地说，如果给他充分的可能，他会怎样实现自我"。[2]

所以，正是性格特点促使一个人按照自己性格的形象实现自我。也就是说，犯罪行为的根源在人的性格之中。但是，按照弗洛姆的观点，性格意味着什么？

94

"性格，"他写道，"这是所有将人与社会和自然界联系起来的非本能取向（倾向和利益）相对固定的系统。这是人的第二实体。"[3] 从这一定义出发，弗洛姆认为，洛伦茨和其他本能研究者的主要误区在于，他们混淆了两种类型的取向，即那些作为本能前提条件和由性格决定的那些取向。[4] 有意思的是，弗洛姆将性格的全部特点或者归结为性的根源，或者归结为非性冲动。

---

[1] Там же. С. 255 – 256.

[2] Там же. С. 119.

[3] Там же. С. 310.

[4] Там же. С. 109.

由此可见，弗洛姆建议，在组成人之能量达到既定目的的性格中寻找犯罪即犯罪行为的原因。正是性格决定了行为的选择。

还存在着为许多心理学家所认同的挫败理论，由于不能满足这些或那些需求所产生的负面心理状态，这种状态表现为焦虑、失望、惶恐不安、易于动怒，最后则是绝望。这一理论的杰出代表之一约翰·多拉德（John Dollard）* 提出了这样一个定义："攻击行为的发生永远以挫败的存在为前提条件。反之，挫败的存在永远都会导致某种形式的攻击性。"[1]

实际上，不能满足这些或那些需求会促使一个人具有攻击性。但是，这也并非意味着这种攻击性的结果必然导致某种暴力犯罪——杀人或强奸等，一切取决于这个人所处的环境和相应的情境。

95　　在叔本华和尼采那里，也可以见到将无意识作为一个人犯罪的基本因素的理解。

原罪的理念为犯罪人理论的形成创造了前提，尤其是龙勃罗梭提出的人类学模型，即建立在将人人首先作为生物人和心理人、"原始人"或"自然人"的理念之上。通过对被

---

* 约翰·多拉德（1900－1980 年），美国心理学家和社会学家，一生致力于实验心理学、军事心理学、人格心理学和社会心理学、精神分析以及心理疗法问题的研究。——译者注

〔1〕 Dollard Y. et al. Frustration and Aggression. New Haven：Yale Univ. Press，1939.

羁押人进行认真细致的研究，龙勃罗梭的助手、精神病理学家和监狱医生马可（Marro）在自己杰出的著作中（1887 年）倾向于认为，主要是"犯罪病源学中病态遗传"的影响。还有一个事实也值得注意，马可在关于生理和心理素质遗传问题中引入婴儿受孕时父母年龄的影响。他断言，每个年龄都有自己的生理心理特点。所有这一切都会影响到犯罪倾向。另外，以心理决定论见称的还有一系列社会心理犯罪理论的美国研究者，如社会心理学家萨瑟兰（Edwin Hardin Sutherland）、马特斯（Матс）、萨伊克斯（Сайкс）、格柳克（Eleanor Touroff Glueck）等人。*

可见，现代精神病学的成就不能准确和明确地向我们解释人之犯罪行为的原因。因为生活所展现的是，星球上的绝大多数居民都能轻而易举地应对自己的攻击性冲动，并成功地将其制服。

当然，仅借助于揭示人的起源和进化问题，我们还无法解释人的包括犯罪行为在内的全部行为和全部心理过程。虽然有人至今还试图以"人性"做出解释，并为那些愚蠢的行为——贪婪和欺诈、谎言、暴力甚至杀人——进行辩护[1]

---

* 埃德温·萨瑟兰（1883－1950 年），美国著名犯罪学家、社会心理学家，其犯罪社会学理论被称为"不同交往理论"、"随异交往说"或"差异交往理论"；埃利诺·格柳克（1898－），美国心理学家和犯罪学家，俄罗斯和波兰移民后裔，与其丈夫（Шел Глюк）一起研究先天犯罪人理论问题。——译者注

[1] Фромм Э. Указ. соч. С. 300.

96   一个人是否能够完全认识自我？遗憾的是，无论弗洛伊德还是洛伦茨还是弗洛姆，都不知道这一问题的答案。他们只是回答，如何理解"认识自我"？比如洛伦茨断言，这是一种关于进化的事实，特别是关于攻击本能之源的理论知识。原则上，人性与人之本质问题被认为是哲学和宗教的特权。这一问题只在其能够帮助我们理解在何处——生物、心理或社会源头寻找人之犯罪真正原因的程度上才对我们感兴趣。在达尔文的进化论摧毁"神作为最高造物主"的圣坛的时候，对全能之父的神之信仰也丧失了力量，虽然许多人在承认达尔文理论的同时还保留着对神的信仰。在得出人的"进化"起源的结论之后，关于特别的、构成"人性"不变"实体"的理论便也无法立足。因此，对于人、对于其行为的本质和原因的进一步深入认识，都与根据进化学说人性中的新发现直接相关。

      弗洛姆写道："……人之异于动物者，正在于其是杀人犯。这是具有首要意义的唯一标本，不因生物和经济原因而杀害自己的同类，还要在此寻求满足。这是对生物学上最反常和在系统发育非程序化'恶性品质'的攻击，是对人类种群能否继续存在的真正难题和危险。"[1]

      有意思的是，几乎所有的研究者都得出同样的结论：生命体发展的水平越高，刚性的、系统发育植入的行为模式在

----

〔1〕 Там же. С. 17.

其生命中所起的作用就越低。然而，我们是高度发达社会的见证者。从广义上讲，人已发展到很高的水平，但仍然不能 97 明显减少犯罪行为中的残忍性。

如果基于本能理论，则人对自己的犯罪行为没有责任，因为他没有丝毫的自由，其角色如同受本能支配的木偶。但是，为什么大多数人不实施杀人、强奸等犯罪？或者，人是否有对抗犯罪、对抗攻击的本能？人是否真的没有对抗犯罪行为的内在障碍？

比如，洛伦茨认为，人与猛兽不同，在本能上没有任何抗拒杀死自己同类的障碍。弗洛姆则相反，认为存在着许多证据证明，人有内在的"不要杀人！"之禁忌，而杀人的行为会导致其良心的谴责。[1]

可见，在何种程度上人能够成功克制自己的欲望，不仅仅取决于内在因素，还有相应的生活状态以及包括杀人在内的犯罪动机。

在解释人的犯罪行为的根源时，与本能主义理论正相对立的观点为环境论的代表所坚持。根据他们的看法，人之犯罪行为的形成完全是由于社会环境的影响所致，也就是取决于并非"天生的"，而是社会的、文化的、外部的因素。这一理论的哲学原理体现为：人生而善良且理智，如果其身上发展了犯罪倾向，则原因在于恶劣的环境、不良的教育等外

---

〔1〕 Там же. С. 168.

部条件。

环境影响的最简单例子莫过于环境对大脑容量增长的直接作用。比如斯金纳（Burrhus Frederic Skinner）*认为，不管遗传前提如何，行为完全决定于由两个途径创立的"刺激"组合：或者在正常文化进程的过程之中，或者根据早已定好的计划。[1]

因此，通过正确适用正面的"刺激"可以在或然的层面上将人的行为从犯罪转变成良善。按照斯金纳的观点，犯罪消失的途径就在于建造更为完善的、经过科学论证的社会制度。因为一个人在某种社会共同体的影响下成长起来，在他的"天性"中便不会存在任何能够绝对阻碍其建成和平与公正社会的东西。

实际上，在特定情境的影响下，任何人都可以达到任何状态，其中也包括达到犯罪行为的状态，置自己所有道德理念、人格尊严和全部社会原则、价值、规范于不顾。他还经常可能出于仇恨、贪婪、自私、残暴而牺牲一切。所以，如果仅仅将其作为学习和教育，也就是斯金纳所说的使之习惯于正面"刺激"的结果予以考察，人的行为就无法解释。

＊ 伯尔赫斯·弗雷德里克·斯金纳（1904－1990年），美国行为主义心理学家，新行为主义的代表人物，操作性条件反射理论的奠基者。他创制了研究动物学习活动的仪器——斯金纳箱。1950年当选为国家科学院院士，1958年获美国心理学会颁发的杰出科学贡献奖，1968年获美国总统颁发的最高科学荣誉——国家科学奖。——译者注

〔1〕 См.: The Design of Cultures // Daedalus. Cambridge, 1964. P. 534－546（American Association for the Advancement of Science）.

环境理论揭开了非常重要的问题：为了充分发展人的全部可能性，我们应将怎样的必要因素列入社会条件之中？正确、公正的社会能否保障造就正常的人，并达到不实施杀人、暴力和其他犯罪行为的水平？

四、遗传学与犯罪行为

遗传学对解释人的行为原因无疑做出了重大的贡献。

这门科学的现代成果让人相信，人的许多疾病或者直接来自遗传，或者来自先天因素。遗传特征通过两性细胞由父母传给孩子。著名的遗传学家杜比宁（Николай Петрович Дубинин）* 写道："承认人的生物属性的社会化性质不应当排除其作为生命体同时又服从基础生物规律，在这方面具有地球上所有生物的特点。"[1]

遗传学是一门关于有机体的遗传性和变异性规律的科学。人身上的生物性对于其生命活动具有巨大意义。对于社会人来说，生物性乃是其超生物属性发展的必要前提。一个主要的问题是：在有机体的遗传属性和包括犯罪行为在内的人的行为之间是否存在着某种相互关联，哪怕是最微小的关联？

我们可以立即指出，每个人的遗传都是独一无二的：解

---

* 尼古拉·彼得罗维奇·杜比宁（1907-1998 年），苏联著名遗传学家，生物学许多新方向的奠基人和研究者。——译者注

〔1〕Дубинин Н. П., Карпец И. И., Кудрявцев В. Н. Генетика. Поведение. Ответственность. М., 1982. С. 14.

剖学、生物化学、生理学、性情气质、性格和其他特殊性方面，都是不可复制的。其遗传学副本在地球上现在没有、过去没有、将来也不会有，甚至同卵双胞胎在躯体突变的集合方面都是各有差异的。因此，在确定人之犯罪行为的原因和机制时，这一点应当予以考虑。

遗传学作为关于遗传的科学的原则性结论，可以简单地表述如下：如果一个人的思想和行为是与生俱来、由遗传程序决定的，那么一个理性人就不可能充当一个思想者、行动者，不可能充当无限促进社会进步的角色。与此同时，科学上的一系列事实证明了作为人的侏儒、弱智、犯罪等现象表现基础的特定前提。[1]

100 但是，这并不意味着人的行为解释应当建立在只对动物行为的研究上，因为文化的首要作用是将人变成独一无二的生物类型。恩格斯写道："人来源于动物界这一事实已经决定着人永远不能摆脱兽性，所以问题永远只能在于摆脱得多些或少些，在于兽性或人性于程度上的差异。"[2]

必须指出，生物性并非是必需的，也不仅仅是遗传的。人的生物性也是由他身体的结构，还有内部器官的功能、健康和疾病等决定的。因此，生物性与人的包括犯罪行为在内的行为的关系，实际上较人之遗传属性的作用要大得多。

---

〔1〕 См.: Пастуший С. А. Философия и современная биология. М., 1973. С. 195.

〔2〕 Маркс К., Энгельс Ф. Соч., 2 - е изд. Т. 20. С. 102.

一个与这一问题有关的非常有趣的问题是，能否用遗传特殊性解释群体、种族行为中的差异？要知道，人的行为中，遗传确实起到重大的作用。那么自然而然，他就会对整个部落、种族等的行为产生影响。换言之，如果承认遗传属性影响人们的行为，那么就会产生一个问题：不同民族的遗传属性是相同的还是存在差异？迄今为止，科学对此给出的是否定的回答。另一个问题：一个民族的遗传机制在历史发展的过程中是否会发生变异？如果从我们所考察问题的视角来回答这一问题，就应该指出，在最近20年中阿塞拜疆的犯罪现象是增加的，虽然幅度不大。但是这也并不意味着在此期间我们的民族遗传机制发生了变化，以至于"犯罪的遗传性"有所上升。还不如说是因为，这与社会生活的经济、社会、政治、心理条件的变化有关，这些变化对人的行为无 101 疑产生了重要影响。

现代遗传学促使我们思索新人的产生，实际上，如果相信人之生命的所有方面都由其基因决定的论断，那么对于新人的形成便要求改变人们的基因属性。因此，如果能够确定人的犯罪行为乃由基因原因所致，也就是与遗传性有关，那么就必须通过医学干预来改变这些基因，人也就不会再作恶与犯罪。但是，要知道他也只是不再实施重复的犯罪行为，而对那些潜在的犯罪人怎么办？例如，格柳克提议只认定那些通过基因检测的人，未能通过这些检测的新生儿应当剥夺其生命权。

在一本小说中，遗传学外科医生说了如下一段话："很有可能在未来完全人道的时代，人们会认为，不是消灭犯罪人的整个机体，而只是消灭使之成为犯罪人的那部分机体将会更为人道——我这里所指的是那个让人的反人类特征得以发展的生命密码记录。"对于犯罪人本身，他接着写道："我改变的不仅是你眼睛的颜色，不仅是你脸部的若干特征，还有你思想中的犯罪结构，我将重塑你的核素基础。"[1]

当然，如果在新生儿身上发现某种基因特征在将来可能会成为严重疾病的原因，那么医学遗传干预就可被视为是容许的。但是，通过根据遗传性特征、遗传密码确定人在未来的犯罪行为并据此使用外科方法，不仅从伦理方面难以通过，而且对健康也会造成严重后果。

遗传学在研究这一问题之前，必须在人身上找到导致犯罪行为的那个东西，但是，医学生物方法能否"优化"人性也是一个问题。还有一种观点，认为遗传学的成就似乎奠定了通过培育良种创造出高级种族的科学基础，比如诺贝尔奖获得者格·缪勒（Georg Elias Mülle）* 从 1929 年开始不止一次提出并发展了这样的思想，利用优秀男人——人类族群领袖的基因，通过让女人人工授精的方式将其传递给许多后代。

---

〔1〕 См.: Казанцев А. Льды возвращаются. М., 1981. С. 387, 430.

* 格奥尔格·埃利亚斯·缪勒（1850－1934 年），德国生理学家，以研究视觉和记忆闻名的生理心理学家，在心理学上的贡献主要体现为其实验心理学。——译者注

为此，他甚至提出了一个其精液应当被利用的优秀人员名单。[1] 按照这一逻辑，那些惯犯所生的孩子必然就是犯罪人。

还有一些人断定，在我们的星球上没有人道的人，只有在改变人的基因的条件下才可能被创造出来（洛伦茨）。

确实，在 20 世纪和今天，人的基因完善的必要性问题已变得非常紧迫。因为人们认为人性由其基因决定，仅通过改造社会条件必将一无所获。

如何使人变好，让他们成为善良之人而非恶徒，这一问题永远且在所有的时代都会存在。列仁（Ж. Ленжен）写道："我个人并不相信某个时候借助基因工程技艺可以创造超人，为了创造比我们更聪明的人，我们应当更加聪明，超过所能。医学是更为低调的，但也更为有效。"[2]

这就是为什么我同样不相信存在着某种医学性质的方法和手段能够将人变成不是罪犯，因为遗传学科学本身还不能回答如下问题：人的犯罪行为的根源在哪里？在这个问题上，遗传性的作用如何？有一点是明确的：在人身上，有一个推动他实施特定行为的"那个"东西。一个人能否调节并控制这一行为？换句话说，一个人能否对抗引导其实施犯罪

103

〔1〕 Мёллер Г. The Inideme of Human Evolution // Studiesin Geneties, 1962. P. 560.

〔2〕 См.: Ленжен Ж. Генетика и психическое здоровье // Генетика и благосостояние человечества. 1980. № 7. С. 92.

的"恶的"力量？他是否拥有这些品质？

正是在对这些问题的答案中，隐藏着人的犯罪行为的秘密。如果原则上一个人就其天性而言丧失了与对其发生作用的恶的力量作斗争的能力，那么我们就无权谴责其犯罪行为。相反：一个人本身如果帮助或者不对抗这些力量，那么无疑他对自己的行为承担全部责任。因为这是他的行为选择，而且这一选择是自由的。

五、哲学与意志自由

对于哲学来说，人之犯罪行为原因原则上是意志自由问题。换句话说，意志自由的哲学问题乃是在于确定：人的行为是否为不以其意识和意志为转移的东西——命运、神、机体的内在性质、基因、环境等所事先决定。

正是有赖于对这一问题的解释，才能解决更为具体的其他任务：一个人对自己的行为是否负责和在何种程度上负责？是否在法律、道德、宗教的意义上负责？当下就应当指出，在哲学历史上，可能除关于神的概念问题之外，没有任何一个问题像在有关意志自由问题的研究中遇到如此众说纷纭的观点和论断、相互指责与攻讦。而这却是非常自然的：正是在这一问题中，哲学所有基础学科交织在一起。哲学家通常将自由与意愿、愿望联系起来。如果意愿带有肉体性质，那么一个人就被看作是不自由、受制约之人。如果一个人从某种道德原则出发，努力压抑这些意愿，将自己从这些欲望中摆脱出来，那么他就是自由的人了。

众所周知，吃的愿望带有肉体性质。一个人偷窃面包只是为了活下去，否则就会死掉，因为没有别的办法。难道在这种情形下，一个人不被看作是自由的吗？要知道，他去偷窃是因为他没有其他出路，这是机体的自然需求，否则就会面临死亡。在这种情形下，一个人知道这一点，其所实施的行为绝对取决于他的自由意志。如果他选择死亡而非在形式上被视为犯罪的盗窃，那么在这种情况下，这一决定就是摆脱了他的意志的控制。两性关系、性交同样是一个人的自然需求，也就是同样带有肉体性质。但是与盗窃面包不同，一个人能够克制自己与女性强行发生性关系的愿望，他有能力使自己摆脱这种愿望，作出决定取决于他的意志。但什么是"自由"？

孟德斯鸠写道："没有一个词比'自由'有更多的涵义，并在人们意识中留下更多不同的印象了。"[1] 在熟悉了哲学文献中所有的定义之后，对此便不难信以为然。

"被称为自由的是这样一种东西，"斯宾诺莎写道，"他只根据一种自有特性的必然性而存在，只能由自我决定而行动。那个被称为必然的或更好的说法是被迫的、按照众所周知和特定的方式另行决定存在和行动的东西。"[2] "如果我

---

〔1〕 Монтескье Ш. Избр. произв. М. 1955. С. 288.

〔2〕 Спиноза Б. Этика // Спиноза Б. Избр. произв: В 2 т. Т. 1. М., 1957. С. 362.

能做我想做的事，我就是自由的，"叔本华指出。[1] "归根结底，自由是内在的感受，是主观所体验到的隐秘情感，一个人在相同的条件下能够感觉自己是自由的或者是不自由的。"[2] 波兹特尼亚科夫断言，自由正是在愿望这一现象中得到表现。[3]

总结为数众多的有关自由概念的论断和定义可以得出结论，自由通常可以解释为让人得以满足自己的欲望并寻找自我实现途径的可能性的总和。显然，绝对的自由是不可能的，因此对于这一概念的完整定义在每一次应用时永远都会问到：摆脱什么而自由？针对人的行为，自由永远都是追随理智命令的能力，一个人乃是基于自我意识而拥有相对的自由。

意志自由问题历来不仅仅是理论而且也是实践的对象，在对其进行哲学考察时，对其进行思索的实践理由宣告自己的权利尤为动力十足，在大多数情况下其动力甚至超过了理论理由。最初对意志问题做出解释的是亚里士多德，在《尼各马可伦理学》第三卷中开宗明义即指出行为的自愿性对于责任能力尤其是刑事方面所具有的意义，这一点强调了自由和责任概念的彼此关联性。在苏格拉底关于"自愿实施不公正之事"的问题中已经出现意志自由问题的萌芽，因此，很

〔1〕 Шопенгауэр А. Свобода воли и нравственность. М. , 1992. С. 48.

〔2〕 Сорокина Ю. В. Введение в философию права. М. , 2001. С. 96.

〔3〕 См. : Поздняков Э. А. Философия свободы. С. 26.

难同意波兹尼亚科夫的观点，他认为关于自由意志的问题没有引起古希腊罗马哲学的兴趣。[1]

我们认为，正是古代的智者和哲学家建议开始研究人类事物，首先是从认识自我开始，不对人的意志自由进行讨论和思索，这一点未必能够做到。比如，哲学中的争论总是归结为两个理念的冲突：意志是自由的；意志是不自由的。

一些人（非决定论者）宣告关于不受限制或几乎不受限制的意志自由的命题。按照他们的观点，一个人原则上可以作出任何决定，根据自我选择自由行动，不受制约，甚至和外部环境相对立。

黑格尔写道："经常有这样的表述：我的意志决定于这样的理由、情境、诱惑和动机。"[2] 伟大哲学家的这些语言想要说的是犯罪行为是无辜的，将所有的恶归结为社会环境和外部条件以及造成它们的莫名力量从而摆脱责任，这是与人的本性和实质相抵触的。

另一些人（决定论者）主张，假如有什么东西取决于人的自由意志，我们就完全有能力避免那些不良的东西，不会作恶和犯罪。

遗传和家庭环境给人造成最初的定式，终其一生都如影随形。所有这些与性格一起已经事先确定，而与这些一起事先确定的还有决定一个人生活的许多其他事物。

---

〔1〕 См.：Там же.
〔2〕 Гегель Г. В. Ф. Работы разных лет. М.，1971. Т. 2. С. 26–29.

比如蒙田曾指出，情感并不产生于理智和思索，而是由环境引起的。因此，"用周围环境来解释我们的行为也许更为准确，因此最好不要对其原因紧追不舍，也不要就此作出其他推论"。[1] 对于这一点，霍尔巴赫（Baron d'Holbach）* 更为准确地写道："自然界中没有任何东西是偶然发生的，所有的一切都遵循着固定的规律，这些规律就是特定结果与其原因的必然联系。"[2]

107 　　因此，一个人整体上依赖于两种东西：遗传性和周围环境。他本身的一切，他所拥有的一切，都是这两种东西的产物。而且，没有一种东西是他不选择的——它们被赋予他，与它们一道，并在它们之中度过自己的整个一生，如同在一个无比狭小的围城之中。霍布斯指出："没有任何一种东西会自行启动，只能借助于某种外在因素的直接作用。如此看来，当一个人产生去做某事的意愿或意志时，对于这件事他刚才还没有任何的意愿、想法。那么，其想法的原因并非想法本身，而是与其无关的某种东西——任何事件，无论其显

---

〔1〕 О природе человека: Монтень, Ларошфуко, Паскаль. С. 106.

　* 保尔·昂利·霍尔巴赫（1723 - 1789 年），原名亨利希·梯特里希（Heinrich Diefrich），18 世纪法国启蒙思想家、哲学家。1753 年继承伯父的遗产和男爵封号，称为霍尔巴赫男爵。与狄德罗等人参加《百科全书》的编纂工作，为"百科全书派"主要成员之一。——译者注

〔2〕 Гольбах П. Избранные антирелигиозные произведения. М. , 1994. Т. 1. С. 34 - 35.

得多么具有偶然性或多么随意，其发生都具有必然性。"[1]

实际上，为什么一个人——理性动物——会作恶？在其天性中确实可能存在着这种促使其实施反社会行为的倾向？社会本身、环境可能为实现植入人性之中实施犯罪的倾向（如果它们具有的话）创造了条件和动因？所有这些问题与其说是理论性的，不如说是实践性的。因为如果一个人实施犯罪乃是其机体与生俱来的生物属性所致，命中注定不可改变，那么就不能让其为它承担责任。如果一个人实施行为的原因只能为外部环境的条件所决定，那么他也就不能对之负责。

由此可见，在承认行为选择自由的同时，我们也允许对罪犯施以刑罚。犯罪的本质以及刑罚的含义和意义，我们只有在能够揭示人的一般行为，尤其是犯罪人行为的情况下才能认识。一个具有强大生命力的人，既能创造，也能破坏；既可行善，也能作恶。在此，基于对各种事物的判断和比较，他知道何者应当避开，何者为其所愿。因此，当一个人前去犯罪时，他知道他去干什么，因为这是他的选择，是其对于实施这些行为所能获得的利益和可能的损失进行深思熟虑的判断和比较的结果。黑格尔写道："如果一个人辩称，是环境、罪恶的诱惑使其误入歧途，那么，他似乎就是想要推脱自己的这些行为，将自己降低至不自由之物——成了自

108

---

〔1〕　Гоббс Т. О свободе и необходимости // Гоббс Т. Избр. произв.: В 2 т. Т. 1. М., 1964. С. 556–558.

然生物。而实际上，他的行为永远都是其自身的行为，而非某个其他人的行为，也即并非是外在于这个人某种东西的结果。环境和动机主导一个人只在其本人允许的程度上才是可能的。"[1]

每个人通常不在自身生活和自己本身之中，而是在其生活之外的环境中寻找自己缺点和毛病的根源。"将人变成完全受社会体制错误的制约，"陀思妥耶夫斯基写道，"环境学说将人变得全无个性特点，完全摆脱各种道德人格的义务、各种独立性，将其变成所能想象得到的最令人厌恶的奴隶。"[2]

根据通常的判断，社会意识会认为对一个人因其所实施的犯罪行为进行处罚是正当的。这是因为一个人拥有自由意志，也就是说，如果他选择犯罪，他自然就要对自己的选择承担责任，也应当接受对此施加的刑罚。传统哲学也是如此这般的判断，还有在其之后的古典刑法学派。

依照宗教理论，一个人拥有其自治领域，在那里，信仰 109 为其自我统领的主人。因为归根结底，善与恶取决于自由的意思表示。

可见，责任以及应受处罚的程度取决于一个人自由与否，或在作出选择时的自由程度。没有意志自由的理性生命

---

〔1〕 Гегель Г. В. Ф. Работы разных лет. М. , 1971. Т. 2. С. 26.

〔2〕 Достоевский Ф. М. Дневник писателя // Достоевский Ф. М. Полн. собр. соч. : В 30 т. Л. , 1980. Т. 21. С. 16.

是不存在的。自由赐予一个人强大的理性，他拥有判断和分辨美恶、合法和非法行为的能力。因此，一个人清楚地知道，他想要什么和应该避免什么，任由他来选择。因此，很难同意费尔巴哈的观点，断言"过错行为人自己往往不能通过自我剖析清楚解释其行为，因此而发出惊呼：'我如何可能希望干出这样的事情？我怎么会损害对我来说如此珍贵的名誉？我怎么会为了一个姑娘牺牲自己的高贵，为了某个微不足道的东西牺牲我的幸福？'"[1]

似乎一切都是对的。很难找到一个人，在实施了行为之后不感到后悔的。这是很自然的。对所实施行为的后悔本身即人是理性动物、而行为即其本身意志决定的证明。当所实施的犯罪在其眼前尽显卑劣行径之时，犯罪已经处于人的控制之外，对其已经无能为力。但情况并非总是如此。这通常属于那些未经事先谋划的犯罪，也就是偶然、临时起意、因特定情境而引发的犯罪。但是，在这样的情境下，一个人能够克制或者移转攻击本能于非暴力形式以缓解心理能量，一切都仍然要取决于一个人的意志力。正如弗洛伊德所强调的那样，"文化人"的特点在于意志力能够克制本能。行为选择作为意志力的后果，常常在无意识的状态下自动发生，不必刻意，而是习惯使然。但无论如何，选择都永远在发生。110

在此，就要驳斥波兹尼亚科夫的观点。他认为，选择的

---

[1] См.: Правовая мысль: Антология. М., 2011. С. 275.

自由"除了动机和理由的严重冲突，理智、决断的慌乱和激情的消退之外，不会给人任何东西"[1]作者接下来具体并准确地描述了自己的思想。他写道："选择的可能性不仅没有增加行动的自由，而且相反，将自由降到最低限度。自由的程度越高，生物的自由越少——这是规律，起码人是如此。对于人来说，没有比在行为和行动的不同抉择之间、在不同的可能性之间、不同的道路之间作出选择的自由更令人恐惧和痛苦不堪了。"[2]

选择乃是在各种抉择之间进行评价、比较、权衡的过程。因此，选择的可能性越多，一个人为作出正确决定就会更为仔细地全盘思考和权衡。抉择的最小化便是错误选择的基础。

在任何情形下，大量选择的可能性总是能够证明行动的自由。作为阿塞拜疆司法鉴定研究所的负责人，在遇到犯罪生活的各种情形时，我坚信这一点。比如在共和国的一个区里，72 岁的男人用猎枪射杀了自己 30 岁的女儿。她有丈夫和两个孩子，她到巴库市过上了伤风败俗的生活。得知这一点以后，在同村人中享有一定声望的父亲感到压力很大。一段时间以后，女儿突然回家。于是，在女儿和父亲之间进行了如下内容的谈话：父亲请求女儿再到城里去，不要在人们的眼前出现，因为他为她的行为感到羞耻。谈话在父亲的房

---

〔1〕 Поздняков Э. А. Философия преступления. С. 104.

〔2〕 Там же.

中进行，墙上挂着猎枪。女儿厚颜无耻地拒绝了父亲的请 111
求，并表示她想怎么活就怎么活。父亲拿起枪，接着一枪将
其打死。是什么促使他这样做？他能否控制自己？在心理鉴
定期间，经过长时间的对话之后确定，正是她的"我想怎么
活就怎么活"这句话成为他杀死自己女儿的动因。

在这种情况下，是什么起了决定性作用并决定了犯罪行
为的选择？一个人的行动通常不是根据本能而是深思熟虑的
理智，或者是主要决定其有意志行为的那种机制。但这种机
制是什么？它存在于人本身之中还是在其之外？

一些学者认为，正是一个人的愿望为其有意识之意志生
活的组成部分。[1] 而且一个人的愿望永远都是在其受到其
他有意志活动的阻挠时才会显现出来，虽然是不易觉察的。
一个有意识的人始终处于控制愿望的状态。这些愿望，与其
他的愿望相安无事，因此愿望总是彼此相互抑制，愿望的平
衡就产生于选择。但是在这种情况下，从事物的本质来看，
父亲打死自己女儿的愿望是没有的。因此这一机制在其行为
的意志选择中，不可能是决定性的。

其他学者认为，在人的身上正如在动物身上一样，主要
和基本的动因是自私，也就是寻求生存和福祉。[2] 需求就
是感觉到不足，为处于与周围世界相互作用和延续自己的生

〔1〕 См.：Виндельбанд В. О свободе воли. М.，2000. С. 16.

〔2〕 См.：Шопенгауэр А. Об основе морали. Свобода воли и
нравственность. М.，1992. С. 196.

命而从其中获取手段的任何生物有机体所共有。满足需求和趋向，可以让一个人心满意足，而不满足则会使其痛苦不堪。因此，一个人自然会趋乐避苦，致力于满足自己的需求和趋向，在不能以合法的方式做到时，便会不断地违法和实施犯罪。而由于这些需求和趋向是与生俱来的，因此可以说，按照自己本身的天性，人有为恶的趋向。在恶即实施犯罪的与对抗违法的意识之间的斗争即来源于此。

与生俱来的需求可以认为只有吃、喝等自然需求，至于嗜好则并非与生俱来，而是在生活过程中养成的，比如吸毒、酗酒、卖淫嫖娼等。因此，很难同意父亲杀死女儿是出于嗜好。可见，如果我们诉诸心理力量，其在特定情形下某种行为选择的机制中发挥独一无二的重要作用，我们将会是更为正确的。我们认为，上述具体犯罪行为的例子，证明了这一点。通过对杀人者老父亲进行心理分析可以明显地看到，在实施犯罪时其行为所展现的是在其身上长时间累积起来并对其发生强烈影响的心理感受的体现和暴露，正是与其女儿不道德的生活紧密相关。如果父亲本人是一个没有道德感的人，在其同村人中无足轻重且不受尊敬，他自然也就永远不会体验到导致他杀死自己女儿的这些感受。按照弗洛伊德的理论（精神分析、无意识理论），在每一个愉悦的时光里，潜意识都会浮上表面，并在心理控制薄弱的时候总会引发不合理的、怪异的、病态反常的行为。

应当指出，弗洛伊德的理论符合传统哲学、法学和心理学关于意志自由的观念。基于这些考虑，心理学和合理调整人的行为的可能性其实是无限的。马里采夫（Геннадий Васильевич Мальцев）写道："对于弗洛伊德来说，关键性的概念是，人的行为受不合理心理力量而非社会发展规律主导，智力乃是这些力量伪装的机关，而非对现实进行积极反映即对现实进行日益深入思考的工具，个体和社会环境均处于古已有之和秘密战争的状态。"[1]

在我们的案例中，犯罪的实施还能够满足杀人者父亲的自私情感，因为他将个人的尊严和名誉置于女儿的生命之上。在该情形中，正是自私起到了在人身上的推动作用，正如在野兽身上一样。但是，如果没有不受犯罪人制约的相应外部因素，这一切也许就不会发生：只有父亲和女儿；猎枪伸手可及；时间已晚，所有的人已入梦乡。如果上述外部条件缺少一项，犯罪可能就不会发生。例如，如果房间内有第三人并努力缓解气氛，或老人可以克制自己，选择其他行为，也就是不去杀人，比如去打她，或者将口水吐向她的脸并离开房间？为了回答这一问题，现在举另一个亲身经历的例子。

一位警官出乎意料地在家中撞到妻子和另一个男人，正如俗话所说"在热被窝里"。此刻警用武器就在身上，他可以随时使用。但是看到这一幕之后，他平静地走进厨房，并

─────────

〔1〕　Мальцев Г. В. Социальные основания права. М. , 2011. С. 150.

请他们穿上衣服。之后他将妻子的情人赶出门去。在对处境进行平静的讨论之后，他们决定分手。虽然条件、环境都能够使他身上的无意识引发不合理的行为，为什么他能够克制自己？为什么思索的理性指引他作出不实施犯罪的有意志的决定？

由此可见，在几乎同样能够导致实施犯罪的条件和情境下，一部分人实施了犯罪，而其他人则未实施犯罪。可见，人的因素、心理定式也就是所有那些与人格本身有关的一切，在杀人以及没有贪利故意的暴力犯罪中起到了独一无二的作用，并成为犯罪的原因。并非每个人在贬损其名誉和尊严时都能够克制自己不实施犯罪，这不是对贬低和侮辱的报复，而是因一个人天生的特点而没有能力控制自己。如果一个男人经过了一段时间的精心准备而杀死自己妻子的情人，则应另当别论，这已经是报复了。当论及贪利犯罪和贪利暴力犯罪的原因时，则首要的自然是社会因素即外部因素，即使贪利也有人的因素：贪婪、渴望发财、一夜暴富等。

犯罪是自由个体选择的产物，是意志的实现，而非意志服从于个体规律性作用的结果，我们已如上述。但是，拥有根据意志自由进行行为选择能力的人为什么还要犯罪？是什么促使他犯罪？原则上，人的属性中总是对身边所没有的那些遥不可及甚至被禁止的东西充满热情，被其吸引。这可能就是贪图享乐、渴望权利等，对具体犯罪的分析总是能够证明这一点。在揭示犯罪原因，更准确地说是人的犯罪行为的原因时，我们因此也揭示了个体及其行为特征的本质，以及其心理学、社会学、性质、倾向性和利益、发育和教育水平。

犯罪作为一种行为形式之一，具有考验一个人、促使其完全暴露自己的属性，发现在其他情境下，仍然保持隐秘、不被暴露的那些品质。比如，受贿者的本质特点和属性即能够在其获得相应的职权之后发现。强奸能够让我们揭示强奸者身上那些在没有实施这一犯罪时永远不会发现的品质。何处去寻找犯罪行为的原因？戴维·亚伯拉罕森（David Abraha-msen）* 认为，不应当"舍近求远"去考虑各种理论并发现外部因素的作用，而应当在我们自身之中，在人的基础属性之中，在人的心理结构状态之中去寻找[1] 115

对于心理分析者来说，理性正是其开始研究犯罪现象的那个出发点，因为正是理性被认为是人与其他动物的根本区别。所以，应当在理性之中探寻人的特殊性原因，也就是犯罪倾向的原因。20 世纪促使人们重新看待旧有的犯罪问题，如同旧的世界一样。比如，法国哲学家加缪（Albert Camus）断言，最好能通过荒诞范畴来做这件事。在他的理解中，荒诞乃是一种状态，在任何事物中都看不到最高的意义，所有的一切都混然杂陈，"赞同"与"反对"、行善与犯罪之间

---

* 戴维·亚伯拉罕森（1903 - 2002 年），美国司法精神病学家和心理学家，出生于挪威，1942 年移民美国。《杀手达维德》书系的作者。——译者注

〔1〕 См.: Abrahamsen D. Whoare Cuiety? Study of Education and Crime. Westport, Connecticut, 1972. P. 16.

的界限已然消失。界限、等级和规范消失的结果便是什么都允许，什么都可以做。可见，寻找所有犯罪的一般原因已经没有意义，因为它们根本就不存在。完全相同的犯罪是没有的，也不可能有。完全一样的犯罪原因也是没有的。考虑到个体的特殊性，每一个具体的犯罪都有其自身的原因。列夫·托尔斯泰在其小说《克列采奏鸣曲》（1889 年）中，将性欲描述为导致一个人走上犯罪之路的可怕且有害的力量。在这种情况下，性欲可能就是实施强奸的原因。一些人能够用意志力克制这种性欲，另一些人则不能。而因性欲杀人则是另外一回事，这更多的是生物现象，而非性欲。显然，寻找诸如结伙为匪、受贿或强奸这样一些犯罪的共同原因是徒劳无益的。应当考虑的是，直到今天还没有任何一门科学能够证明人与其犯罪行为之间的遗传学联系，而这是龙勃罗梭曾几何时所言之凿凿的。

与此同时，也没有理由怀疑，人的一般行为，也包括犯罪行为在内，在许多方面取决于其心理生理的特殊性。社会环境，首先不应当被看作犯罪行为的原因，而只是一个人心理生理特殊性得以表现的条件。众所周知，大多数生活在非常艰苦条件下的人并没有实施抢劫、强奸、杀人。而这意味着，具体犯罪行为的原因并不在于社会条件，而在于犯罪人本身。据我们所知，欧洲的许多国家并不存在我们所说的条件。但是，那里依然发生与社会生活条件绝然无关的严重犯罪。因此，我们不能同意卡尔佩茨的观点，他断定以共同原因的存在为前提条件的具体犯罪的原因，"由于社会发展在每个阶段中的一定缺陷，还由社会生活中与阻碍其克服的条件有关的负面现象所引发"。[1]

与之对立的波兹尼亚科夫的观点，认为社会整体上并不包含犯罪行为的原因也是不正确的。人身上所固有的恶和反社会行为的倾向，正是生长出被称为"犯罪奇葩"的真正萌芽，而社会只是为其发展创造更好或更坏、更适宜或不适宜的条件。[2]

哲学家波兹尼亚科夫这样认为：在每个人的身上都被植入了犯罪的恶劣品质和倾向。人是否成为现实的犯罪人还是潜在的犯罪人，则取决于条件。在这种情况下，很难解释实施犯罪的人和守法公民的比例关系。如果承认每个人的身上被植入了犯罪品质和恶为已证事实，则无法解释犯罪率的上升、性质等原因。 117

阿瓦涅索夫（Аванесов Г. А.）的断言也没有得到证明和论证："每个人……都拥有与生俱来的特定属性。在我们看来，其中若干属性在相应的条件下能够促成犯罪甚至还可能表现为某一具体受刑事处罚行为的原因之一。"[3] 我们同意，一个人某些心理生理品质在相应的条件下会成为犯罪行

---

〔1〕 Карпец И. И. Современные проблемы уголовного права и криминологии. М. , 1976. С. 69.

〔2〕 Поздняков Э. А. Философия преступления. С. 141.

〔3〕 Аванесов Г. А. Криминология, прогностика, управление. Горький, 1975. С. 91.

为的原因，但我们并不认为，这些品质是与生俱来的。除此之外，正如加尔（Gall Franz Joseph）* 和施普茨海姆（J. G. Spurzheim）** 所正确强调的那样，作为这一可怕倾向的牺牲品，一个人还时常保留着能够战胜它或使其偏离正确方向的能力。但是，在这种人身上，教育缺陷的水平和器官发育不良、最高秩序能力不健全，那么意志力的掌控就会相对减弱。这样一来，虽然阿瓦涅索夫所说的品质是与生俱来的，但与此同时也是在人本身的控制之下。一切都取决于人的意志力如何。当然也不排除，最循规蹈矩、遵纪守法的人，拥有坚强的品质和意志的人，在饥饿的影响下，在达到极为强烈的程度时，也可能犯下各种罪行，比如可能去偷窃面包。在这种情况下，很难说他的性格和意志已经发生了根本改变。

不能忘记的还有，每个民族都有自身心理和性格的特殊性。这种情况在确定某种行为为犯罪时具有重要意义。每个民族一个世纪接着一个世纪地创造自己的思想、文化、心理，也就是行为的全部动因。在同样的情形下，一个高加索人基于自己的性格、心理状态、情感等因素所实施的行为，

---

* 弗兰茨·约瑟夫·加尔（1758 – 1828 年），奥地利医生、解剖学家和神经生理学家。在维也纳行医，宣传人的才能、性格与脑颅的形状有密切关系，首创颅相学。遭到宗教界反对后移居法国。——译者注

** 施普茨海姆（1776 – 1832 年），加尔的学生，亦主张颅相说，宣扬脑的各部分皮质都有特殊机能，而且观察一个人头颅的形状即可断定他的心理品质和道德面貌。——译者注

会使一个欧洲人惊讶不已。与此同时，一个法国人的日常行为会被一个高加索人认为不仅是不道德的，而且就是犯罪。因此，一个民族、种族的命运受到我们先辈的习俗、传统、性格和道德的"主导"。我们时常为他们的错误所累，比如血族复仇作为犯罪，就是从他们那里传给我们的。很遗憾，我们至今还没有完全摆脱这一过去的残余，因为逝去的前辈移转给我们的不仅是自己的生理组织，还有他们的思想。古 118
斯塔夫·勒庞（Le Bon Gustave）*指出："我从来没有如此这般地清楚明白，任何一个种族的人们，无论其社会地位如何千差万别，他们都拥有永不磨灭的思想、传统、情感、思维方式的潜在影像，这是他们从其先辈那里获得的无意识遗产，任何反对的论据对此都无能为力。"[1]

目前，许多人会遇到这样的问题：为什么欧洲人与我们不同，通常会遵纪守法？我们能否在某个时候变成和他们一样？一个人不论做什么，他首先永远都是自己民族的代表，拥有自己的内在精神（душа）。正是内在精神才是思想和情感、心理特殊性的那个潜在影像，是每个民族所有个体与生俱来的东西。正是内在精神实际控制着行为，或者至少是对

---

* 古斯塔夫·勒庞（1841－1931 年），法国社会心理学家、社会学家，群体心理学的创始人，有"群体社会的马基雅维利"之称。1884 年开始研究群众心理学，阐发了强调民族特点与种族优越性的社会心理学理论。他的研究涉及三个领域：人类学、自然科学和社会心理学。其最著名的著作《乌合之众：大众心理研究》出版于 1895 年，其思想对分析社会心理学产生了较大影响，同时也成为现代意识形态研究领域不可或缺的内容。——译者注

[1] Лебон Г. Психология народов и масс. М., 2012. С. 8.

行为选择产生实质性影响。

每个民族的内在精神就是道德和理智特殊性的总和。每个民族无论是解剖学特征还是心理的特殊性，都会通过遗传得以再现，共同心理特征的总和就构成了可以被称为民族性格的东西。

不同民族的杀人犯，不仅在犯罪之前，而且在实施犯罪的过程中，其心理特殊性都各有不同。应当指出的是，遵纪守法的思想只有在非常缓慢地加工之后才开始发挥自己的作用，变成人们的情感并深入养成我们思想的无意识领域。非常遗憾的是，与欧洲人不同，这种情感在我们这里并未养成，这就是为什么我们不得不诉诸刑事处罚的严厉措施。因此，我们的刑事立法建设要达到欧洲的水平还为时尚早。当然，无疑应当考虑的是，每个民族的历史都是由各种因素决定的，充满了各种特殊事件和偶然性，这些都已成过去，但也可以不发生。为了让一个民族、种族改变自己对法律的态度，并成为遵纪守法者，首先应当"重塑"自己的内在精神。所以，仅仅依靠法律教育不能完成这一任务。因为在法律教育的影响之下，只能提高这一领域的智力发育水平，而性格的品质几乎会完全游离于其作用之外。众所周知，出于善意，今天的欧洲正在努力促使文明发展较低的其他民族接受其对犯罪人适用刑事处罚的条件，也就是重新审查刑罚在与犯罪进行斗争中的作用和意义。这是可能的吗？

我们认为，目前这样做是错误的。我们对此还没有准备就绪。不要忘记，欧洲和原苏联国家的各民族在心理习性上存在巨大的鸿沟，外表上非常相像的民族在其感受和行动方式、信仰、文化、艺术方面会存在巨大的差异。正是这些品质影响着人的行为，其中也包括犯罪行为，而非龙勃罗梭所指出的气候、人种、肤色即解剖学因素。

民族性格由各种元素结合而成，心理学家将其作为情感（坚定性、阅历、掌控自己的能力、道德）。勒庞写道："民族的伟大主要取决于其道德水准。"[1]

道德之于遵纪守法，就是继承而来的对于法律秩序，因 120 而也就是社会赖以存在的法律规范的尊重。对于一个民族而言，有道德就意味着具有一定的强硬的行为规则而不实施犯罪。只有当一个民族根据信念而非被强制遵守法律的时候，也即像尊重自己的公序良俗和传统一样，犯罪就会极大地减少。

由此可见，人的犯罪原因应当在其不具有遗传性的心理、生理的特殊性中去寻找。这些特殊性总是在外部环境的特定条件和情境的影响下表现出来，其结果便是一个人根据自己的愿望自由地作出某一决定。因此，既不是社会条件，也不是经济因素（匮乏、贫穷、富裕、奢侈），更非遗传性，这些都不能作为犯罪的原因。

总结对这一问题的考察可以得出结论：犯罪的哲学本质

---

〔1〕 Там же. С. 24.

乃是一个人自由的有意志的行为形式，其根源在于人格受外部负面社会经济条件和情境影响的心理、生理特殊性。

第三节 犯罪人的人格

不管赋予外部因素以怎样的意义，犯罪的起因永远都是个别人格的影响。因此，不能绕开人格在犯罪中的地位而不予关注。古典主义法学家始终坚持认为：除了明显的和特殊的品质之外（年龄、醉酒状态、疾病等），犯罪人与其他人并无区别。但显而易见的是，这样的立场并不能够指引刑法真正走上研究人之犯罪原因的科学之路。

"于是，就在这个刑法教义学与中世纪习俗和传统的法律堡垒中，在不与活跃的生活发生任何接触的封闭世界中，出现了新流派的学者……他们向教义派宣称，他们忘记了活着的人，推翻犯罪人概念的一般代数公式让人们有目共睹：并非只有一个罪犯，而是有很多——不仅有与生俱来的天生犯罪人，也有偶犯；既有杀人犯，也有窃贼，因而他们之间不存在任何的共同之处，将其统统纳入规范违反者的这一共同概念中是不能被允许的"，果格里（Сергей Константин-ович Гоголь）* 曾经这样指出。

犯罪人人格的研究主要发端于几个英国监狱医生和其他

---

* 谢尔盖·康斯坦丁诺维奇·果格里（1860－1933 年），俄罗斯著名法学家、学者，十月革命后流亡国外，1933 年在柏林病逝。——译者注

社会学者的研究。问题的提出是这样的：是否需要像古希腊和罗马一样，将罪犯视为奴隶，视为与所有的人不同的特种人物？

实施犯罪的各色人等，他们是疯子抑或野兽？而他也有可能如菲利所认为的那样，是退化的败类？或者如龙勃罗梭所表述的那样，是个癫痫病患者？或者犯罪人有着特殊的心理？应当指出的是，正因为精神病学理论对于正确分析人类行为产生了巨大的影响，所以其发展才使对实施犯罪行为的人格及其特殊性的研究成为可能。莫里兹（Moritz Benedikt）*根据对 22 种情形的观察提出假设，犯罪人的大脑偏离正常人的大脑，属于特殊类型。[1] 一年过后他宣布，"职业犯罪人机体的缺陷，或其心理的基本要素就是'神经衰弱'，或神经虚弱至极，或生理上、道德上和理智上的神经脆弱，而且这种脆弱是与生俱来的，或于儿童早期获得的"。[2] 最后他得出结论，职业犯罪人、屡教不改的犯罪人就是事实上对"homo"种概念的背离。

如前所述，通过对事实的了解，德斯宾确信，在重罪犯人那里，没有告知人们什么是善、什么是恶，启示人们犯罪欲望应受谴责并会引起后续良心不安的道德情感。

122

---

　　* 贝内迪克特·莫里兹（1835－1920 年），奥匈帝国神经学家、军医、学者和科普作家。——译者注

　　[1] См. : Доклад на конгрессе в Антверпене в 1885 г.

　　[2] Cazetta de Tribunaux. 1852.

　　在监狱和精神病院对约两千例个体进行研究之后，人类学家指出，可以根据身体特征将天生的杀人犯与其他犯人区别开来，尤其是在极具典型特征的情形下。弗兰茨·约瑟夫·加尔认为，犯罪人，起码其中的一大部分是自己外部类型特征的载体，而科学研究的任务就在于揭示为犯罪人所专属的外部特征。这一流派的杰出代表之一龙勃罗梭实际上发展了这一思想。

　　犯罪人，特别是在极具典型意义犯罪类型的情况下，不是别的，正是闯入我们文明之中的野蛮人，这在龙勃罗梭之前，尤其是德斯宾就表达过这样的思想。然而，正是龙勃罗梭首先使用了"天生犯罪人"这一概念。与此同时，按照他的观点，这也是病态和返祖现象的结果。天生犯罪人是"野蛮人，同时也是病人"。在延缓发展理论中，龙勃罗梭看到了两种观念协调的可能性。根据这种理论，若干器官发展迟滞，主要是神经中枢供给未能充分发育，一方面使得这些器官"丧失对抗能力"，另一方面使其又回到了发育最低的类型。他甚至断言，似乎天生犯罪人的排泄也异于偶然犯罪人和日常遵纪守法者，天生犯罪人排出的尿素要少些，而排出的磷酸盐要比正常标准多些。[1]

　　龙勃罗梭首先在天生犯罪人的颅骨，几乎在每一块颅骨及其整个的结构和轮廓中都找到了大量特征。比如，天生犯

123

---

〔1〕 Ломброзо Ч. Новейшие успехи науки о преступнике. 1892. С. 66.

罪人，尤其是窃贼，颅骨就很小，颅骨容量很大的非常罕见。在龙勃罗梭的实验室里，作为仔细专门研究的客体不仅有颅骨，还有耳朵、鼻子等。

在考察龙勃罗梭为确定特殊"类型"所收集的资料时，马努夫里埃坚持认为，根据这些资料暂时能够肯定的只有一点：犯罪人的行为偏差平均要多于所谓的老实人。他甚至指出，为了组建"类型"，龙勃罗梭将所有完全不同犯罪人的特征整合在一起，这种方式是不正确的。

实际上，并不存在有缺陷的人或"病态"人的共同类型，只存在不同类型的有缺陷的人。马努夫里埃教授关于解剖生理特别"犯罪类型"的这种意见是正确的。

在第四届刑事人类学大会上，龙勃罗梭的学生和助手菲利做了"犯罪气质"的报告。在其中，他尝试抛弃在龙勃罗梭后继者中率先使用的"犯罪人"概念，以及专门类型和"犯罪类型"，而将犯罪现象归结为实际渊源——心理退化现象。

勃兹内舍夫（Сергей Викторович Познышев）* 甚至将实施犯罪的人列为特定的"类型"。他写道："犯罪类型并非人格某些心理属性的简单累计，而是某种人格气质，是其心理属性的某种结合。也就是说，这种结合使个人偏向于犯罪，124

---

* 谢尔盖·维克多罗维奇·勃兹内舍夫（1870－1943 年），俄罗斯法学家和心理学家，莫斯科大学教授，其思想对俄罗斯法学的发展影响巨大。十月革命后直至去世，未担任任何正式教职和工作。——译者注

鼓动或者直接寻找实施犯罪的机会；或者既然出现，他便不会放过这样的机会；或者至少不足以对抗某种情感上的嗜好或经受某种情境暗示的诱惑。"[1]

当代法律学者"允许自己将犯罪人人格说成个别的、独立的社会和心理类型",[2] 虽然他们进一步指出,"犯罪人人格"概念仅具有相对的术语含义。"更为准确的应该是'实施犯罪的人（个体）的人格'这一词组。"

根据这些作者的观点，犯罪人与一般人人格的区别何在？安东尼扬（Юрий Миранович Антонян）和埃米诺夫（Владимир Евгеньевич Эминов）回答说："对很大的犯罪人群体和守法公民群体人格的心理比较研究表明，前者异于后者的通常是冲动性，往往倾向于根据第一个动机即采取行动；还有攻击性，并与他们的极度敏感性和在个人相互关系中容易受到伤害结合起来。"[3]

在犯罪人身上，作者还发现了"遗传所决定的禀赋和素质"[4] 在《心理学》中有"人格"一章。这意味着什么？这意味着,"人格"这一术语的定义极为复杂，应用的领域极为宽广，对此可畅所欲言而无需承担任何责任。今天可以

125

---

〔1〕 Познышев С. В. Криминальная психология. Преступные типы. М., 2007. С. 31.

〔2〕 Антонян Ю. М., Эминов В. Е. Личность приступника. Кримино-лого - психологическое исследование. М., 2010. С. 12.

〔3〕 Там же. С. 9.

〔4〕 Там же. С. 10.

列举数十个，甚至更多的对于这一术语的定义：类型理论（德谟克利特四种基本气质理论：胆汁质的人、抑郁质的人、多血质的人、黏液质的人）；特性理论（人格即特性或行为、思想、情感、反应等特别方式的总和）；还有心理动态和心理分析理论（弗洛伊德、荣格、弗洛姆、霍恩）。他们通过集合概念来描述人格。那么，怎样定义犯罪人人格才是正确的？

如前所述，人类学家讲到"犯罪类型"，首先将其当作某种"外部"类型，也就是一定外部特征的结合。这些特征将犯罪人与其他人区别开来，并能够对其进行分类和作为生理解剖或人类学的类型进行辨别。这样一来，在"类型"中，具有主导和决定意义的是外部特征。因此，那些秉持"犯罪类型"观点的人主要将自己的注意力集中于人的外貌上。现在很难有人相信，可以根据外部特征区分犯罪人与遵纪守法者。

犯罪人完全不是具有外部特殊性的特别类型，在生理上是完全正常的人。也许，犯罪人可能有特别的心理？但是，心理科学没有得出这样的结论。杀人犯的心理，实质上与任何人的心理一样，任何人在相应的生活情境中也都可能成为杀人犯。犯罪人和所有人一样，都具有这些个人特点的总和。每个人都具有某种稳定的组成其生理和心理结构的生理和心理属性，无论是生理结构还是心理结构，部分生来既有，部分则为后天所得。因此，将实施犯罪的人划入特殊范 126

畴、特别类型，认为其属于负面意义上的特殊人格未必是有意义的。

"犯罪人人格"概念还引起了居民的反感。此外，我们可否认为，"犯罪人人格"概念与过失实施犯罪的人有关？

由此可见，人格乃是表征一个人世界观、心理和行为特征的稳固体系。那么能否对犯罪人的这些特征确定一个特殊体系？迄今为止，科学对于这一问题尚无肯定的答案。

人格类型是为特定人群特有人格特点的抽象模式，有些人明显表现出偏离该社会文化体系的典型特点、结构和人格发展水平。

但是，这完全不是说他们即构成了特殊类型，最多只是强调了这些人基于某种原因而发育水平低下。比如，一个人一生都在山里生活，后来置身于一个欧洲文明国家。当然，这种人从其行为，从其与人的交往等方面很容易与其他人分别出来。但是，这并不能说明，他可能会实施犯罪而成为犯罪人。

每个人都是一个个体，拥有不可复制的性格和心理禀赋的特殊性，并以此区别于其他人格。这也适用于犯罪人。但是，没有这样的品质能够将所有的犯罪人纳入某一群体，并创造一种特殊的人格"类型"。因此，我们认为，应当放弃"犯罪人人格"概念，而使用"实施犯罪的人"这一概念。

第四节 犯罪的未来

众所周知，马克思列宁主义经典作家认为，消除犯罪现象的任务是完全能够解决的，并与消灭人、剥削人的现象紧密相关。根据这一学说，犯罪学教科书的作者们就此写道："在社会主义社会发展的过程中，犯罪现象的社会根源已经切断，但还保留着若干犯罪原因。它们与社会主义的特性没有关系，而是由建设社会主义的具体历史环境所引起。社会主义克服了一系列国家内部矛盾和困难，并引导着国际舞台上的尖锐阶级斗争。在共产主义社会，作为社会现象的犯罪将最终消亡。"[1]

这样的观点几乎为苏联时期的所有学者所坚持。犯罪学家据此提出了"消除"、"根除"乃至"消灭"犯罪现象的任务。而西方学者认为，"社会主义对犯罪现象无能为力"。在苏维埃学者之前，犯罪现象的暂时性就已鼓噪多时。例如乌托邦主义者欧文即曾指出："坚持不懈和系统地致力于提高整个福利水平，坚持不断地采取能够以最小化刚性限制社会秩序以对抗犯罪，久而久之，犯罪就会消失，因为甚至最邪恶和最坚定的倾向都无法长期与坚持不懈的善意努力进行

127

---

〔1〕 Криминология: Учебник / Под ред. А. А. Герцензона, И. И. Карпеца, В. Н. Кудрявцева. М., 1966. C. 54.

对抗。"[1]

安东尼扬正确地指出:"目前没有谁在制定乌托邦计划,因为显而易见的是,它(犯罪现象等)就像疾病和死亡,是人类所有时期不可回避的和自然的同行者。"[2] 因此,不妨举卡尔佩茨为例,他老实承认说:"回顾过去的历史,认知犯罪现象的整个过程是缓慢的,但也在毫不姑息地揭露我们的错误、误解和幻想。"[3]

今天,许多学者在谈论犯罪现象的永恒性。例如安东尼扬写道:"实践表明,犯罪现象永远存在,应当没有疑问。这一结论具有重大意义,因为其中包含着这样的论断,即它是人类无法避开的同行者,永远不会消失,无论'太阳城'的各种建造者多么用心良苦。"[4]

哲学家波兹尼亚科夫甚至断言,犯罪现象是"人性,即人类物种整体存在美好和多面性不可分离的组成因素"[5]因此,只要人还在,犯罪就不会消失。

亚历山德罗夫以另一种方式就此写道:"对犯罪现象的完全胜利及其消除实际上是不可能的,在我们所知的社会经

---

〔1〕 Цит. по: Чубинский М. П. Курс уголовной политики. 2 - е изд. СПб. , 1912. С. 178.

〔2〕 Антоняк Ю. М. Причины преступности. М. , 2006. С. 16.

〔3〕 Карпец И. И. Преступность: иллюзии и реальность. М. , 1992. С. 73.

〔4〕 Антоняк Ю. М. Указ. соч. С. 14.

〔5〕 Поздняков Э. Философия преступления. М. , 2001. С. 502.

济形式下最多也不过是：这只是我们应当致力于实现的
理想。"[1]

犯罪现象的永恒理论产生于西方，埃·涂尔干、兰德
(U. Landen)、勃列伊杰里（Ч. Брейтель）等都曾论及这一问
题。比如，涂尔干认为，"犯罪乃是正常的现象，因为社会
没有犯罪是完全不可能的。犯罪现象是必要的：它与任何社
会生活的基本条件都紧密相关，也正因此而获益。因为犯罪
现象作为组成部分的那些条件本身即与道德和法的真正演变
不可分离"[2]。从这一观点出发，如果犯罪现象是健全社会 129
的要素，那么，它也就不能是负面的、有害的现象。换句话
说，它是有益的。

舒尔也断言，"想要消灭所有的犯罪是没有意义的"[3]。

可见，任何一种社会政治制度都没有解决犯罪问题，现
实就是如此。正如塔干采夫所说："所有民族的生活向我们
证明，所有时间和所有地点所已实施和正在实施的行为，根
据各种理由不仅被认定为是不被允许的，而且还会招致社会
或国家采取旨在反对那些被认定为犯罪的行为实施者的某些
措施。所有时间和所有地方都存在着一些人，或多或少顽固
地不服从法律秩序的要求以及不服从维护法律秩序的当权者

---

〔1〕 Александров А. И. Философия зла и философия преступности.
СПб. , 2013. С. 148.

〔2〕 Дюркгейм Э. Норма и патология. Социология преступности.
Современные буржуазные теории. М. , 1966. С. 40 – 42.

〔3〕 Шур Э. Наше преступное общество. М. , 1979. С. 15.

的命令。"[1]

医学教导说：为了寻找对抗某种疾病的手段，必须开始揭示和研究这种疾病的原因。可见，犯罪现象的永久性或临时性的问题不可能在人之犯罪行为原因的语境之外获得解决。如果从这一点出发，犯罪的原因仅带有社会性质，那么，犯罪现象的永久性便是令人怀疑的，因为可能会有根本不存在这种社会条件的社会。如果犯罪行为的原因与人性有直接关系，与社会外部条件无关，那么，在我们没有发现这一恶的根源并找到根除的方法之前，犯罪现象便会一直存在。

最后，犯罪现象的原因既可能是社会条件，也可能是人之心理生理的特殊性。在这种情况下，只有在既消除了社会条件，也消除了人之"缺陷"的条件下，犯罪现象才会消失。令人遗憾的是，今天我们仍然不能回答人之犯罪行为的原因问题。所以，对于我们来说，犯罪现象仍然是永久的恶。

怎么办？或者根本不值得与犯罪现象作斗争？安东尼扬以如下方式回答了这一问题："与犯罪现象进行的斗争完全在人的可能的范围之内，只是不要提出彻底将其根除的荒谬任务。"[2]

---

〔1〕 Кудрявцев В. Н. Стратегии борьбы с преступностью. М., 2003. С. 9.
〔2〕 Антоняк Ю. М. Указ. соч. С. 7.

古德里亚夫采夫（Владимир Николаевич Кудрявцев）* 指出，这一斗争的性质并不轻松："与犯罪现象进行斗争带有旷日持久和无穷无尽的性质，已被战胜和清除的犯罪力量似乎总是能够'死灰复燃'，'像蘑菇一样生长'，产生新的犯罪形式和新的犯罪行为方法，在犯罪领域加入新的大部分教育程度很高的人。"[1]

最近一段时间，我们所熟知的"战争"、"斗争"、"根除"、"克服"这些词语已被取代，对于犯罪现象更多地使用"监控"这一术语。甚至尝试将与犯罪人打交道的全部形式合为一个术语——"应对犯罪现象"。古德里亚夫采夫认为，替代"斗争"一词可能还有另一种理解，即无法克服犯罪现象：好像我们对其只能"监控"，即只能监控事务的状态。[2]

古德里亚夫采夫的正确之处在于，用"监控"表述指出了与犯罪现象斗争的无助性、消极性、无效性。在我们看来，使用"预防犯罪"来表述更为合理，因为较之使用"斗争"一词更为民主、更为进步。

如果我们无法根除犯罪现象，那么对社会应当提出怎样的任务？按照安东尼扬的观点，"紧迫的任务仍然是将犯罪

---

* 符拉基米尔·尼古拉耶维奇·古德里亚夫采夫（1923－2007 年），苏联和俄罗斯法学家、社会学家，苏联科学院院士，俄罗斯联邦功勋科学活动家。——译者注

[1] Кудрявцев В. Н. Указ. соч. С. 29.

[2] Там же. С. 36.

遏制在所谓的文明水平上"。[1]

131   关于犯罪现象的未来，是一个让我们很感兴趣的问题。这里所说的不仅仅是这一现象的永恒性或者临时性，而且还有未来问题。这一兴趣自然还与必须准备预防犯罪有关。但是，为了认识未来哪怕 3－5 年的犯罪状态，关于犯罪状态及其量化分析、较长时段内的动态变化的相应信息，即关于犯罪现象的过去和今日状态的信息都是必要的。而众所周知，这已经是对犯罪现象进行预测，要求我们必须学会预见到犯罪现象中的变化问题了。[2] 阿瓦涅索夫强调指出，"预测已成为这样的工具，让我们能够认识犯罪的未来变化趋势和规律性，它已获得研究犯罪现象的方法属性"。[3]

这种预测是可能的吗？数学家成功地证明，事先准确确定非线性不均衡体系的未来状态是不可能的，体系之中的微小偏离即可能引起巨大的变化，还远未处于稳定的状态。这一体系中任何一种明显的趋势都可能瞬间改变，接下来的过程原则上将变得极具偶然性。可以肯定的是，犯罪现象正属于我们所研究的体系层面。因此，预测犯罪现象的未来，也就是准确确定哪怕只有 2－3 年的犯罪现象都是不可能的，因为作为群体反社会现象，很大程度上乃是非定型的、混乱

---

〔1〕 Антоняк Ю. М. Указ. соч. С. 17.

〔2〕 Более подробно о возможности прогрозирования преступности см.: Аванесов Г. А. Теория и методология криминологического прогнозирования. М., 1972; Рагимов И. М. Теория судебного рогнозирования. Баку, 1987.

〔3〕 Аванесов Г. А. Указ. соч. С. 27.

的、自然的构成，"好像是腐蚀了高级有机体生物的各种微 132
观有机体的混合体"。[1]

换句话说，犯罪现象在那个偶然性总和中获得领域优势
的不可捉摸、不可预言性，都带有临时起意、出人意料、难
以预测的性质。我们不知道，何人、何时、由于什么原因和
实施什么样的犯罪，就像我们不能解释人类所有时代犯罪现
象的存在一样。

因此，直至我们能够回答为什么犯罪会成为人类不可避
免和难以消除的同行者这一问题之前，我们也不准备预测犯
罪的未来。

还必须要考虑的是，犯罪现象只是一个统计体系，服从
或然性，既有客观也有主观因素的作用。

可见，犯罪预测的目的乃是确定最一般性的反映犯罪现
象在未来的发展（变化）指标，在这一基础上揭示我们所不
希望的趋势和规律性，并寻找这些趋势和规律性在应然方面
的变更方法。

从这一观点出发，我们将尝试确定阿塞拜疆最近 5 年犯
罪的可能状态。让我们从分析过去的犯罪现象开始，并追踪
其 50 年期间的动态。整个这一时期可以顺理成章地分为两
个阶段：苏维埃阿塞拜疆时期和成为独立国家之后时期犯罪
现象的状态和动态。

---

〔1〕　Кудрявцев В. Н. Указ. соч. С. 27.

原则上可以肯定的是，不管政治建构如何，阿塞拜疆这50年期间的犯罪率是上升的。比如，如果说1961－1970年期间年平均发生犯罪13 600起，则1971－1980年则发生14 650起，而1981－1990年为15 850起。应当指出的是，对于居民人口不大的共和国来说，犯罪率的这一增长趋势还是相当显著的。

133　　从1981年开始，可以看到一般刑事犯罪的增长：1981年增长42%；1985年为45%；1990年为58%。重罪以及其他暴力犯罪逐渐增加。如果说1981年实施犯罪总数中有390起杀人罪，则经过10年之后的1991年，这一指标等于489起。重伤害罪在1981年实施了222起，而1991年则为397起；抢劫发生169起，抢夺186起（1981年），而1991年则分别为295起和213起。与此同时，强奸犯罪有所下降：1981年为119起，而1991年则为48起。从1986年开始可以看到，盗窃国家和社会财产的犯罪有迅速增长的趋势。

可见，不管苏维埃时期的阿塞拜疆采取怎样严厉的刑罚政策，重罪和极其严重的犯罪仍然呈上升之势。在1970年之前，平均每年判处剥夺自由刑的罪犯占28%－32%，而从1970年开始，这一比例就未低于52%。对各种极严重犯罪适用死刑，其中也包括经济犯罪。比如，从1971年至1991年，也就是在20年的时间里，阿塞拜疆判决死刑为400人，即每年20人。这就是苏维埃时期阿塞拜疆的犯罪状况和动态情况的一般特征。

最近 12 年阿塞拜疆的犯罪统计还证明，犯罪率仍呈上升趋势，呈现出如下图景：2000 年 13 958 起、2001 年 14 607 起、2002 年 15 520 起、2003 年 15 206 起、2004 年 16 810 起、2005 年 18 049 起、2006 年 18 667 起、2007 年 19 045 起、2008 年 20 185 起、2009 年 21 250 起、2010 年 23 000 起、2011 年 24 000 起、2012 年 24 320 起。

众所周知，诸如杀人、盗窃、强奸、抢劫和毒品犯罪是犯罪的核心。因此，犯罪现象及其状况，不仅根据统计数据，而且还应根据重罪和危险犯罪的性质以及比例进行评估。应当注意的是，正是上述所列犯罪在数十年之间具有稳定性。这一因素，在确定、预测未来犯罪时，应当予以考虑。

通过对阿塞拜疆犯罪的状况、动态和性质进行分析，可能得出怎样的结论？

首先，犯罪内部从形式到形式的客观变化取决于社会政治和经济矛盾以及对此的改革。在阿塞拜疆，在共产主义体制崩溃之前，每年被判刑人总数中有 6% - 10% 是因农产品投机倒把被判处剥夺自由刑，欺诈购买者的犯罪也是一样。当然，这影响了共和国犯罪的整体图景。

与此同时，我们的立法对这些苏维埃时期阿塞拜疆所没有的犯罪规定了责任。因此，应当注意的是，与犯罪在客观上发生变化的同时，还存在着立法和法律实践发生变动的主观因素。

其次，因为犯罪是一个动态发展的现象，那么就应当在全部社会进程的语境中予以考察。当社会在经济、政治问题和矛盾的夹击之下奋力拼杀之时，犯罪便向世人展示了其自身的特殊威力。没有任何一种社会政治制度能够摆脱这一规律。可以有把握地确定，卡拉巴赫冲突 * 造成了共和国上百万的难民，严重影响了 1989－1992 年的犯罪状况。接下来，犯罪率的上升自然要归因于苏联的解体，其解体造成苏联所有共和国的政治、经济和法律的危机，杀人和严重犯罪开始直线上升。比如，如果说 1988 年在阿塞拜疆实施了 285 起杀人犯罪，那么 1990 年则为 482 起，1991 年为 489 起。整体上，1992－1998 年期间故意杀人平均次数为 450 起。从 1999 年开始，此类犯罪呈下降趋势，平均每年不到 200 起。不容置疑的是，这与共和国内的稳定性，尤其是政治稳定有直接关系。

因此，犯罪现象的未来，尤其是组成其核心的杀人、特别严重暴力犯罪、抢劫和盗窃，无疑取决于一个社会的经济、社会、政治和精神生活的条件。

---

* 纳戈尔诺－卡拉巴赫（简称纳卡）地区位于阿塞拜疆境内，面积 4400 平方公里，人口 18 万，其中 80% 为亚美尼亚族人。历史上，阿亚两族就纳卡的归属素有争议。1988 年 2 月，纳卡当局在亚美尼亚的支持下宣布脱阿入亚，1989 年 6 月宣布独立，亚阿两族爆发冲突。苏联解体后冲突演变为阿亚战争，亚美尼亚占领纳卡及其附近地区。冲突导致上百万人流离失所。在俄罗斯等国的调停下，阿亚双方于 1994 年 5 月停火。两国接受欧安组织明斯克小组（三主席为俄、美、法）的调解。1999 年至今，阿亚两国总统进行了多次直接会晤，但尚未取得重大突破，问题尚未最终解决。——译者注

许多因素还取决于从事预防犯罪机关的活动。非常遗憾的是，我们不得不说，在这一事业中，我们还不能展示什么成就，即使拥有很强的实际手段。我们都知道，腐败是阿塞拜疆犯罪发展的最危险的趋势之一，它将不可避免地使社会状况逐步恶化。我们的立法对腐败和受贿规定了严厉的刑罚。但是，由于刑罚仅存在于《刑法典》之中，未能以应有的方式予以适用，因而成了嘲笑的对象。而这也影响了人们对于腐败这样的犯罪，以及对于其他以洗钱、逃税、非法私有化等形式的经济犯罪的态度，证明了今天社会道德的衰败。因为居民对这类现象、行为已经司空见惯，不再反感。在社会意识中，这些犯罪已经不再是有害的、危险的、不道德的，而是被评价为完全正常的现象。

从1992年开始，可以看到被揭露的受贿案件的数量持续减少。结果是，受贿在共和国内实际上已经没有了。这当然与实际情况并不相符。1997年发现68起，1998年66起，1999年68起，2001年54起，2004年5起，而2007年为8起。

综上所述，同时考虑到过去和今天的犯罪状况可以得出结论，如果不采取相应的社会和法律措施，共和国内最近5年遏制犯罪率的增长当然是空想。现实存在的民众尚难接受的社会不公、贫富差距悬殊、物质财富分配的不平衡，许多情况下使用法律手段也不能解决的许多生活问题，都将对人们的心理产生巨大影响，从而在若干情形下会导致暴力犯罪。

136 因此，诸如杀人、重伤害、流氓行为这类犯罪，最多也只能是停留在目前的水平。卡拉巴赫冲突没有解决，也会对犯罪人的这一范畴产生负面影响。特定部分民众的经济状况也能够促使诸如盗窃、抢劫、诈骗、逃税这类犯罪的增长。比如，现在盗窃犯罪已经超过了全部犯罪的16%。

应当考虑的还有，超过90%的盗窃犯、抢劫犯、诈骗犯都是有劳动能力的失业者。按照我们的预测，与毒品有关的犯罪数量也会上升。在共和国内，大概每年实施2500起这类犯罪，占整个已登记犯罪总数的15%。相应机关行动上缺乏应有的效率，让我们能够得出这样的结论。

由此可见，对于犯罪的未来状况和动态变化而言，无论是地域上还是时间上都是非常不准确的，只能是接近。因为没有任何一个人能够事先预见，在何处、何时与何人实施下一次犯罪。与此同时，在进行统计预测时，完全有理由认为，特定的犯罪类型会年复一年地情景再现，并可能会发生若干指标变动。

第二章

刑　罚

第一节　刑罚的概念与实质

一、刑罚实质的哲学宗教基础

很多世纪以来，围绕刑罚的概念与实质问题进行过激烈的争论，出现了大量不同的构想、理论和学说。甚至对"刑罚"这个词本身也从未有过一致的意见。

例如，几个世纪以前刑罚的意思是赔偿。在此之前，刑罚等同于"复仇"这个概念。对古典流派来说，刑罚意味着惩治和痛苦。实证学派将刑罚视为防卫——预防和镇压，而在宗教上刑罚是上帝的惩治。尼采似乎是正确的，他曾经断言："至于刑罚的另外一个流动的要素，其'意义'，则在文明的更晚期阶段（如当今欧洲），'刑罚'的概念确实绝非一个意义，而是'许多意义'的综合；刑罚过往的全部历史、为各种目的适用刑罚的历史，后续结晶为独特的统一体，一个难以溶解、难以分析的统一体，而且应当特别强调的是，这也是一个完全不可克服的统一体。"[1]

138　　有时，许多学者，特别是哲学家，并不对刑罚的概念、实质和内容加以区分。柏拉图、亚里士多德、格老秀斯都是如此。但如果我们想确定刑罚的概念，就会提出这样的问题：这是什么东西？我们会认为这是国家所掌握的、用以实现既定目标的特殊工具。如果我们问这个工具的本质是什么，那就是另外一回事了，我们会回答：刑罚的实质是报应。最后，如果我们还想弄明白刑罚的内容是由什么组成的，则回答：由惩治的要素组成。认识刑罚和确定刑罚的概念只能通过对其实质和内容进行解释。因此，要对刑罚概念进行界定，必须首先考察刑罚的实质和内容。在此情况下，应当注意到，"实质"和"内容"是哲学范畴，而非法律范畴。

德谟克利特（Демокрит）说过："我谈论一下固有之物。"也就是说，实质通过回答什么是固有之物的问题得以澄清。这意味着，实质是于现象发生包括时间变化在内的不同变化时，保留在现象中的稳定的存在，即存在的核心。在逻辑上，实质是事物不可分割的属性，离开这一属性便不能想象

---

〔1〕 См.：Правовая мысль：Антология. М.，2011. C. 309.

事物。克里莫夫指出："实质是与综合在'现象'这个概念中的、与其外部表现相对立的内部附属物。这是稳定的关系，是现象的多面性中的统一内容。"[1] 索罗金（B. B. Сорокин）是这样理解实质的概念的："'实质'这个哲学范畴的意思是理解所有事物的开端。实质是事物的内在内容，表现于存在的多样和矛盾形式的统一中。"[2]

因此，要认识刑罚这样的现象的实质，必须要澄清其功能与发展中重要、基本和具有决定性的东西，澄清其使命，理解刑罚之所以必需的原因。换言之，刑罚的实质判处要求发现（确定）那些内在的、必需的、共同的、基本的、首要的和稳定的属性、特征、特点，这些方面的统一和相互制约决定着它们的特色、发展规律和对人的行为的作用规律。

刑罚的实质带有客观性，也就是说，这不是什么客观—主观现象，而是从刑罚历史出现的那一刻起从未离开刑罚的真理。这个真理就是报应。

笔者认为，要理解刑罚的实质，极其重要的一点就是分析惩罚的历史起源，即社会对自己成员的危险而应当被阻却或弱化到一定程度的行为的反应。与此同时，还应当注意的是，和刑罚学说一样，只根据法律概念和关于刑罚有益或无益的实践数据对刑罚实质进行研究永远不能给出良好的结果。这是更为复杂的问题，对这一问题的研究远远超出刑法

139

---

〔1〕 Керимов Д. А. Методология права... С. 155.

〔2〕 Сорокина В. В. Введение в философию права. С. 289.

本身。其中，没有哲学、心理学、社会学的参与，关于刑罚及其实质的问题将总是具有表面性。时至今日，关于刑罚实质的科学知识，确切地说，不是归功于犯罪学家，而是归功于具有真知灼见的哲学家以及其他学科的代表。

人们过去和现在总是在心理上将刑罚理解为报应。将刑罚视为报应的思想是如此深入人的意识，以至于人们非常简单地将其视为报应，而不是什么别的。

在所有情形下都要求刑罚能够满足犯罪的受害人，即因实施的恶而对犯罪人进行报应。因此，刑罚的基本原则、刑罚的本质是对犯罪的报应。然而，是什么报应呢？当然，不是复仇意义上的报应，而是绝对的公正，是让刑罚成为对犯罪的道德、社会评价的表现的要求。

140 　莫科林斯基（С. П. Мокринский）指出：“现代的报应虽然来源于许多世纪的以及后来的集体报复，但与其历史雏形的共同点已经相当少了。为自己或为别人复仇；复仇要求对复仇对象具有感觉上的激怒。相反，报应与对犯罪人的怜悯、同情是完全融合的；它依赖的不是造成损害的事实，而是违法行为的抽象要素，即有罪过地违反道德规范。”[1]

我们对犯罪人的态度取决于我们对报应的理解。刑罚是公正的报应，不是因为它是国家力量的表现，也不是因为这是对犯罪人造成痛苦的国家强制，而是因为这种反应是社会

---

〔1〕 Мокринский С. П. Наказание, его цели и предположения: В 3 ч. М., 1902. С. 82 – 83.

所期待和赞许的，这种反应能够满足公民的正义感，这些公民预见到在他们看来是对社会有害行为的后果的刑罚（报应）。

奇切林（Б. Н. Чичерин）曾经表达过完全公正的想法："真正的刑罚理论是从构成法的实质本身的原则出发，从给予每人应有评价的真理出发的理论。"[1]

古代哲学家就曾经说过，刑罚就本质而言是报应。例如，亚里士多德允许惩罚——报应，他写道，人们努力以恶报恶，如果类似的报应是不可能的，则这种状态被视为奴役。柏拉图、西塞罗和塞涅卡（Сенека）*也持有类似的观点。这样的刑罚哲学是最古老国家的最早的立法公式之一，更符合当时占据统治地位的将刑罚权视为复仇本能表现的观点。

在希腊和罗马哲学家的创作中探寻关于刑罚的报应实质 141 的理论是不可能的，虽然他们遗留了某些关于刑法问题的名言和理论。

从格老秀斯开始，"刑罚即报应"的理论才得到了更为清楚的阐释[2]他将刑罚等同于同态复仇，主要是以历史事例佐证自己的观点。

---

〔1〕 Чичерин Б. Н. Философия права. СПб. ：Наука, 1998. С. 127.

* 塞涅卡（Lucius Annaeus Seneca, 约公元前4 - 公元65年），古罗马政治家、斯多葛派哲学家、悲剧作家、雄辩家。——译者注

〔2〕 Гуго Гроций. De jure belli ac pacis, 1625.

只是在晚期的德国哲学中，这一理论才最终形成并获得知名度。第一个认为报应是刑罚的唯一实质的哲学家是康德，他写道："恶要求以恶报之，只有根据平等原则的报应才可以确定刑种和刑度或者作用力的等同。"[1]

不管是对哲学思想的发展还是刑法理论，黑格尔的报应理论都具有特殊意义。根据黑格尔的理论，权利应当通过对违反权利进行报应得以恢复，使个人的、敌对的意志服从于本身存在的理智自由的意志，服从于权利。黑格尔断言："刑罚就是报应，但不是犯罪所造成的损失和刑罚对犯罪人所造成的损失之间在价值上的某种等同的报应。"[2]

由此可见，康德和黑格尔的绝对刑罚理论归结为对行为的报应：犯罪是恶，而对犯罪的惩罚是赎罪。区别仅仅在于，康德发展了实体报应理论，而黑格尔发展的是辩证报应理论。即如果说康德的报应要求算术上的平等，则黑格尔的报应强调的是在几何上成比例、等值。

142　　刑罚即报应的理论源自宗教，我们也正是在宗教文献中找到了对刑罚本质进行界定的最初尝试。如果从宗教经典出发，则刑罚是最初由上帝规定的、对他所创造的人进行作用的手段。通常认为，早期关于刑罚的神学理论是基于《旧约全书》的训诫：刑罚是对恶的报应；根据同态复仇原则的威

---

〔1〕　Кант И. Metaphysische Anfangsgrunde der Rechtslenze，1797；См.：Ойзерман Т. И. Философия Канта и современность. М.，1974. С. 187 – 191.

〔2〕　Гегель Г. В. Ф. Философия права. М.，1977. С. 49 – 51.

慑——"以眼还眼，以牙还牙。"（《申命记》第 19 章第 21 节）

在和亚当签署自己的第一个"约定"的时候，耶和华警告他不能吃"分别善恶树的果子"，否则就"必定死"（《创世纪》第 2 章第 17 节）。因此可以认为，刑事法律始于上帝的法律，而第一个违反上帝法律的就是第一个人亚当，他可以被认为是第一个受到原始刑种——死刑惩罚的人。如何理解上帝对刑罚实质的界定也是非常重要的。刑罚是报应："我必报复我的敌人，报应恨我的人。"（《申命记》第 32 章第 41 节）

关于"必定死"这个表达的意义问题，即关于死刑的问题，是多义的。但是在任何一种解释中都不能确定，所言之物是对不听话、违反禁令、第一部法律的惩罚，以及这一惩罚具有死刑的形式，且来自于上帝。规定这一惩罚的目的是不让亚当所犯下的恶（用法律语言来说是犯罪）成为永恒，不生根发芽，"不能永远活着"（《创世纪》第 3 章第 22 节）。

伊斯兰教作为世界宗教也将刑罚与报应（报复）思想联系在一起。我们来看一下警告人们不要触犯法律的《古兰经》，因为真主不喜爱过分的人（《古兰经》第 5 章"筵席"第 87 节）。这是犯罪与刑罚制度构建所依据的最重要和基础性的原则。真主警告要遵守他所制定的法律，因为真主不喜欢那些不服从其意志的人。从真主的这一训诫当中，确切地说是警告当中，也可以弄清楚：违反法律的人将面临的是报应（报复）。接下来，《古兰经》向世人具体解释了这一原则。"你们应当抛弃明显的和隐藏的罪恶。作恶的人，将因他们的犯罪而受报应。"（《古兰经》第6章"牲畜"第120节）在此情形下，《古兰经》阐释的是广义的恶，其中也包括各种犯罪性质的行为。根据《古兰经》，刑罚的实质不仅是报应，而且也是包含善意、同情和矫治的开导，是创造条件预防实施新的犯罪。"行一件善事的人，将得十倍的报酬；做一件恶事的人，只受同样的惩罚；他们都不受亏枉。"（《古兰经》第6章"牲畜"第160节）

根据《古兰经》，报应作为刑罚的实质具有下列特点。

第一，报应应当公正，即等值。"恶行应得同样的恶报。"（《古兰经》第42章"协商"第38节）第5章第45节对报应的原则进行了具体阐述："我们在其中规定了：以命偿命，以眼偿眼，以鼻偿鼻，以耳偿耳，以牙偿牙，一切创伤，都要抵偿。"

第二，真主在《古兰经》中解释了规定进行报应给世人带来的巨大好处。这会拯救许多人的生命，并抑制犯罪。"有理智的人们啊！你们在抵罪律中获得生命，（以此为制）以便你们敬畏。"（《古兰经》第2章第179节）

第三，《古兰经》鼓励和赞许可以饶恕与和解以及建立和平的人的行为，即真主不想报应；相反，他支持在可能的情况下和平解决冲突。"恶行应得同样的恶报。谁愿饶恕而

且和解，真主必报酬谁。真主确实不喜爱不义者。"（《古兰经》第 42 章第 38 节）

第四，和其他宗教经典一样，《古兰经》不但警告人们今世的报应，而且也警告后世的报应。

《古兰经》对一个在所有时期都让人冥思苦想的问题给 144 出了清楚的回答：那些在今世不管是因善还是因恶都没有得到应有报应的人会怎么样？

生命转瞬即逝，在后世对我们进行评判依据的将是我们如何克服人生道路上所遇到的考验。对于那些不同意在后世的任何惩罚都是应得的人，《古兰经》问道："对那些强奸、杀人、诈骗和折磨他人的人是否应当和对那些照顾病人、关心鳏寡孤独的人、对穷人解囊相助的人、竭尽全力遵循真主教导的人相同对待？"

我们在《古兰经》中找到的对火狱的磨难的描述是如此恐怖和令人信服，以至于对信道者来说这是强大的动因。"敌对真主和使者，而且扰乱地方的人，他们的报酬只是处以死刑，或钉死在十字架上，或把手脚交互着割去，或驱逐出境。这是他们在今世所受的凌辱；他们在后世，将受重大的刑罚。"（《古兰经》第 5 章"筵席"第 33 节）

在《古兰经》中经常遇到的"重大的刑罚"、"痛苦的刑罚"是什么意思？"……是火狱的居民，他们将永居其中。"（《古兰经》第 7 章"高处"第 36 节）

无独有偶的是，在《福音书》中也可以遇到同样的内

容："凡作恶而为其罪孽所包罗者，都是火狱的居民，他们将永居其中。"（《马可福音》11：24－26）

"火狱是你们的归宿，你们将永居其中，除非真主意欲的时候。"（《古兰经》第6章"牲畜"第128节）更恐怖的刑罚规定在第10章"优努斯"的第4节中："不信道者，将因自己的不信道而饮沸水，并受痛苦的刑罚。"

作为后世的报应，真主在《古兰经》中也警告了"地狱"这样的刑罚。应当指出的是，《古兰经》不但警告人们在后世对今世犯罪的严酷刑罚，而且同时也提醒那些守法的人和其他人因善事而应得的报酬。"故你当以一种痛苦的刑罚向他们'报喜'，唯信道而且行善的人们将受不断的报酬。"（《古兰经》第84章"绽裂"第24－25节）这是什么样的报酬呢？

"信道而且行善者，是乐园的居民，他们将永居其中。"（第2章"黄牛"第82节）《古兰经》同样也解释了"乐园"的概念："真主必定要使信道而且行善者进入那下临诸河的乐园，他们在其中得享用金镯和珍珠作装饰，他们的衣服是丝绸的。"（第22章"朝觐"第23节）

为什么真主不惩罚那些在今世作恶、实施犯罪的人呢？《古兰经》对这个问题给出了智慧的回答："如果真主为世人的不义而惩治他们，那么，他不留一个人在大地上，但他让他们延迟到一个定期，当他们的定期来临之时，他们不得延迟一霎时，（当其未来临的时候）他们不能提前一霎时。"

（第 16 章"蜜蜂"第 61－62 节）也就是说，惩罚谁、什么时候惩罚、为什么惩罚、怎么惩罚，都只是真主的权力，他试图让世人不但在今世生活中没有恶、怨恨和犯罪，而且在后世也没有恶和残酷。"我们清除他们胸中的怨恨，他们将成为弟兄，在高榻上相对而坐。他们在那里不感觉疲乏，他们绝不被逐出。"（第 15 章"石谷"第 47－48 节）

这样一来，宗教以法律规定并批准了世人对那些自己流了血、杀害他人的人进行复仇和报应的权利。依据的原则是："谁让人流了血，他的血也会沾满他人之手。"在此情形下，上帝将对人的一部分报应委托给世人，似乎偏离了自己所宣扬的一般原则："申冤在我，我必报应。"通过分析《圣经》和《古兰经》中关于报应、报复、复仇、惩治和其他惩罚正义性范畴的认识可以看出，古人的这些观点是多么深刻和完整，至今仍有现实意义的原则是如此之多。总而言之，在研究《圣经》、《古兰经》的时候，我们找到了许多 146 表达古人对生死、杀人与犯罪、复仇、惩治和刑罚的观点的实质性思想。

《古兰经》先于弗洛伊德和斯金纳这样伟大学者的著作几个世纪，赠送给人类重要的关于后世生命的理论，这种理论一方面涉及最大可能的愉悦感受，具体为 ca'ид 状态，即"最美好的"或"幸福"的状态，另一方面涉及处于 хаки 状态，即"极可恶的"或"不幸福的"最恐怖的体验。根据《古兰经》，达到幸福状态的人应当生活在乐园，而不幸福的人注定要遭受火狱般的痛苦。

未必有人反对宗教在教育人们行善和恨恶方面的伟大意义。

应当强调的是，相信在后世对恶（犯罪）的报应，都以复活死去的"我"的形式在所有部落、社会、国家存在过。

印度教中关于人的后世生命的信念，主要特征来自于印度教的佛教学说都规定灵魂转世与直接的报酬和惩罚具有同样重要的意义，各种报酬和惩罚就实质而言都被认为不是永恒的，而是暂时的。人在后世是否成为爬行植物、鸟类、女人、婆罗门僧侣、圣人，取决于他自己，取决于他在今世如何表现。而这意味着，如果人在今世没有通过恰当的忏悔消除污点，则他将成为最低级的生物之一；如果他干净地死去，则可以达到人类的最高境界。

《毗湿奴往世书》和《摩奴法典》可被列为法律书籍，因为其中包含着极为准确的行为准则以及对违反这些规则的刑罚。最高类别的犯罪人经历植物王国的所有种类，从一种植物变成另一种植物。犯有死罪的人转世成为蠕虫和昆虫。犯有较轻罪行的人变成物体等。第四类犯罪人变成水生动物。因犯罪而被驱逐的人变成水陆两栖动物（《毗湿奴往世书》，XLIV，2）。根据这部法律，谁将道路据为己有，谁就变成洞穴中的蛇；谁偷了面包就变成老鼠；谁偷了水，就变成水禽。

早在上帝训诫之前，通过把灵魂从一种生物转世为另一种生物，以后世报应进行威慑，就对后来被纳入法律汇编的生活规则产生了强烈影响。违反规则、实施犯罪、与既有法律相矛盾的恶行都会给违法者留下特别的污点，这个污点如果不在今世通过自愿忏悔来消除，死后也会留在灵魂中，并且只有通过更严厉的惩罚才可以在后世被清除。根据印度法律，如果某人杀死了婆罗门僧侣，则该僧侣的鲜血在炎热的印度土地上染红了多少尘土，杀人犯就应当在火狱生活多少千年（《摩奴法典》，XI，20）。

应当指出的是，伊斯兰教和基督教的法学家总是非常关注刑罚的概念。并且他们一致的出发点是：刑罚就是报应。阿乌达（Абдель Кадер Ауда）写道："刑罚是以保护社会为目的而对不听从立法者行为的报应。"[1]

巴赫纳西（Фхмад Фахти Бахнаси）也持有几乎相同的观点。他认为，刑罚是法律事先规定的、对违反其禁止的报应，目的是预防被判刑人和其他人实施犯罪。[2]

阿里·马瓦尔迪（Аль‒Маварди）给出了下列刑罚的定义："刑罚是真主对违反禁止规定的惩罚；因为在人的本性中有两个方面在斗争，一方面是激情和享乐的需求，另一方面则意识到对承诺在后世生活中因违反禁令所承受的痛苦，

---

〔1〕 Абдель Кадер Ауда. Мусульманское уголовное право. Бейрут，1987. Т. 1. С. 609.

〔2〕 См.：Ахмад Фахти Бахнаси. Наказание по мусульманскому праву. Каир，1989. С. 13.

因此规定了刑罚作为可能的痛苦，一种能够抑制头脑简单的人违反禁止的痛苦。"[1] 在这个既深刻又完整的界定中包含着以下重要内容。

第一，阿里·马瓦尔迪所给出的这个界定自然具有鲜明的宗教色彩。因为在这个界定中，预防犯罪的根据不仅仅是保护社会的利益，而且还有害怕真主所承诺的在后世生活的痛苦。这是非常重要的方面。此外，与其他法学家不同，作者特别强调，刑罚和禁止一样，不是由立法者规定的，而是由真主规定的。

第二，阿里·马瓦尔迪在这一界定中阐述了犯罪行为的原因，将这种行为与人的心理的、内在属性联系在一起。这样一来，作者似乎偏向于认为，犯罪的原因是人的生物属性。

第三，指出了刑罚通过威慑和造成痛苦在预防与《古兰经》的规定相抵触的行为方面的作用。

综上所述，宗教将刑罚视为报应，同时也是包含善、同情和矫治的训导。

149　不难发现，哲学家在界定刑罚概念时都是将刑罚看作并理解为哲学现象，而宗教活动家则将其视为神现象。的确，哲学范畴和宗教经典是认识社会和思维本质的包罗万象的手段、工具、方法、基础，只有通过它们，我们才能够认识犯

---

〔1〕　См.：Там же.

罪概念的真谛。但是，在确定刑罚概念的时候，法学家不能离开具有纯粹法律意义的元素。重要的是要记住，如果我们将法律和法律得以形成的事实和现象的现实世界割裂开来，便不能解释犯罪的概念。

马里采夫认为，报应是通过惩罚造成痛苦的人以满足受害主体。[1] 根据季马绍夫（Н. С. Тимашов）的界定，报应是紧随从某种规范体系的角度来说正面或负面的行为而来的，是行为人的与行为的内部价值等值的命运。[2]

如果用普通的生活语言来说，报应就是对行善或行恶的人报答、返还、补偿善或恶。报应可以用哲学范畴界定为实现公正的途径和方法。因此，不等值的报应是不公正的。那么报应是从哪里产生的呢？

蒙田写道："复仇的渴望是一种高度甜美的激情，它应当有某种分量，也是相当自然的。"[3] 我们认为，这种激情与均衡的需求有关，因为人总是希望行恶的人得到恶报。因此，我们直到现在也是带有满足感地对待报应，并且认为报应是理所当然的。当然，这里说的是正当的报应。总体上来说，血亲复仇是最古老的思想，也就是要确定恶行和对恶行进行报应的对应行为之间的相当性。[4]

150

---

〔1〕 Мальцев Г. В. Месть и возмездие в древнем праве. С. 228.

〔2〕 Тимашов Н. С. Условное осуждение. СПб. , 1914. С. 303 – 304.

〔3〕 О природе человека: Монтень, Ларошфуко, Паскаль. М. , 2009. С. 151.

〔4〕 См. : Мальцев Г. В. Указ. соч. С. 129.

　　根据相当普遍的观点，对所有的民族来说，"刑罚即报应"这一思想的最初表现都是个人血亲复仇，后来就出现了赎罪的传统。在国家将报应权据为己有之后，这一过程逐渐终结。

　　我们列举几个知名学者的观点。例如，波格达诺夫斯基（А. М. Богдановский）写道："不管在哪里，作为对恶的报应的刑罚的概念演变的第一个形式都是所谓的复仇，在广义上是独断独行。这一形式或早或晚被替换为另一种更为正确的、不确定因素更少的形式，即所谓的赎罪体系。这种形式的刑罚思想通常在人民的权利中存在相当长的时间，直到人们把国家理解为统一的活的肌体、把犯罪理解为与这一肌体敌对的行为时，才呈现出另外一种形式。从这时起，更高级的关于对犯罪、对侮辱权利思想的真正报应的刑罚概念开始发展，这一权利的最完整的表达机关是国家。"[1]

　　根据福依尼茨基（И. Я. Фойницкий）的观点，在刑罚历史的最初阶段，惩治活动是由受犯罪行为之害的个人进行的。刑罚不存在，替代它的是复仇。逐渐地，社会各界将刑罚权力全部集中在自己的手中并自己镇压欺人者。这样一来，个人复仇和被害人的个人就退居次要位置了。他认为，在文明民族的现代法律结构中，社会各界的联合导致刑罚权

---

〔1〕　Богдановский А. М. Развитие понятий о преступлении и наказании в русском праве до Петра Великого. М., 1857. C. 5－6.

仅属于作为权力主体的国家。[1]

菲利认为，刑罚从产生到现在经历了四个演变阶段：从基础阶段，即防卫和复仇反应，过渡到宗教阶段（上帝的作用），然后过渡到伦理阶段（中世纪的赎罪），最后过渡到法律阶段。他认为，目前必须开启社会阶段，在这一阶段中，得益于有关犯罪渊源的人类学和刑事统计学的最新资料，刑罚已经不再是对道德罪过的相当的报应了（伦理—法律阶段），而是预防和镇压社会措施的总和；后者符合犯罪的本质和渊源，能够更好和更人道地保护社会免受犯罪侵害。[2] 这样一来，将个人复仇变为源自公权力的刑罚应当与国家产生的时间联系在一起。黑格尔对此也有论述。[3]

个人的血亲复仇是源自公权力的刑罚这一思想，基于的是关于受害人在人类发展的早期阶段对杀人、抢夺、抢劫等这样有害和危险行为的反应原因的假设。受害人的这个反应符合血亲复仇的传统，具有私人性。

换言之，复仇的实质在于，通过某种行为对他人造成的 152
恶也一定要用恶来报应，对任何凌辱也一定要进行报应、报复。如果这种凌辱是血腥的，如杀人，则复仇也一定应当是血腥的：以血还血。这里包含的不仅是报应，还有责任、神

〔1〕 Фойницкий И. Я. Учение о наказании в связи с тюрьмоведением. СПб., 1889. С. 18.

〔2〕 См.：Ферри Э. Указ. соч. С. 363 – 364.

〔3〕 См.：Гегель Г. В. Ф. Философия права. М., 1953. С. 146.

圣的义务、权利、所有感的满足。因此，应当特别指出的是，正是在复仇中，人发现了自己的权利，即不仅意识到他人给自己造成了身体痛苦或物质损失，而且最主要的是，他明白并能意识到自己被欺侮和凌辱。

因此，只有通过血亲复仇才可以消除这种欺侮，满足自身内在的公正感。同样也不能忘记的是，无论复仇如何野蛮，都具有一定的预防意义。但是否可以断言，私人的血亲复仇是刑罚产生的社会原因：难道在私人复仇之前人们没有因对公社、部落和群体有危险的行为而遭受刑罚吗？

基斯佳科夫斯基完全正确地指出："在人类身上开始闪烁理解刑罚存在的原因和目的的火花之前，刑罚很早就存在并发生作用。"[1] 而且，我们现在所称的刑罚，其最早萌芽应当在社会和自然现象中——在作为自我保全基础的人的反应中，在公社的存在所面临的外部危险中——寻找。

众所周知，在原始社会中，甚至在最野蛮的部落中，人们会因一些与私人复仇毫无关系的行为受到惩罚：背叛公社、亵渎神圣、妖术等。是否可以将公社对背叛的反应看作私人复仇，如果对此的刑罚被视为对社会不满的有组织的表现，作为普遍的愤怒，而不是普遍的复仇？要知道，这是社会的惩罚，因为背叛是公社的每个成员都能感觉到的犯罪之一。

153

在所有原始的社会危害行为当中，最普遍的是妖术，即

---

〔1〕 Кистяковский А. Ф. Элементарный учебник общего уголовного права. Киев, 1890. С. 764.

相信公社的某些成员具有驾驭超自然力量的能力。如果有个巫师妨碍了降雨，那他就是公社最凶恶的敌人并应当受到惩罚，因为他对其他人、对社会构成了危险。这不是私人的血亲复仇，而是预防，以防止更大的社会危险。但是，如果杀人是用物理方法实施的，即一个公社成员杀死了另外一个公社成员，那则另当别论。在这种情况下，社会不干涉这种关系，因为这不是公共利益的对象，而是私人性质的事情。这就是私人血亲复仇。

这样，如果假设刑罚的历史始于个体的私人复仇，则应当承认，社会对上述行为的反应不是刑罚，这些行为本身不是危害社会的行为。

原始的刑罚不追求对背叛者、巫师进行复仇。判处刑罚的目的是赎罪，但不是为了犯罪人本人，而是为了社会，为了防止来自超自然存在对整个社会的复仇。因此，这种惩罚，确切地说，不应当被看作报应，而应当被看作祭祀。因此，可以说，刑罚的来源直接与解释犯罪概念的来源和发展有关。

原则上，不仅刑罚产生的历史，而且关于刑罚制度的所有基础性问题，都不能脱离对犯罪概念和原因的解释和理解。我们不管讨论什么刑罚问题，都一定会遇到犯罪问题。因此，要弄清刑罚的渊源，就必须弄清犯罪概念形成的过程。众所周知，在这些概念出现之前人的行为就已经存在了，这些行为确实或者根据在某个时代存在的观点对社会构成危险。社会不得不以相应的方式对此作出反应。

例如，奥本海默认为，在原始社会被惩治的犯罪，或者根据社会、部落等的观点被认为是对其存在构成危险，并相应地导致对此作出必要反应的行为包括妖术、反自然罪恶、背叛、亵渎神灵、各种犯罪。[1]

这样，刑罚不是始于个体的私人复仇，而是始于从原始社会就开始感受到的超自然存在的危险，这种危险可能是一个公社成员的行为的原因。为了防止这种超自然存在的报复，必须从社会中排除被视作危险来源的人。因此，奥本海默完全正确地认为："公共违法思想产生于魔幻和宗教概念中。"[2]

刑罚产生于有组织的公社、部落、群体等权力机构对公共违法行为判处真正的死刑和流放这样的源自公权力的刑罚之时。事实上，正是这些刑罚成为使公社摆脱危险来源的方法。

然而，报应原则的真正开始可以认为是血亲复仇的思想。原始的实践直观和令人信服地将复仇的实现与报应概念联系在一起。血亲复仇目前存在于家庭和宗族联系没有丧失传统特点的民族中，也存在于国家权力当局从未获得民众信任的国家。而且在某些部落，其中也包括阿拉斯加的特林基

〔1〕Оппенгеймер Г. Историческое исследование о происхождении наказания. М., 2012. С. 6.

〔2〕Там же. С. 29.

特人，对被害人和杀人犯同属部落内的同一个宗族的杀人案件，从未存在过血亲复仇机制。应当特别强调的是，血亲复仇不能被认为是死刑的雏形。

这样，血亲复仇是返还人已经实施或正在对他人实施的行为即报应效果的最初形式，随着时间的推移，报应失去意义，让位于金钱支付体系。应当认为，这与社会生活中金钱的出现有关，存在不同形式的等值报应。最简单的形式就是——同态复仇（"对同样的行为用同样的行为以同样的程度进行报应"）。

同态复仇的经典公式包含在《圣经》和《古兰经》这样的宗教经典著作中。"若有别害，就要以命偿命、以眼还眼、以牙还牙、以手还手、以脚还脚、以烙还烙、以伤还伤、以打还打。"（《出埃及记》第21章第23－25节）"我在其中（《讨拉特》）对他们制定以命偿命，以眼偿眼，以鼻偿鼻，以耳偿耳，以牙偿牙；一切创伤，都要抵偿。"（《古兰经》第5章第45节）在上帝的这些规定中，同态复仇渗透着威慑精神，即上帝正是通过同态复仇来防止人的攻击性，并结束未来可能导致整个宗族相互残杀的暴力。同态复仇原则也规定在罗马的《十二铜表法》（公元前451－公元前450年）中，其中指出："毁伤他人肢体而不能达成简约的，应对他同态复仇。"

随着时间的推移，同态复仇变得复杂，变得难以辨认，成为作为现代国家刑事政策基础的报应原则体系。事实上，人们希望通过同态复仇的原则限制血亲复仇，因为已经完全意识到了血流成河的危险性。因此，同态复仇总体上接近于刑罚制度。同态复仇的意义在于让人们感受以及亲身体验一下什么是恶，他们实施的暴力行为是什么。换言之，同态复仇是血亲复仇和刑罚之间的过渡环节，即将同态复仇引入血亲复仇的实践是将无充分理由的惩治转变为对犯罪的刑罚这一进程的开始。

156

实际上毫无疑问的是，同态复仇产生于血亲复仇，经过某种演变之后从同态复仇转变为早期国家的刑法。马里采夫指出，"每当我们探寻刑罚体系的逻辑和历史根源，或者讨论剥夺自由刑和死刑是否合法的时候，都会呈现现代法律与同态复仇的变相亲缘"。[1] 作为刑罚的唯一根据和本质的报应理论就是这样。合法的刑罚——报应——同时也是最合理的。但是，为此这应当首先是真正的报应，即公正的恶，造成痛苦作为对犯罪的恶的报答。公正是刑罚即报应的实质的道德原则。

这样，表现在刑法中的刑罚的内在内容及其实质使我们可以发现，与其他法律措施相比，刑罚制度的区别性特征是它所特有的报应要素。与此同时，应当特别强调的是，报应不是立法者的发明，不是今天或明天或任何时间可根据某人的意愿从刑罚中排除的要素。报应是刑罚客观属性中的现象。

---

〔1〕 Мальцев Г. В. Указ. соч. С. 249.

我们不是将报应理解为刑罚的目的，而是将其理解为说明刑 157
罚实质的要素。离开这一因素刑罚是难以想象的。报应隐藏
在因实施犯罪而产生的为难之情中。这就是为什么报应是满
足社会公正感的手段。

如果刑罚的必要性消失，则社会将放弃报应，因为报应
是刑罚的实质。作为刑罚实质的报应理论总是受到严厉的反
驳。许多著名学者坚决不接受这种理论。社会主义革命也完
全拒绝这种理论。因此，在共产主义意识形态条件下，这一
问题没有得到严肃的研究和讨论。就出发点而言，文献中存
在的关于报应为刑罚实质的反对意见非常多样。

著名的俄国哲学家索洛维约夫（В. Соловьев）* 在专著
《为善良辩护》（1897 年）中指出，报应理论或"报复性公
正"是内在无意义的，这一理论的出发点是报复和威慑是历
史上追求"神人"状态的"人兽"的缓和的残留。在另外
一部著作中，作者写道，刑法报应论完全没有逻辑和道德意
义，只是野蛮状态的残余，至今仍适用的刑罚也是如此，因
为其中意图对犯罪人造成身体痛苦或剥夺是对犯罪进行反应
的目的，只是血亲复仇的原始原则的历史转换。

也有学者指出了报应的不道德性。例如勃兹内舍夫指
出，动物的复仇感所提示的这一思想（即报应思想）是不道

---

* 弗拉基米尔·谢尔盖耶维奇·索洛维约夫（1853－1900 年），俄国著名
宗教哲学家、诗人、政论作家，现代意义上俄罗斯哲学和东正教神学的奠基
人。——译者注

德的。

许多学者指出报应理论不尽如人意，因为这些理论没有确定的固定的标准来规定刑罚措施。

第一，在断言刑罚的实质是报应时，仅仅是指公正的报应（报复）。如果报应超过了非法行为，就已经不是刑罚，而是镇压，因为违反了公正原则。如果报应（报复）与行为相比太过轻缓，则这也不是刑罚，而是不受惩罚。因此，被视为刑罚的只是实质为公正报应（报复）的打击犯罪的手段。

158

第二，不应当回避"报应"（报复）这个词，因为它已经不再表达强烈的野心所引起的负面反应。从文艺复兴开始，报应的概念就已经发生了重大改变。现在，刑罚只是依照报应公正原则对行为人根据自己的意志实施的犯罪的回应。毫无争议，报应是复仇的基础，就像它是刑罚的基础一样，但这并不破坏报应作为刑罚实质的意义。复仇和刑罚的根据的共同性本身还不能贬低承认报应是刑罚实质的观点。

报应思想不是同态复仇思想，同态复仇是形式的、质的或仅仅量上的等同。报应思想也不是复仇，复仇的特点是粗鲁、本能性、是被害人的无度的和无意义的反应。它也不意味着对后者的满足、对损伤的平复和不能为人类眼睛所分辨的道德报应。报应思想是这样的思想，即犯罪作为对社会秩序的违反应当在生活中引起对自己的与其负面评价相对应的态度。它是刑罚的实质。

二、刑罚实质的道德基础

康德曾经说过这样大无畏的话："如果公正消失了，那么地球上的生命就不具有任何价值了。"刑罚的问题首先是道德问题。因此，人类早就提出了这样的问题：对于死刑和长期剥夺自由刑而言，惩罚是否道德？时至今日，我们面临同样的问题：许多人断言，刑罚没有达到社会所提出的预防犯罪的目的，在 21 世纪，是继续通过刑罚使犯罪人注定遭受痛苦，还是取代刑罚，找到具有人道内容的更有效的惩治措施？

只有一点是清楚的：不管是法律创制还是在具体的情形下规定刑罚与犯罪的相当性，都不可能忽略公正和人道主义的要求，现代文明社会没有这个权利。在不同时期人们总是希望公正的惩罚。因此，正常的公民法制国家的明智的立法者理解这一情形，努力在自己的活动中依靠刑罚的道德原则，而法官则是在犯罪本身中寻找能够作为衡量犯罪严重性和刑罚严厉性标尺的标准和因素。

迈耶（Г. Мейер）指出："不仅在私人关系中，而且对立法来说都产生了这样的问题：某些个人或某些关系是否承担得太少或太多？个体所得到和承受的是否准确？"[1] 然而，这是否可能呢？

这个问题早在人们理解刑罚的意义和犯罪的有害和凶恶

---

〔1〕 "Die Cerechtigkeit imstrafzecht". Cerichtesaae. B. XXXIII. S. 101 и etc.

本质时就开始存在了。关于公正的问题，人是依靠良心所提示的道德规范自行解决的。当然，这是他对公正的主观评价。例如，他认为废除死刑是不公正的，因为在这种情形下立法者的出发点，确切地说是政治考虑，忽视了被害人的利益以及人民的法律意识，人民的法律意识恰巧与个人观点相吻合。可以和这样的人进行争论，但是不能不考虑他所提出的理由，因为，事实上持有这种观点的是相当大数量的社会成员。

与此同时，还有一些道德规范可能得到了更广泛的认可，任何一个健全理智的人都不敢反对它们。因此，如果想让死刑的支持者确信废除这一刑罚的公正性，除了其他证据之外，还应当援引保障公正的人道主义原则。

160　　因此，立法者在对法律中的某一行为确定刑罚的种类和尺度的时候，应当基于的正是在社会中得到普遍认可的道德规范，甚至是在这些道德规范与立法者对公正的理解相矛盾的情况下。否则，人们在实践中、在现实生活中就会遇到不公正的刑罚，遇到相应的否定的后果。如果认为只有上帝是公正的，他可以认识到人的隐秘的想法、内在的动机和所有人类行为的原因，这一点今天我们当然也不能认识，那么这也就意味着，立法者不能确定理想的公正的刑罚，因为他不具备上帝那样的才能。因此，在刑罚与犯罪之间不可能有完全理想的平等。这在原则上是不可能的，不论是在道德上，还是在法律上。

但是这绝不意味着，以立法者为代表的国家在选择刑种和刑度实现自己的政治目的时可以违反任何正义，这种情况在许多国家的历史中都能遇到。公正的报应，即犯罪与刑罚之间的可见的平等应当是立法者无权逾越的一条界线。例如，国家权力机关对未批准进行的集会、会议规定了刑罚，这毫无疑问，恰好就违反了行为和刑罚之间的公正的界线，因为立法者的决定没有以确定的、并基于牢固树立的道德标准的、对违法行为的社会危害性程度的评价为根据。

在对一定的行为作出判处这样或那样的刑罚决定时，立法者明白，在违反法律的情况下作为必要和理性结果不得不遭受一定的痛苦或道德磨难和限制。立法者的行为是不道德的，如果他事先知道这些痛苦与行为不相当，也就是说报应没有为法和公正服务。显而易见且毫无争议的是，法律越是重要，确切地说，犯罪行为所侵害的保护客体越重要，犯罪本身就越重要。侵害客体的重要性和价值决定了刑罚的严厉程度。但哪个客体更为重要呢？

这个概念是相对的，因为它是国家权力机关本身的特权，即这是每个国家的个别化的观点。这是完全公正和正确的，因为每个民族都有自己对道德价值进行评价的标准和对这样或那样的价值的重要性的认识。因此，每个民族都有对这样或那样的犯罪的严重程度的不同看法。也就意味着，不同民族对同样犯罪的刑罚通常是不同的。当然，在苏联政权时期，对盗窃国家和公共财产规定死刑是完全无意义的、不公正的和不道德的。在这种情况下，国家在规定这一刑罚措施时，出发点不是道德规范、人道主义原则和公正的思想，而是意识形态和对打击犯罪的刑事政策的虚假认识。行为的严重程度在每个时代都是由立法者考虑占统治地位的权力机关的利益，依照个人在社会中的地位及其利益确定的。因此，不可能构建适用于所有时代和民族的刑罚体系，如同在不同民族的不同历史时期不能认为这样或那样的行为是犯罪行为一样。因此，构建理想的刑罚体系以及理想的具体的刑罚，不管就形式而言，还是就内容而言，都是不可能的。刑种和刑度逐渐被修订，因为每个时代都提出了自己对犯罪行为意义进行评价的标准。例如，今天中世纪的刑罚为我们所批判，并且被认为是与人道主义原则不相容的，虽然从当时立法者的角度来看是合理的。在这一方面没有什么大惊小怪的，因为每个时代都制定自己的刑罚以及对犯罪表现的应对措施，这些措施对下个时代来说可能是不令人满意的、不合理的。

那什么是公正？公正对刑罚有什么意义呢？公正思想，作为人的道德意识和社会本质的表现之一，产生于人类社会发展的一定阶段，因此具有历史性。别列别什金娜（З. А. Беребешкина）指出："公正作为具有具体历史特征的价值、思想、标尺、规范，产生在人类社会发展的一定阶段。"[1]

---

[1] Беребешкина З. А. Справедливость как социально – философская категория. М. , 1983. С. 30.

令人惊奇的是，时至今日围绕公正的概念仍然争论不休，虽然这一伦理范畴具有非常悠久的历史。康德说过："自然纯朴的人很早就具有了公正感，但很晚才获得或永远没有获得公正的概念。"[1] 然而，这永远不妨碍其对公正和非公正进行区分。瑞典法学理论家艾克洛夫（Экелоф）说过："公正的一般概念与关于上帝的概念类似——大家都在谈论上帝，可谁也不知道这究竟是什么。"[2]

公正作为道德范畴，与道德一样，整体上无一例外地适用于社会生活的所有领域。在伦理学说历史中，公正经常被看作道德意识和要求的措施。

这种理解原则上是正确的。难怪公正的象征物是天平。拉法格（П. Лафарг）指出："以打还打、同等补偿所造成的损失、在分配粮食和土地时份额平等——这是早期人类可以理解的唯一的公正的概念，即毕达哥拉斯信徒在不破坏天平的平衡这个公理中表达的概念。"[3]

自古以来，关于真理的概念与平等原则联系在一起。公正是所有人都同样拥有的。这一原则从人性的属性和实质中推导出来，"所有人都是理性自由的存在，所有人都是根据上帝的形象和类似物打造的，因此是相互平等的。承认这一

163

---

〔1〕 Кант И. Соч. М. : Наука, 1964. Т. 2. С. 196.

〔2〕 См. : Бондесон У. Концепция справедливости в представлениях населения и судей // Криминология и уголовная политика. М. , 1985. С. 44.

〔3〕 Лафарг П. Соч. Т. Ⅲ. М. ; Л. , 1931. С. 82.

根本性的平等是真理的最高要求，从这种观点来说，真理获得了平均真理的名称"。[1]

所有时期的哲学家和学者，从孔子、柏拉图、亚里士多德、罗马法学家开始，到现代的学者，公正现象的实质都是在法哲学的语境中考察的，包括：①所有人在相同条件下的平等；②行为与报应之间的相互联系；③得与失之间的平衡。所有人都承认，公正是法的基础和指导原则，并且认为其实质是"对每个人应有的报应"。这意味着，对所实施的犯罪行为的刑罚应当符合公正原则，不管是在刑事法律层面，即在刑事制裁中，还是在处刑时的执法活动中。在《箴言》中说道："两样的砝码，两样的升斗，都为耶和华所憎恶。"

用亚里士多德的话来说，公正首先是符合法律的东西。如果法律本身就不公正呢？因为立法者可以根据自己的裁量，为自己的目的对任何行为规定任何刑罚。如已指出的，苏联政权时期在各共和国的所有法典中对盗窃金额超过 1 万卢布的行为都规定了死刑——未必可以说这种法律是公正的。因此，不能同意戈布斯（T. Гоббс）的观点，他认为公正性的唯一标尺是法律本身，法律不管规定了什么规范，都是公正的。

古希腊人独有一种服从国家法律的道德责任感，甚至是

---

[1] Чичерин Б. Н. Философия права. С. 96.

在他们认为国家法律不正确或不道德的情况下。众所周知，苏格拉底自愿服毒，即使他意识到对自己的判决是不公正的：他认为，服从国家法律是公民的道德义务。古希腊的哲学家安蒂丰（Антифонт）说："公正性在于不违反公民所在国家的法律。"[1]　相反，古犹太人只有在国家法律不违背上帝法律的情况下才神圣地相信必须服从国家法律。对高加索人来说，习俗发挥着特殊作用。因此经常出现的情况是，人们遵循的不是法律，而是习俗。可以理解的是，法律不能是绝对公正的，因为公正要求对人的最大化个别对待，而法律不能考虑对道德上的应然态度有意义的所有个人因素[2]

每个社会都有自身被视为规范的生活水平和不允许超越的界线。也就意味着，每个社会的法律也存在实质上的不同，是作为符合公正原则的规范获得通过。

关于刑罚公正性的概念的形成取决于一个民族的历史发展、习俗和传统等。

古代中国的哲学家墨子说过："在古代，人刚出现的时候没有刑罚，并且那个时候每个人都有自己对公正的理解。一个人有一种理解，两个人有两种理解，十个人就有十种理解。人越来越多，对公正的理解就越来越多。每个人都认为 165 自己的观点是正确的并且反驳别人的观点，结果是人与人之

〔1〕　См.：Правовая мысль：Антология. С. 75.
〔2〕　См.：Романец Ю. В. Указ. соч. С. 237.

间存在着强烈的敌对。"[1] 人类总是试图给出普遍接受的公正概念。当然，总是试图解决这一问题的首先是哲学家。

在哲学文献中，公正既被界定为构成美德实质的高尚，也被界定为认同现实、法律面前人人平等、报应与行为相当等。但是，如何确定终身剥夺自由刑比死刑更公正？挪威法律规定的对故意杀死七十人以上判处 21 年剥夺自由这样的刑罚是否公正？亚洲和东方一些国家规定的对故意杀害或强奸一人判处死刑是否公正？

每个社会都从道德原则、心态、习俗以及犯罪状况出发，将刑罚理解为公正。用德谟克利特的话说，每个国家都为了"共同的利益"认为必须严厉惩罚违反公正的行为。"应当不惜一切代价消除那些造成损害和压制公正的行为。在任何国家制度中，这样做的人都会比不这样做的人更快地保持精神的安宁、权利、勇气和财富。"[2]

正是因为缺乏统一的公正概念，实际上不可能确定刑罚是否与所实施的行为相当。对挪威的立法者来说，对杀死七十多人的恐怖分子判处 21 年剥夺自由，将其关押在设施齐全的两室牢房中，从现有刑事立法的角度来说是公正的。但是这并不意味着，从全世界的角度来说和从挪威人自身法律意识的角度来说，这种刑罚是公正的。

欧洲人认为，某些国家的刑事法律，其中也包括中亚国

〔1〕 См.：Правовая мысль：Антология. С. 44.

〔2〕 См.：Материалисты Древней Греции. М.，1955. С. 170.

家，对强奸未成年人规定的死刑是不公正的刑罚，并且否定地评价这些民族广义上的发展水平。但这是欧洲人对公正的理解，而这些国家的人们及其立法者却认为对这种行为所实施的刑罚是完全公正的。

任何犯罪行为都应当受到惩罚，任何惩罚都应当是公正的，这一点从古代就是明确的，因为所有有思想的人都理解公正的刑罚对社会、对犯罪人本人的益处。否则，刑罚就会失去自己的本质。但是如何平衡犯罪和刑罚，使刑罚既不过于宽容，也不过度严厉，从而严格地遵循报应公正原则呢？弗兰克（А. Франк）写道："只要刑罚超过或没有到达应当从我们敌人身上切下来的肉的数量，只要刑罚的执行不极为精准，根据无条件平等的要求，必要时刑罚就成为不公正和恣意妄为。"[1]

在几千年的历史当中，思想家试图找到公正和适当报应的秘籍。柏拉图就说到公正的刑罚是必要的，不论是在量刑时还是在处刑时。

贝卡利亚的著作问世一百年后形成了刑事古典学派，其代表人物的出发点是：刑罚应当是必定的，并且是对犯罪的公正的报应。19世纪，英国法学家和经济学家边沁发展了刑罚的功利理论，提出了确定和适用刑罚的三个条件：①刑罚不应当适用，如果不能够防止犯罪带来的损害；②刑罚不应

167

---

〔1〕 Франк А. Философия уголовного права. СПб., 1868. С. 133.

当过于昂贵，即不超过犯罪人所造成的损害；③刑罚不需要，如果犯罪所造成的损害不是通过刑罚，而是通过其他更为便宜的方式被防止。

李斯特认为，"在确定法律和判决中的刑种和刑度时，应当更为关注行为人的内在状况，而不是行为的外部后果"[1]。这样，对古典学派来说，刑罚措施的尺度是行为的后果，而对实证学派来说，是个体的内在状况。

根据当代法学家哈乌罗纽克（H. Хавронюк）的观点，要想让刑罚实际上具有最大的正义性和最大程度地与犯罪对等，必须：①制定并通过对刑事统计的总体要求；②进行问卷调查，官方的统计数据尽管可能非常完善，但一定要用对民众进行的犯罪被害人调查数据做补充；③刑事法律的数学方法；④专家参与刑事诉讼。作者得出结论认为，"制裁的严厉（轻缓）程度的标准应当首先是行为在现实层面的社会危险性"[2]。

我们认为，要想让刑罚成为对行为的公正的报应，刑罚就应当符合下列基本要求：

168　　第一，刑罚应当符合并取决于这个或那个民族的道德、宗教、历史、文化准则。

---

〔1〕 List F. Strafrechtliche Aufsätre u Vorträge. B. Ⅱ. S. 377.

〔2〕 Хавронюк Н. Каким должно быть уголовное наказание, или Почему юриспруденция отстает от физики？// Материалы Научно - практической конференции в Пекине. 2012 г. 1 – 3 дек. С. 14 – 15.

第二，刑罚应当与犯罪行为中所包含的恶相当。这些条件对立法者在法律创制活动中构建和确定刑罚具有原则意义。

第三，刑罚应当与处刑的司法活动有关。在刑罚实际实施的这个阶段，注意力应当优先集中于犯罪人的个人，即犯罪主体、其特点、内在状态应在实施公正的刑罚时发挥重要作用。

如果作为原则的公正在立法者量刑时具有基础意义，则作为伦理和哲学范畴的人道主义在处刑和执行的过程中是必需的。人道主义作为执法活动的原则应当首先具有来自人道主义一般理论的内容。

人道主义原则的基础之一是承认人的绝对价值。因此，有关人及其更有利发展的一切都是由"人道主义的"（拉丁文：人性的、人的）一般概念确定。"人道主义是道德立场，表现了对人作为个体的价值的认可、对人的尊严的尊重、对作为社会进步目标的人的福利的追求。"[1]

可见，人道主义是社会（国家）与个人之间的关系。因此可以说，人道主义具有双重性。其一面表现在对社会的态度上，在于保护国家、社会和个人利益不受犯罪侵害。对犯罪人的严厉的惩罚措施完全符合以这种方式理解的人道主义。例如，萨尔基索夫（Э. А. Саркисов）指出："保护社会主

169

---

〔1〕 Келина С. Г. , Кудрявцев В. Н. Принципы советского уголовного права. М. , 1988. С. 147.

义社会及所有的苏维埃公民免受犯罪侵害的人道思想要求对待犯罪人要严厉、不妥协，特别是对那些侵害法律所保护的客体的犯罪人。"[1]

人道主义的另外一面指向的是犯罪人，意味着对其个人的人道态度，反对酷刑，考虑减轻情节等。例如，马拉特（Ж. П. Марат）在编制《刑事立法纲要》时，追求的就是"不限制公正，也不限制自由，刑罚既要轻缓又要可靠，既要人道又要保障公民社会的安全"。[2] 贝卡利亚写道："……应当仅仅使用能对人的精神产生重大影响并且对犯罪人的身体产生较少痛苦的刑罚。"[3]

如卡尔佩茨所指出的，为了保护社会免受危险的犯罪侵害而对犯罪人进行严厉的惩罚不是对社会的人道主义，而是被迫偏离贯彻这一原则的一致性。[4]

这种立场将人道主义的实质归结为其中的一面，即对待犯罪人的人道性上。在公认的意义上，"人道主义"这一术语意味着承认人作为个人的价值、认定作为社会关系评价标准的人的福利。因此，人道主义只能涉及具体的人，并且在现代意义上理解为富有人性和仁慈。通过给具体的人造成损

---

〔1〕 Саркисов Э. А. Гуманизм в советском уголовном праве. Минск, 1968. С. 23.

〔2〕 Марат Ж. П. Избр. произв. М. , 1956. Т. 1. С. 213.

〔3〕 Беккариа Ч. О преступлениях и наказаниях. М. , 1939. С. 244.

〔4〕 Карпец И. И. Наказание: Социальные, правовые и криминологические проблемы. М. , 1973. С. 87.

害来保护社会利益，即便这非常必要且符合社会利益，也不能被认为是人道主义，因为损害和人道主义是两个不相容的概念。

刑法中的人道主义原则只与犯罪人的个人有关，并且在于对犯罪人的人道态度。这样，自然而然就产生了一个问题：是否可以将人道主义归结为犯罪人应当被判处最低刑？ 170

戈列里克（А. С. Горелик）指出："在可能判处的刑种当中，即便是最轻缓的刑罚，在很大程度上也只能象征性地被称为人道主义。任何刑罚都是惩罚，而惩罚与人道主义是正好相反的概念。刑罚不能是更人道的或不太人道的；准确地说，是更不人道的或不太不人道的刑罚，即不是达到人道主义的程度，而是偏离人道主义的程度，在使用这一术语时应当注意这一点。"[1]

这样一来，在考虑到犯罪人的个人特点解释具体的刑罚是否与所实施的犯罪行为相当时，人道主义原则是必需的。因此，人道主义可以被视为实现公正的手段。立法者和法官对公正和人道主义的刑法范畴的理解具有重要意义。自然，这种理解不应当脱离哲学中的公正和人道性概念，更不用说与其违背了。

在确信人的活动、行为正确的时候，公正就是对行为和活动进行评价的尺度，特别是对于法官而言。一个确信对犯

---

〔1〕 Горелик А. С. Наказание по совокупности преступлений и приговоров. Красноярск: Изд – во Красноярск. ун – та, 1991. С. 83.

罪评价正确的法官，应当直接且勇敢地通过人道主义捍卫刑罚的公正，忘掉自己，无视胆怯的说明和有歧义的暗示，只关心真理，而不理会人们对他的评价。必须注意的还有，刑罚公正性的必要条件是法官的不可贿买和无私性。如西塞罗所说的，"为所作出的判决接受金钱是犯罪，因判处某人无罪向其收钱而判罪，就更是犯罪了"。德谟克利特指出："可以被贿买的人不可能是公正的。"培根进一步明确了这一思想："法官应该知识更为丰富，而不是巧言善辩，更加尊重证据而不是技巧娴熟，更谨慎而不是自信。但是，他们最主要的品德是不受贿买。"[1]

如果问题的解决取决于犯罪人的个人特点，则离开公正和人道的范畴是不可能的。由于人具有与众不同的多样性特征，所以不能以规范规定的清楚标准的形式来阐述这些特征。因此，在适用这种规范时，公正和人道主义的道德范畴具有重要意义，在对个人的性格和危险程度进行评价时，应当基于这些内容。在这些规范当中，居于首位的是处刑规则。

在审判中适用刑罚时，主观主义是不可避免的。因此，我们会遇到法官的内心确信和法官的自由裁量，这些问题表明的是法官认为自己所判处的刑罚最公正、最个别化，不引起任何怀疑的心理与意识状态。内心确信这种状态不是因一时的印象而产生的，而是在分析犯罪的社会危害程度和性

---

〔1〕 Бэкон Ф. Соч. Т. 2. М., 1978. С. 473.

质、犯罪的个人、减轻和加重刑罚情节的基础上形成的。我国的审判实践表明，对性质和危害程度相同的犯罪法官们经常从个人裁量出发，判处不同的刑种和刑期。那法官的裁量权是什么呢？

巴拉克（А. Барак）将法官裁量权界定为"法律赋予法官的、在法定刑种中进行选择的权力"。在此情况下，它"不是情绪状态，也不是智力状态。确切地说，是法官可以自由作出选择的法律条件"[1] 未必可以同意这一观点，因为选择这样或那样的具体刑种的法律条件是由法律规定的。而这意味着，法官不能走出这些条件的框架，而在法律条件的范围内，他不能作出公正的判决。172

法官裁量权，确切地说，是法官作出这样或那样的判决所依据的道德、实践、心理、教育条件的总和。因此，判决的正确性取决于法官上述品质的发展水平。当然，在此情况下，除了职业品质之外，法官用全人类的范畴进行思考的能力具有重大意义。

由此出发，我们认为，法官裁量是量刑时法官对作出公正判决的内心确信。可以理解的是，法官裁量不应当是无限度的。这里说的正是裁量的最佳模式。无论有些学者如何反对法官裁量权，需要承认的是，但凡有权力的地方总是存在根据执法者的裁量进行选择的可能性。

---

[1] Барак А. Судейское усмотрение. М., 1999. С. 13 – 14.

在这一意义上，我们同意纳日莫夫（В. П. Нажимов）的担忧。他警告说："诉讼参加人，特别是被审判人和辩护人，在法官选择具体的刑罚措施的裁量方面是不受保护的。法官可以在这一问题上加入任何主观因素，如心情抑郁、对被审判人的直觉的厌恶等。"[1] 似乎，这取决于法官的个人品质，而非法官裁量的界限。我们不相信，法官个人裁量的范围越小，所作出判决的合法性和正确性就越有保障。因此，问题不在于是否应当放弃法官的裁量权，而在于这种裁量的界限。

毫无疑问的是，除了必要的前提之外，形成合理的内心确信的要素是脑力活动，表现在思考、对比、权衡某些证据、全面批评地评价可能的判决模式，然后审核所有结论的正确性，最后确定作为判决基础的资料之间的逻辑关系和因果关系。[2]

合理的内心确信的前提在于，法官将头脑中形成的刑种和刑度的"方案"作为意识中形成的模式，在此基础上进行自我监督。自我监督的更重要的因素是怀疑。每个法官在选择刑种和刑度的时候都要依据自己的道德原则。在此情况下必须指出的是，在公正和合理的处刑过程中发挥极其重要作用的是法官的哲学、法学、人类观点体系。政治和意识形态原则应当为法官所摒弃。

---

〔1〕 Нажимов В. П. Справедливость наказания – важнейшее условие его эффективности // Вопросы организации суда и осуществление правосудия в СССР. Калининград, 1973. Т. 2. С. 3.

〔2〕 Надь Л. Приговор в уголовном процессе. М., 1982. С. 92.

这样一来，法律为适用法律的机关或公职人员的裁量留下了一定的界限，以便他可以作出正确的、基于公正和人道主义原则的判决。例如，在安拉的使者穆罕默德和在也门被任命为法官的毛斯（Mayз）之间进行了下面的对话。"你将根据什么审判呢？"穆罕默德问道。毛斯回答："根据真主的圣书。""如果你找不到呢？"先知问。"根据真主的使者的逊奈。"毛斯说。"那如果那里也找不到呢？""那就根据自己的观点来审判，不遗余力地寻找正确的决定。""赞美真主吧，是他教导你走上令他满意的道路！"先知感叹道。

第二节　刑罚的内容与属性

一、刑罚的内容

在法律文献中，只有为数不多的学者采用"刑罚的实质"这一概念作为与"刑罚的内容"相区别的概念。其他学者或者赋予这些概念相同的意义，或者使用其中一个。我们列举几个关于刑罚实质概念的观点。

革命前的俄国犯罪学家认为，刑罚的实质是给犯罪人造成痛苦。[1] 例如，谢尔基耶夫斯基（Н. Д. Сергиевский）认为

---

〔1〕 См.：Таганцев Н. С. Русское уголовное право. Лекции. Часть Общая. С. 91–93；Спасович В. Д. Учебник уголовного права. Т. 1. Вып. 2. СПб.，1863. С. 180；Познышев С. В. Основные вопросы учения о наказнии. М.，1904. С. 335.

刑罚的实质是判刑和谴责,这两方面表现为"某种身体或精神损害的形式"。[1] 而苏联学者奥西波夫 (П. П. Осипов) 指出了包含教育内容的刑罚的双重实质性。[2] 塔尔汉诺夫 (И. А. Тарханов) 将刑罚的实质界定为"表现在权力限制中的国家对犯罪行为和犯罪人的谴责"。[3] 相当常见的是将刑罚的实质看作惩治。[4]

事实上,揭示刑罚的真正实质,对其进行清楚的界定,将其与逻辑和历史上近似的惩治现象加以区分,是复杂的任务。为证实这一说法,引用克利莫夫的话是恰当的:"法的实质与内容的割裂没有任何理由:不仅法的内容,而且法的实质,都是客观范畴,并且以主观反映表现在法律中。"[5]

与实质不同的是,刑罚的内容是不稳定的、动摇的、变化的。刑罚的内容所特有的是经常发展变化,这种发展直接反映着社会的物质生活、精神生活和社会政治生活的运动和变化。因此,将刑罚的实质与内容等同是不允许的,因为刑罚的实质是比内容范畴更深刻的、更一般性的范畴。刑罚的

175

---

〔1〕 Сергиевский Н. Д. Русское уголовное право. Часть Общая. Пособия к лекциям. Ⅱ изд. , 1915. С. 84.

〔2〕 См. : Осипов П. П. Теоретические основы построения и применения уголовно - правовых санкций. Л. , 1976. С. 68.

〔3〕 Тарханов И. А. Замена наказания по советскому уголовному праву. Казань, 1982. С. 9.

〔4〕 См. : Учение о наказании в уголовном праве России. М. , 2011. С. 58;Наташев А. Е. , Стручков Н. А. Основы теории исправительно - трудового прва. С. 17.

〔5〕 Керимов Д. А. Методология права. С. 167.

实质作为基础，是现象；而刑罚的内容是刑罚本质的大量的和各种不同的表现形式。

实质揭示的是刑罚的内在性质，而刑罚的内容在刑法制裁中具体表现着这一实质这样或那样的剥夺和痛苦。因此，刑罚的内容局限于惩治，具有惩治的所有属性和特征等。根据刑罚的内容可以确定，在现实生活中国家意志通过什么手段和方法体现刑罚的实质。由此可以得出，国家权力机关不能影响具有客观和不变性的刑罚的实质，而广义上取决于社会发展水平的刑罚的内容却经常变化。

惩治不是刑罚的目的，而是刑罚的内容。惩治是刑罚客观上所特有的，并且不取决于可以合理使用这一手段或为个人目的滥用这一手段的立法者。认识刑罚的惩治内容是复杂的，这不仅与科学中对确定惩治在刑罚中的地位的立场不同有关，而且也与学者们对惩治本身的性质的观点不同有关。

例如，乌捷夫斯基（Б. С. Утевский）将惩治界定为强制。[1] 176 尼基弗罗夫（Б. С. Никифоров）批评了对惩治的这种理解，认为惩治要求痛苦。[2] 由此可见，他认为惩治不仅是一般的强制，也是强制人遭受痛苦，而且是与实施犯罪相当的痛苦。

----

〔1〕 Утевский Б. С. Вопросы теории исправительно – трудового прва и практика ее применения // Материалы теоретической конференции по вопросам советского исправительно – трудового права. М. , 1957. С. 37.

〔2〕 Материалы теоретической конференции по вопросам советского исправительно – трудового права. С. 128.

　　诺依也确定了自己对惩治概念的态度："惩治是以引起痛苦为目的的强制。只有这种对惩治的理解才能使我们实际上将其与刑罚中的其他非惩治性强制措施加以区分。"[1]

　　波鲁宾斯卡娅（С. В. Полубинская）认为，惩治是刑罚的实质，是刑罚的不可分离的属性。这一意义上的惩治在于剥夺被判刑人重新犯罪的可能性。在这种理解上，惩治是通过刑罚实现预防犯罪目的的必要前提。[2]

　　最后，杜尤诺夫（В. К. Дуюнов）认为："惩治总是体现为审判、谴责犯罪人所实施的行为这样的反应，不管这一概念是在社会生活的哪个领域使用。"[3]

　　与"刑罚"概念不同的是，在许多语言中，不管是在欧洲语言还是在东方语言中，都没有符合"惩治"概念的特殊的词语。在俄语中，"惩治"这个词还是具有特殊的色彩。达里（Даль）认为，惩治不仅仅是一般的刑罚，而且还包含严厉的刑罚和死刑。刑罚正是由于这种惩治属性而与其他国家强制措施有所区别。因此，不但犯罪具有不同的社会危害性，而且刑罚在惩治的程度上也存在质和量的区别。

177

　　惩治的具体表现构成了这样或那样的刑种的内容。在分析刑罚体系时不能不看到，其中包括各种各样的刑种，这些

〔1〕 Ной И. С. Сущность и функции уголовного наказания... С. 31.

〔2〕 Полубинская С. В. К вопросу о целях наказания. Проблемы усовершенствования уголовного закона. М., 1984. С. 100.

〔3〕 Дуюнов В. К. Наказание в уголовном праве России – принуждение или кара? С. 65.

刑种在具有同一实质的情况下彼此不同。这证明，与刑罚的实质不同，刑罚的内容可以相对快速地发生变化。立法者可以通过规定其具体刑罚组成中的惩治"剂量"来对其内容施加影响。例如，剥夺自由刑中惩治的"剂量"在数量上与罚金的惩治"剂量"不同。这也是完全自然的，因为在一些情形下，要实现目的必须有更大的惩治"剂量"，而在另外一些情形下，则需要最小的惩治"剂量"。

刑罚在实现惩治内容的过程中给被判刑人造成一定的痛苦。正是这种属性，是作为刑罚内容要素的惩治的必要特征。同时应当强调的是，痛苦不是刑罚的目的，而是惩治的属性，即惩治的不可分割的本质、特点和品质。精神痛苦应当与身体痛苦相结合，这是完全公正的，因为实施犯罪这个行为本身已经让犯罪人名誉扫地。

作为感性生活的事实，刑罚是强制痛苦的活动。否则，刑罚概念就会作为历史旧词从法律词汇中消失。莫科林斯基写道："应当从刑罚中去除这一典型特点——预先造成痛苦，或者提出，这种措施并非例外，而是通常都不能产生要求的效果——任何人都会感觉到，措施已经不符合刑罚的概念，它可以被称为强制感化措施、教育措施、医疗用途措施、歧视措施、隔离措施，但绝对不是刑罚措施。"[1]

与此同时，痛苦和侮辱不应当达到极端，成为没有根据 178

---

〔1〕 Мокринский С. П. Наказание, его цели и предложения. Ч. Ⅰ - Ⅲ. М. , 1902. С. 3.

和无目的的痛苦。同时应当考虑到菲利的警告："我们坚决反对推翻所有的社会公正原则，在这种情况下，监狱会成为与诚实但贫穷的人的住所相比更为方便和舒适的场所。"[1]

在我们看来，痛苦这种概念的现实生活意义，甚至对普通人来说都是一目了然的。但是它具有矛盾的、复杂的内容。在心理学方面，痛苦是与不满足相关的特别感受。在社会层面上，痛苦是排斥、不为他人所承认的结果。根据宗教认识，痛苦是纯粹的宗教学说，不超过宗教的界限，并且不进入日常生活，完全与人和上帝的关系有关，但无论如何不是人与人之间的关系。也就是说，痛苦是对某种崇高的、上帝的、神圣的东西的牺牲。痛苦也可以解释为忍受。在法律层面，痛苦被理解为恶的结果，是犯罪的后果。

痛苦是生物体的极端不愉快的、沉重的或折磨的感受之总和，在这种状态下，他感受到身体和情绪的不舒适、痛苦、紧张、折磨等。可以理解的是，痛苦的原因可以是不同的情形（爱情、疾病等）。这种痛苦不具有国家强制性，即不是强制的痛苦，而是人的自然感觉。

痛苦作为惩治的特征和属性，具有的正是强制性，因为其产生不依赖于人本身的意志，而是特殊条件。因此，与这种痛苦必须加以区分的是犯罪人所体验到的道德痛苦、良心179 的谴责，甚至如果它们是如此巨大，以至于要终止这些痛苦

---

〔1〕 Ферри Э. Указ. соч. С. 270–271.

和谴责他希望自己被诉至司法以忍受痛苦、弥补过失。正是
由于痛苦，行恶的人才应当赎罪，意识到自己行为的错误之
处，理解自由生活是多么令人神往和充满乐趣。

同时应当指出，痛苦是对人的健康构成威胁的状态，能
够导致神经疾病和心理疾病。如果没有惩治，刑罚也就失去
了意义，而没有剥夺、痛苦和限制的惩治是难以想象的。马
里采夫是正确的，他认为："没有惩治要素的纯粹的刑罚是
当今时代的自由主义活动家的梦想，是能够将对犯罪的社会
反应变成微不足道行为的幻想。"[1]

因此，如果排除刑罚的惩治，即痛苦、困苦等，则这个
现象（刑罚）就不与刑罚的概念相一致。原则上，即使努力
这样做，也是无益的，因为惩治是刑罚的客观属性，离开惩
治，刑罚就不能存在。上帝惩罚的思想从基础上影响了关于
惩罚的刑法认识。根据宗教信条，通过纯粹理性的途径进行
忏悔是不可能的、无意义的、没有效果的。这就是为什么宗
教认为真正的忏悔在于痛苦和对犯罪、罪恶的难以忍受的折
磨，这种痛苦以惩治的形式存在于刑罚之中。

在文献中，总是提出关于惩治的教育可能性的问题。例
如，莱弗勒（Леффлер）认为，如果最好的公民自己可以吸收
对国家规定为犯罪的大多数行为的某种厌恶，则这种感觉是
社会教育的成果，在这种教育中发挥最重要作用的正是

---

〔1〕 Мальцев Г. В. Указ. соч. С. 524.

刑罚。[1]

180   如果惩治的内容中除了痛苦、困苦等之外，还有教育的因素，则刑罚——除了惩治实质之外——还具有教育属性；也就是说，不仅可以造成痛苦，也可以教育人和再教育人。国家提出的在执行刑罚过程中改造犯罪人的目的，根本不证明在惩治的内容中有教育因素。国家可以提出改造的目的，但不是向刑罚提出，而是对执行刑罚的机关提出，这是不同的。

可以理解的是，在执行刑罚的过程中仅仅通过惩罚措施不可能对被判刑人产生积极的作用。因为惩治，即造成痛苦、进行限制，简言之，对被判刑人的个人利益造成损失，不能被看作教育手段。

不能强制一个人爱国、尊重他人财产、对亲人充满爱，同样，通过刑罚不能改造或完善人的内在世界，因为刑罚是强制，不是说服。因此，在改造和再教育人包括犯罪人的事业中，寄希望于刑罚是大错特错的。刑罚不能解决改造人的内在品质和属性方面的问题。

惩治不教育人，它压制人、威慑人，最多就是培养行为的顺从性[2] 以惩治相威胁不能教育、改变意识、加强道德规范。如果将惩治视为对被判刑人的个性的作用手段，则

---

〔1〕 Леффлер. Der Begriff der Vezantworlichkeit. Mitt. D. I. K. V. VI. S. 388.

〔2〕 Осипов П. П. Теоретические проблемы построения и применения уголовно - правовых санкций. С. 68.

惩治可以促进达到预防目的，而不是教育目的。

这样一来，惩治和教育作用是相对独立的现象，具有不同的法律性质。教育作用的措施不是惩治的内容，而是与其联合在对被判刑人的惩治教育影响的统一过程中，目的是实现预防犯罪。 181

惩治和教育因素在实现既定目的过程中的统一更鲜明地表现在剥夺自由上。他们被纳入一个完整的体系，构成了一个崭新的现象——由惩治和教育因素组成的惩治教育作用。在执行刑罚的过程中解决的是两个相对独立的、同时非常密切的、有机联系的两个任务——实现惩罚因素以及组织教育作用，组织教育作用是与刑罚并行的措施。

还想提醒大家注意一个重要方面：惩治和报应的区别。虽然它们都是刑罚的组成部分，但区别在于，惩治表现在给被惩罚人造成痛苦，而报应是作恶人的一定补偿。这种补偿包含抚平所造成的损害以及清偿损害，因此也恢复受侵害的东西。但是，这种补偿不是对实施犯罪的报复。除此之外，惩治作为刑罚的内容要素是在刑罚的执行过程中实现的，而报应是在判处刑罚的过程中实现的。

二、刑罚的属性

任何活动，其中包括国家活动，都具有一定的目的，否则这一活动就是无意义的。原则上，目的不是刑法范畴，而是哲学范畴。在哲学中，目的是在意识中预料到行为所追求的结果。针对法学而言，"作为哲学范畴的目的是研究法律现象和过程的基础，决定着立法过程、法本身、立法及其实施、法律体系的完善和发展"。[1]

182　　任何目的都是主观的，因为都是由人形成（确定）的，表现在法律中，并且通过人的主观活动得以实现。同时，目的在必要时总是以这样或那样的物质或精神可感知的形式来实现，这种形式是需求实现的结果。黑格尔说过："目的是以最亲密的方式存在于我内部的主观之物，但是它应当也成为客观的，抛弃自己的不足，不再仅仅是主观的。"[2]

应当特别强调的是，刑罚在原则上不追求什么目的，对其就更不能提出目的，因为目的可以由社会即主体考虑到刑罚的客观可能性提出，并将其规定在法律中。因此，刑罚应当被视为实现目的的手段。同时，非常重要的是，目的的应是现实的，并且从刑罚的实质中推导出来，否则它将具有纯粹的宣示性质和无意义性，与刑罚没有任何关系。

当然，国家为实现既定目的可以使用其他手段和方法。但这些手段和方法不是委托给刑罚，而是委托给其他主体。刑法学中的目的是国家追求的、理想的、可期待的结果。国家在将刑罚用作实现目的的特别手段时，提出了什么样的目的呢？

可能这里最有争议的是关于报应和惩治的问题。非常普遍的观点是：报应是刑罚的目的。其一，如我们已指出的，

---

〔1〕　Керимов Д. А. Методология права. С. 270 – 271.

〔2〕　Гегель Г. В. Ф. Соч. Т. Ⅶ. С. 39.

刑罚不追求任何目的。其二，国家本身不能提出报应的目的。报应是刑罚客观性质方面的现象。如上文指出的，报应说明的是刑罚的实质，并且在国家使用这一手段实现其既定目标的过程中得以实现。放弃报应意味着完全放弃刑罚，在183现代条件下这未必可能。报应不可能同时既是刑罚的目的，又是刑罚的实质。

惩治亦是如此，惩治说明的是刑罚的内容，不能作为社会的目的。至于改造目的，则国家自然不会提出这样的目的。但是，刑罚作为实现这一目的的手段发挥着辅助作用，因为在刑罚的内容本身当中没有可以对人产生某种教育作用的教育因素。因此，国家为实现这一目的使用刑罚之外的其他方法和手段。

关于特殊（局部）预防问题，文献中存在两个观点。一些学者认为，局部预防的任务要求在服刑时创造排除被判刑人重新犯罪的特殊条件、教育他们产生排除可以重新犯罪的想法。[1] 这意味着，特殊预防的任务也包括改造目的，在法律中提到它只是支持了对被判刑人的教育作用的必要性。

另外一些学者认为，对特殊预防的这种扩大解释是没有根据的，因为这种解释吸收了改造被判刑人的目的。他们将特殊预防仅仅理解为创造条件排除在服刑时实施犯罪的可

---

〔1〕 Ефимов М. А. Лишение свободы как вид уголовного наказания // Сборник ученых трудов. Вып. 1. Свердловск, 1964. С. 200.

能性。[1]

在实施犯罪的时候，行为人"自行宣告"了自己对社会的危险性。如切尔沃特金（А. С. Червоткин）指出的，作为刑罚目的的犯罪特殊预防的表现之一是阻碍被判刑人实施新的犯罪，这种阻碍不是通过改造人性或者将其排除，而是通过排除实施新罪的可能性和条件，通过创造阻碍犯罪实施的条件来实现。[2]

文献中也存在一种与众不同的观点，根据该观点，刑事法律的特殊预防方针本身不保障刑法监督的有效机制。它不能被诊断，并且需要有丰富的想象才能认为，比如，服刑5年后的人变得更好或对社会更有益，"因为目前用于改造目的的手段都极不完善"。[3]

我们的出发点是，特殊预防的概念属于刑罚执行领域。如果认为，在执行刑罚期间特殊预防作用的目的是不允许被判刑人在服刑期间实施新的犯罪，则应当承认特殊预防仅仅是创造相应的特殊条件，目的是预防在刑罚执行过程中实施犯罪。

这种预防形式是犯罪一般预防的一部分。因此，所谓的

---

〔1〕 Беляев Н. А. Цели наказания и средства... С. 21.

〔2〕 Червоткин А. С. Цель специального предупреждения преступлений и средства ее достижения при применении уголовного наказания // Актуальные вопросы борьбы с преступностью. Томск, 1984. С. 156.

〔3〕 Коробеев А. И., Усс А. В., Голик Ю. В. Уголовно-правовая политика: тенденции и перспективы. Красноярск, 1991. С. 139–141.

"特殊预防"仅仅是通过刑罚实现主要和唯一目的——预防犯罪——的条件。由此出发，笔者认为正确的做法是用"预防犯罪的特殊条件"来取代"特殊预防"的概念。

后苏联国家的现代刑事立法将刑罚的目的之一首先规定 185 为恢复社会公正，然后才是其他目的。

费利莫诺夫（В. Д. Филимонов）将"惩治目的的变体"作为"恢复社会公正"目的的基础。[1] 杜尤诺夫也持有同样的观点，他指出："在立法上将刑罚的目的宣布为恢复社会公正是立法者正式承认惩治为刑罚目的之一，虽然是以这样一种模糊和改良的形式。"[2]

应当指出的是，早在 20 世纪 60 年代，别里亚耶夫（Н. А. Беляев）教授就论述过作为刑罚目的的恢复社会公正。笔者认为，立法者的这种立场不能得到支持，理由有以下三点。

第一，社会公正不是法学范畴，不是法律范畴，而是哲学范畴、伦理范畴。因此在法律中宣布只具有宣示性质，也就意味着没有确定性。那为什么不在法律中规定社会的目的之一是消灭犯罪呢？

第二，刑事立法不揭示"恢复社会公正"这个概念本身。这个概念具有评价性。

第三，恢复社会公正的目的可以不通过刑罚，而通过国

---

〔1〕 См.：Новое уголовное право России. Общая часть. М.，1996. С. 96.

〔2〕 Дуюнов В. К. Указ. соч. С. 152.

家的社会政策来实现。社会公正问题远远超出了刑罚的范畴。如果立法者将恢复社会公正理解为，考虑犯罪的严重程度、犯罪情节和犯罪人个人，对实施犯罪的人判处相应的公正的刑罚，则最好使用"公正报应"这个概念。

186　　虽然公正被评价和理解为伦理范畴，在"公正报应"这一概念中对公正可以从法律上加以考察和说明。此外，其特征和标准应当具有刑法性。诸如"公正"、"人道主义"这样的范畴，应当被立法者用以构建和判处刑罚的原则，而不是刑罚的目的。

　　这样，国家追求预防犯罪的表现。为实现这一目的而使用各种形式、方法、方式和手段，其中之一便是刑罚。这是以何种形式进行的呢？换言之，国家作为刑罚权的主体是以何种方式使用这一特殊的手段来实现既定目的的？

　　这全部过程可以区分为彼此互相联系、互相依赖的三个阶段：确定和通过某些刑种和整体上的刑罚体系，对具体的犯罪处刑和执行刑罚。这样一来，刑罚作为预防作用的手段表现在两个方面，虽然是由三个阶段组成的。刑罚用于对民众意识的一般影响，作为预防和威慑措施发挥作用，同时对具体人而言它是抑制实施新犯罪的预先警告。这意味着，通过刑罚预防犯罪是可能的，不管是以对犯罪的心理抵抗的形式，还是以在一定阶段从身体上抑制犯罪活动的形式。

　　从法律生效之时起，刑罚的预防威慑作用就开始实现。它已经"处于工作状态"，完成要求的任务。因此，我们不能同意这种观点：刑罚在开始的时候，即在通过之后，是作为一个无面孔的威胁在发挥作用。[1]

　　刑罚的预防威慑作用体现在两个方面。刑罚对人的意识产生一般影响，作为预防措施发挥作用，即刑罚似乎是提醒人们自己的存在、自己的"工作"，但是以足够温和的方式。同时，它告知民众在不服从法律和实施犯罪的情况下会以什么相威胁。这是刑罚威慑作用的实现，是客观的，不取决于国家的意愿。在此情形下，威慑是以对犯罪的心理抵抗的形式进行的，而非以从身体上抑制犯罪意图的形式。

　　借助于预防属性，刑罚对人的智力方面、对其意识中固定的联想产生影响，在犯罪与刑罚之间建立稳定的联系。刑罚通过威慑作用于人的心理，使其产生恐惧感，迫使他让自己的行为与规定的要求相符合。在这一意义上，刑罚要求对民众产生心理作用。那么，是社会的哪部分人呢？根据费尔巴哈的理论，刑罚指向的不是全社会，而是可能的、潜在的犯罪人，强制作为危险个体的他采取更为谨慎的行为方式，或者有意识地放弃犯罪。但是，如何确定可能的犯罪人？假如有这种可能的话，则可以在犯罪之前就将其与社会隔离。

　　刑罚威胁指向的是全社会，目的是预防犯罪。有一种观点认为，以刑罚进行威慑会使人变坏，似乎动物的恐惧感在刑罚的抑制动机中发挥主要作用。也可能是这样，但遗憾的

187

---

　　〔1〕 См.：Коробеев А. И.，Усс А. В.，Голик Ю. В. Уголовно‐правовая политика. С. 157.

是，目前还没有想出更好的抑制手段。

以刑罚相威胁的威慑、镇压性心理作用的基础是对身体和精神痛苦的恐惧。因此，逻辑上，刑罚的减轻，即减少刑罚内容中的惩治的"剂量"以及减少具有更大"剂量"惩治因素的刑种，应当导致精神痛苦的增加而不是身体痛苦的增加。但是，如实践所证明的，恰恰相反，今天因公共谴责而产生的羞耻感在消失，即人们不认为被判刑是耻辱的。因此，精神痛苦也已不再是刑罚威胁的镇压、预防力量的基础。当然，刑罚威胁的心理作用越大，就越符合社会的道德观点。国家、公民社会和文化发展的整体水平越高，个人的自我尊重感越强，刑罚的预防力量就越有效。因此，在提高广义上的国家发展水平时，刑罚的心理作用的重心应从威慑转移到精神压制。

刑罚对民众产生多大影响的问题仍然悬而未决，但未必应当怀疑的是，这种作用很大或者可能很大。因此，社会只能正确和理性地适用刑罚来实现既定目标。

以刑罚进行威慑实际上与推动人实施犯罪的那些品德、需求和意愿相对立，警示其无利可图的后果。沃尔科夫指出："关于刑罚的想法，即便不能消灭犯罪意图，在所有情形下都发挥着反作用刺激的作用，在反作用刺激的背景下，反社会导向的柔性和积极性、主导动机的力量和速度将看得更清楚。"[1]

通过自己的预防和威慑属性，刑罚表达着应当行为的要求。因此，意识到行为的可罚性是意志过程的心理内容的最重要部分，是反社会行为的反动机。由此可以得出，关于刑罚的严厉性的认识，即关于威慑力量的认识，对在实施犯罪时形成抑制效果具有同样重要的意义，也就意味着，在许多情形下它是影响行为方法选择的因素之一。

对立法者来说，记住下列原则性立场非常重要：要想让刑罚发挥抑制实施犯罪的刹车效果，一方面是刑罚不应当过于严厉，另一方面则需要考虑到民众的发展水平，刑罚应当通过必要的威慑方法产生印象深刻的作用。

例如，如果人类的历史经验表明，用死刑或终身监禁这样严厉的刑罚打击故意杀人是无意义的，那么这完全不意味着应当走向另一个极端，认为对这一犯罪的刑罚应当是无根据地判处较轻的刑罚。刑罚就其本质而言应当是理智和合理的。

最近几年经常出版关于刑罚威慑的负面性和否定性的论著，因为对文明国家来说刑罚是不道德的、无效的，因此是使刑罚摆脱"严阵以待"，并且不再将社会置于恐惧之中的时候了。应当指出，这些意见不是新意见，这样的意见总是存在。例如，阿沙芬堡（Г. Ашаффенберг）写道："我们应当

---

〔1〕 Волков Б. С. Мотивы преступлений. Казань，1982. С. 119.

局限于这样的思想，即刑罚的威慑作用不足以成功对抗不断增长的社会危险性。"[1]

对于这个建议，笔者想用贝卡利亚的话来作答："促使我们追求安乐的力量类似重心力，它仅仅受限于它所遇到的阻力。这种力量的结果就是各种各样的人类行为的混合；如果它们相互冲突、互相侵犯，那么我称之为'政治约束'的刑罚就出来阻止恶果的产生，但它不能消灭冲突的原因，因为这种原因是人的不可分割的感觉。立法者像一位灵巧的建筑师，他的责任是排除重力的有害影响，在促进建筑物稳固的地方对其加以利用。"[2]

刑罚的作用和意义绝对不能这样去理解，即威慑作用似乎是通过剥夺个体的利益来促进普遍的福利。因此，这样一个论断是完全不正确的，即出于一般抑制的考虑，刑罚就其实质而言是不公正的，因为如果惩罚一个人的目的是使他人避免实施犯罪行为，则被惩罚的人不是因为他所做的事情痛苦，而是因为其他人以类似方式实施行为的倾向使他痛苦。[3]

社会经常以这样的方式对待人们，以便通过个体的利益促进整体的财富。这在自然灾难、紧急状态等情况下是可能的。但是，不允许社会因为犯罪人处于国家的支配之下而利

---

〔1〕 Ашаффенберг Г. Преступление и борьба с ним. М., 2010. С. 204.

〔2〕 Беккариа Ч. Указ. соч. С. 95.

〔3〕 См.: Buttur and Platt / The Meaning of Punishment // Issues in Criminology. 1966. N 2. P. 79, 93.

用其来减少犯罪。

我们不怀疑这样的论断，即最残忍的法律——用火和剑处死、车轮碾压以及绞刑——都没有消除犯罪。但是我们认为，关于刑罚的想法紧随犯罪的想法在意识中产生后，能够预防、消除或阻却违法行为的实施。当然，刑罚不能百分之百达到这一点。但完全清楚的是，刑罚可以借助于威慑进行一定的抵制。

如安捷涅斯（И. Анденес）所正确指出的："如果没有刑罚的威胁，多少人会实施犯罪，对此我们知之甚少。"[1]

当然，我们都想生活在没有刑罚的社会，但是根据波兰社会活动家莫热夫斯基（А. Ф. Моджевский）的话，"人的恶是如此之大，人是如此无耻并且倾向于犯罪，以至于必须有能够阻止恶行、对恣意设置阻碍和抑制非人道的最严厉的法律。由于事情都具有这种状态，由此可以推导出以下几点：大量的和严厉的法律直观地证明，在该国人们受到了不好的教育，生活不幸福，越来越多地发现自己不好的方面。如果统治者倾向于对此进行阻止，则他们必须颁布更精心制定的法律和更为严厉的刑罚"[2]。

在评价刑罚的威慑作用时，费尔巴哈指出："我想通过法律使盗窃成为不可能，即我相信盗窃的反面的可能性，相

---

〔1〕 Анденес И. Наказание и предупреждение преступлений. М. , 1979. С. 31.

〔2〕 См. : Правовая мысль : Антология. С. 133.

信盗窃是偶然的，小偷是自由的并且可以和进行盗窃一样容易地不盗窃。正是因此，法律处于对自己的愿望无所不能的卑鄙信任中，并且不要求小偷别的，只要求其意识到盗窃被禁止，以便立即判处其绞刑。"[1]

国家规定了一定的行为规则，即禁止实施与社会和个人利益相抵触的行为。"禁止"是人与刑罚相互作用的开始。因此，在"人—以刑罚相威胁"这个体系中具有特殊位置的是对人消化、理解"禁止"本身的能力的评价，由于为了认定其可以对违反禁令即社会规定的秩序进行回应，所以必须弄清的是，他在多大程度上能够理解社会的基础价值和规范的调整作用。为此，他应当拥有接触这些信息的可能性，应当理解什么可以做、什么不可以做。只有在此之后人才能够考虑到它们的存在并且找到相应的解决方法：进行选择时，是作为指导还是将其推翻。

换言之，希望或者意图实施违法行为的人应当弄清"禁止"，并且能对行为本身及其后果进行评价。在此情形下，评价理解在刑事和相关情形下调整行为的规范和价值的能力，并在选择行为方式时加以考虑就足够了。因此，对于承担责任，如果主体意识到自己行为的危害及其对他人的后果，意识到他们违反了刑事法律规范即已完全足够[2]。

---

〔1〕 См.: Там же. С. 277.

〔2〕 Ситковская О. Д. Психология уголовной ответственности. М., 1998. С. 84.

在侵害他人利益或社会利益时，意识到后果的危害性也存在于智力发育水平相对不太高的情形。因此黑格尔的立场是有趣的，他认为，对刑罚来说预见到选择的行为方式的必要后果就足够了，因为只有"预见"到这些才可以被归罪。而且需要意识到行为的"整体性质"，即能够将其与社会所提出的同样应当"知晓"的参照物进行对比。[1]

法律科学传统上的出发点是，刑法要求既意识到刑事可罚行为的事实要件，也要意识到其法律要件。这种立场也符合作为社会关系调整工具的法的一般理论特点，这种工具应当深入人的意识和意志。萨尔尼科夫（В. П. Сальников）的想法是成功的，他认为，参照作为法的原则的基础的道德规范就足够了，其中也包括参照表达这些原则的法律概念，如"犯罪"。[2]

这也使得在缺乏关于具体法律规范信息的条件下，基于对立法的总体方向、功能以及体现在其中的道德要求的理解，有可能作出关于行为合法和非法的决定。禁止的词语之后是规定刑罚的词语。这意味着什么？每个正常的人都能理解。同时，"禁止"使人产生愿望，而关于刑罚的词语应当产生威慑的观念。

---

〔1〕 Пионтковский А. А. Учение Гегеля о праве и государстве и его уголовно - правовая теория. М. , 1993. С. 245 - 249.

〔2〕 Сальников В. П. Социалистическая правовая культура. Саратов, 1989. С. 46 - 47.

根据宗教哲学，支持神圣的官方秩序准则的重要因素和动机是今生或死后不可避免地对某种罪过或过失的刑罚的恐惧。恐惧依赖于对精神不死的坚定信念和死后上帝的审判之处，这种恐惧程度最高。马林诺夫斯基（Б. Малиновский）* 写道："野蛮人遵守自己的禁忌，不是因为害怕刑罚和谴责。他放弃违反禁忌的部分原因在于害怕直接来自于上帝意志或神圣力量作用的负面后果，但主要是因为他个人的责任感和良心不允许他这样做。"[1]

弗洛伊德证实了这一点："禁忌是以某种方式产生的，因不可克服的恐惧而应当被遵循。通过刑罚产生的外来威胁是不需要的，因为对违反禁忌将导致难以忍受的灾难具有内在的信心（良心）。"[2]

194 "神吩咐人说……，只是分别善恶树上的果子，你不可吃，因为你吃的时日必定死。"（《创世纪》第 2 章第 16 – 17 节）在实施罪恶的时候，亚当明白，他违反了禁令，即"上帝的法律"，为此他将受到惩罚。尽管如此，他不能抑制自己。一方面，禁令激发了愿望；另一方面，禁令使他恐惧，因为禁令激发了自由的可能。这就是为什么早期的恶的性质应当通过作为刑罚内容的恐惧的范畴来解释。对人的作用的

---

* 马林诺夫斯基（Malinowski Bronislaw Kaspar, 1884 – 1942 年），英国社会人类学家，功能学派创始人之一。生于波兰，卒于美国。——译者注

〔1〕 Малиновский Б. Магия, наука и религия. URL: http://malinovskii – magia. ofilosofii. ru.

〔2〕 Фрейд З.

威胁使人们产生了对刑罚的恐惧，这样，在许多情形下就会保护自己不去犯罪。这种恐惧的产生，先于可能导致刑罚的违法行为的后果的产生。

哈佛大学坎农（В. Кеннон）教授于 1927 年对情绪生理学进行研究时得出结论认为："恐惧、愤怒、疼痛和饥饿是最基本的感觉，这些感觉完全可以看作是决定人和动物的行为的最强大因素。"[1]

恐惧在产生犯罪愿望的时候就产生了，因为正是从这一刻起出现了自我保护的本能，这个本能是恐惧所依赖的。换言之，恐惧是面临的现实或推测的灾难所决定的内在状态。如心理学家所说，恐惧是对害怕之物的愿望，这是讨人喜欢的反感。一个人违反法律，希望违反，但同时又害怕，因为他记得对此规定了刑罚。

恐惧是异己的力量，这种力量控制着个体，他不能摆脱，也不想摆脱，因为害怕，但他害怕的是他想得到的。这就是为什么所有潜在犯罪人都有一种恐惧感。多次实施犯罪的人即累犯也是如此。因此，这样的论断是绝对没有根据因此是不成立的："所谓的累犯和职业犯罪人的心理是众所周知的：对他们而言，镇压的威胁完全无效是确定的事实。"[2] 捷林斯基（А. Ф. Зелинский）曾经支持过这一立场，

195

---

〔1〕 Кеннон В. Физиология эмоций: телесные изменения при боли, голоде, страхе и ярости. Л. , 1927. С. 15.

〔2〕 Крыленко Н. В. Суд и право в СССР. М. , 1930. Т. 3. С. 68.

他认为，累犯的前提之一是，不但对他人的命运，而且对自己的命运在情绪上都漠不关心，这使得累犯对刑罚的威胁也漠不关心。[1]

只能说恐惧的程度。恐惧感具有本能和生物基础，不仅是人，也是动物所固有的。至于有人根本感觉不到任何恐惧，则应当在这样的意义上理解，即如果亚当是动物的话，在违反禁令的时候，也永远感觉不到恐惧。因此，不具备害怕的能力则证明这个个体或者是动物，或者是天使。依照宗教经典，它们两个没有人那么完善。因此，恐惧是人性完善的表现。

累犯的恐惧感要迟钝一些，但还是存在的。这就是为什么对他们来说实施例行的犯罪没有多大困难，因为刑罚的威胁没有对累犯产生足够的抑制作用。相反，首次实施犯罪的人感觉到极度恐惧，这种恐惧可能使他放弃犯罪意图。如果他确实放弃了犯罪意图，则可以认为这是刑罚作用的结果。

众所周知，女性犯罪比男性犯罪的数量要少得多。在阿塞拜疆，女性犯罪仅占全部犯罪的10%。主要的原因之一在于，恐惧在更大程度上是女人所固有的，因为女性比男性更敏感，对刑罚有着更多的恐惧。因此，人陷入恐惧越深，这个人就越伟大，虽然不是在人们通常理解的意义上，即因人之外的原因而发生恐惧。不，这是在人本身制造恐惧的意义

---

〔1〕 Зелинский А. Ф. Рецидив преступлений（структура, связи, прогнозирование）. Харьков, 1980. С. 44.

上。这个恐惧使他不去实施违法行为，从而对人进行保护。

在分析恐惧的状态及其原因时，心理学家区分出四种恐惧：生物学恐惧、社会恐惧、道德恐惧和分裂恐惧。这种分类方法依据的是产生恐惧的情形的特点。与对生命的直接威胁相关的情形产生生物学恐惧，这是在丧失第一位的生活需求的情形下产生恐惧的最初形式。缺氧状态（如在心脏供血不足的情况下）产生强烈的恐惧感。社会恐惧是在违反与邻近社会群体相互协作的情形下产生的（害怕被亲近的人抛弃、害怕刑罚、害怕老师等）。

从心理学的这一立论出发，对刑罚的恐惧是由人违反相应的公共生活规则而产生的。在此情况下，行为人自然知道对这个行为他应当承担相应的责任。产生对刑罚的恐惧的感受，这种感受伴随着担忧、颤抖、心跳等一些生理反应指标的强烈表现。

恐惧影响着心理过程，其中包括理解力变差，精力难以集中。恐惧对思维的影响是不同的。有些人的反应能力提高；他们能集中精力寻找出路。在这种情形中，打算实施犯罪的人更容易作出这样或那样的决定，即权衡所有的方案，确定犯罪行为的合理性。还有一些人的思维效率变差，即他们不能充分意识到犯罪的后果。因此，刑罚威胁对他们的作用是微弱的。根据纳乌莫夫（А. В. Наумов）的数据，对于"为什么人们不实施犯罪"这个问题，在 400 个受访者中有

197

17.4%的人回答因为害怕刑罚。[1]

一些学者完全否定刑罚的威慑，不寄希望于恐惧的拯救性影响。例如，德里尔写道："恐怖不起作用，且不能总是起作用。秉性差的人很容易产生源于其实质特点的喜好，并且产生沉迷时刻，当危险的认识和恐惧感消失，并且不再起提示作用的时候，他们就很容易一而再、再而三地实施犯罪。必须要使人本身具有内在的抑制因素。"[2]

别赫捷列夫（Б. М. Бехтерев）也反对刑罚的恐惧的作用。他认为，恐惧不能对犯罪的减少产生影响，因为盘算实施犯罪的人首先考虑的是想出办法逃避审判。[3]

然而，有一点是清楚的：只要存在作为社会发展条件表现的刑法，对刑罚的恐惧也就存在，这种恐惧虽然不是一般预防作用的唯一组成，但一定是其固有组成。

在《佛本生经传》中有这样的论述。"聪明的敌人好过愚蠢的朋友，因为聪明的敌人害怕刑罚，所以不杀人。"

在"人—刑罚的威胁"体系中，风险发挥着特殊作用。在语言学中，风险被界定为"希望有好的结局而碰运气"[4]

198　　在心理学上，更为普遍的是将风险解释为情景特点，这在于其结果的不确定性和失败的不良后果的可能性。风险是

---

〔1〕 См.: Наумов А. В. Реализация уголовного права. Волгоград, 183. С. 28.

〔2〕 Дриль Д. А. Указ. соч. С. 75.

〔3〕 Бехтерев Б. М. Указ. соч. С. 716.

〔4〕 Ожегов С. И. Словарь русского языка. М., 1988. С. 848.

决定性因素，保留着潜在的犯罪人所考虑的威胁的效果，因为许多人未逾越法律是因为关于风险的扩大认识抑制了他们。如安捷涅斯所指出的，"甚至普通的健全理智也告诉我们，被谴责和批判的风险程度对于刑罚的预防作用具有首要意义"。[1]

因此，我们致力于通过刑罚的威胁来使人们相信犯罪是不合理的，原因是风险过大。刑事制裁所发出的"信号"，一方面包含着与不服从风险有关的实际信息，另一方面又宣布不服从是恶。

通常，以刑罚相威胁在心理上与对制裁的解释有关，即违法行为中的风险程度。因此，对一般预防作用机制的效果，即对构建有效的刑法制裁，具有极其重要意义的是考虑潜在犯罪人对刑罚威胁的心理态度。潜在犯罪人应当知道实施犯罪时所冒风险是如此之大，刑罚是如此之严厉，以至于他可能因犯罪而失大于得。这就意味着，潜在的犯罪人应当意识到：①风险的大小；②刑罚的严厉程度；③在实施犯罪时的估算。

对潜在犯罪人的心理研究可以得出下列结论：实现刑罚的抑制效果的决定性因素是：①刑罚的不可避免性；②对某些犯罪的刑罚威胁加重。 199

在此情况下，如果第一个因素对所有犯罪都是必然的，

---

[1] Анденес И. Наказание и предупреждение преступлений. М., 1979. С. 69.

则刑罚威胁的加强可能对这样一些潜在犯罪人产生预防效果，这些人由于犯罪的性质特点具有足够的时间和可能在犯罪之前或犯罪过程中，①意识到在犯罪被揭露的情形下等待他的后果，②把从犯罪中所期待的好处与刑罚的威胁进行对比。

这一范畴的潜在犯罪人对刑罚威胁的心理态度的特点是，他们有可能在犯罪之前或在犯罪过程中权衡犯罪带来的好处和对犯罪承担的责任。最终，他们得出结论认为实施犯罪究竟是有利可图还是无利可图。

在该情形下，可以说刑罚的一般预防作用无效。这意味着将对这一犯罪的责任加大到实施犯罪无利可图的程度是合理的。

我们不怀疑，刑罚的作用效果取决于刑罚的严厉程度。如果刑罚不能使潜在的犯罪人产生恐惧，则这意味着刑罚是无意义的。如果人们不害怕违反法律，期待不受罚，则这就证明打击犯罪的刑事政策是软弱的并面临危机。陀思妥耶夫斯基写道："我不想我的话被看作是残酷。但我还是要勇敢地说出来。恕我直言：通过严厉的惩罚、监狱和苦役你们可能拯救其中的一半。改善他们的境遇吧，不要雪上加霜了。我告诉你们，用痛苦来自我清洁要比通过法庭上的大量辩护给许多人导致的命运要轻缓得多。你们向他的心灵灌输的是无耻，留下了诱惑性的问题和对你们的嘲笑。你们不信吗？对你们，对你们的法庭，对全国的法庭。你们向他们的心灵

灌输的是对人民的真理、对上帝的真理的不信任；使他们很
困惑……他走开，心里想着：唉，你看现在怎么样，一点儿　200
也不严厉。其他人也知道了。他们可能害怕。也就是说，下
一次也可能这样。可以理解的是，如果我处于同样的困苦，
怎么能不盗窃呢？"[1]

　　同时，也不能走上另一个极端。应当记住的是，所有使
道德感觉变得迟钝、使犯罪人状况或整个社会恶化的刑罚都
应当被摒弃。雨果（V. 雨果）指出："无情占上风的刑罚，
也就是使理智变得迟钝的刑罚，特点是改变了人，渐渐地通
过某种无意义的改变将其变为野兽。"[2]

　　其一，应当注意的是，刑罚的体系和性质直接取决于社
会本身的状态。社会越不发达，权力越具有绝对性，社会的
刑罚就越严厉和强化。相反亦如此。其二，人的文明程度越
高，其行为中目的动机的意义就越大。因此，如果一个社会
的民众文明程度高，就不需要特别严厉的刑罚。相反亦如
此。其三，国家权力越强大，刑罚就越严厉和残酷。

　　在选择刑种时，立法者应当关注，让刑罚既能保障公正
又能保障适用刑罚的好处。只有具备这种属性的刑罚，立法
者才应当认为是正确的惩治措施并将其纳入刑罚体系。[3]

　　刑罚的主要威慑力量在于其公开性，即刑罚直接作用于

〔1〕　См.：Правовая мысль：Антология. С. 428.

〔2〕　Гюго В. Собр. Соч.：В 15 т. Т. 6. М.，1954. С. 109 – 112.

〔3〕　Бернер А. О смертной казни. СПб.，1865. С. 59.

其他公民。这意味着，人们应当对此知晓。还应当考虑到，同样的刑罚对不同人的行为产生的作用是不同的。实施犯罪的时间越近，刑罚对人的行为的影响就越大。非常轻缓但及时适用的刑罚可以等同于严酷的刑罚。例如，来世的刑罚是遥远的刑罚，因此这种刑罚要想对人的行为产生影响，在所有的宗教经典中都是用额外的恐怖和残酷来补偿。

有这样一类犯罪，其犯罪的主体没有时间在自己的反社会行为的所得与刑罚之间进行权衡。例如，在实施突然发生的流氓行为时，行为人意识到自己在实施反社会行为，但他没有时间和可能去思考等待他的是什么刑罚。这样，刑罚的威胁就不能充分发挥自己的预防功能。因此，要防止此类犯罪，不需要强化刑罚。

制裁，准确地说，其威胁当然可被称为"行为的刺激"，但这是完全另外一种刺激，是自己对行为的态度中的间接的，以情绪、心理、评价和其他因素的综合体为中介的刺激。

威慑的抑制影响绝对不是，如某些学者所认为的那样是普通的现象。非常多的犯罪人在实施犯罪的时候是如此紧张（特别是在首次犯罪的情况下），以至于不能意识到自己行为的后果。其他犯罪人使自己确信能够免受刑罚。

刑罚的任何威胁，其中包括最严厉的威胁都无力于制止行为人实施犯罪的意图，如果行为人不能权衡反社会行为的得与失。因此，刑罚的威胁应当准确地表示在刑法制裁中，以便在潜在犯罪人的意识中对刑罚的恐惧超过与放弃犯罪相关的损失的考虑。每个犯罪想法都来源于对人所期待的实施犯罪后的享受、益处的认识。通常，想实施犯罪的行为人从相应的权衡出发：在一个秤盘中是等待他的好处，而在另一个当中是造成痛苦和磨难等的威胁。因此，如果威胁更强大一些，则希望实施犯罪的人的意志将瘫痪，他就可能放弃犯罪的意图。

报应的威胁因司法机关谴责犯罪人和对其进行惩罚的有效活动而加剧。因此，对具体的行为人适用刑罚的事实，意识到刑罚的现实性和不可避免性是抑制大多数人犯罪的有效手段。刑罚的威慑功能正在于此。这样，威慑的程度直接取决于确信受罚的程度。

从贝卡利亚时代起就公认的是：揭露和刑罚的不可避免性对抑制人们实施犯罪，比惩治措施的严厉性具有更大意义。甚至普通的健全理智也提示，被揭露和被判刑的风险程度对刑罚威胁的预防作用具有首要意义。贝卡利亚写道："对哪怕适度的刑罚的不可避免性的信心，也总是比对其他虽更为严厉但伴随不受罚希望的恐惧产生更多的感受。"[1]

俄国革命前刑法流派的代表人物也注意到了这一重要情节。因此应当特别强调的是，"不受罚"的概念不仅包含着犯罪人不被揭露的事实，而且也包含在调查和法庭审理阶段不承担责任的可能性，以及寄希望于特赦和大赦制度。

---

[1] Беккариа Ч. Указ. соч. С. 124.

203 　　原则上需要同意的是，在现代条件下，民众中间关于可以逃避责任和刑罚的观点相当普遍。自然，对司法机关的这种不信任对国内的犯罪水平产生了重大影响。在阿塞拜疆，平均每年 8% – 10% 的查明犯罪未被侦破；10% – 14% 的犯罪是严重犯罪和特别严重犯罪，约 10% 是故意杀人罪。

　　贝卡利亚在专著《犯罪与刑罚》"恩赦"一章中警告道："如果让人们看到他们的犯罪可能受到宽恕，或者刑罚不一定是犯罪的必然结果，那么就会煽惑其犯罪不受处罚的幻想。既然罪犯可以受到宽恕，那么人们就认为：无情的刑罚不是正义的伸张，而是强力的凌暴。"[1]

　　从 1996 到 2010 年，对 53 558 人通过了特赦和大赦令。在 15 年间，即从 1995 到 2010 年，通过了 48 个特赦命令。根据这些命令，5121 人被免除服刑，其中 2623 人因故意犯罪而被判刑，29 人被判处终身剥夺自由。从 1996 到 2009 年，根据 9 个大赦令释放了 48 437 个犯罪人，其中 3394 人是在剥夺自由场所服刑。毫无疑问，人道主义是必需的，但是不能这样经常性和广泛地为个别人的利益而牺牲公共安全，因为这样的做法产生的是不受罚的整体认识。

　　在刑法学中饱受争议的是刑罚威胁的客体问题。当年，菲利在刑事社会学中根据对刑罚的态度将社会阶级分为
204 三类。

---

〔1〕 Там же. С. 155.

第一类是道德方面的高等阶级。他们从来不实施犯罪，是社会中的大部分。对这类人来说刑罚毫无意义。

第二类人是低等阶级，大多数天生犯罪人出自这个阶级。作为威胁的刑罚对他们是无力的，因为这种威胁建立在没有社会感的基础上，因此他们把刑罚看成是普通的风险。

最后一个社会阶级的人没有天生的犯罪倾向，但他们的诚信经不起考验。对他们来说，作为心理作用的刑罚可能具有某种意义。[1]

加罗法洛赞同菲利的思想，他认为，必须将能感受到刑罚威慑力的犯罪分子与那些受这种恐惧影响较小的犯罪人区分开来。[2]

根据一般预防理论的现代拥护者安捷涅斯的观点，居民可以被分为三类：①守法的人，这些人生活在正确的道路上，不管刑罚的威胁如何；②潜在的犯罪人，这些人在没有刑罚威胁的情况下会违反法律；③犯罪人，这些人可能害怕法律，但没有达到抑制自己实施违法行为的程度。刑罚的抑制效果对中间一类潜在犯罪人产生作用。[3]

吉莫舍夫（С. Н. Тимошев）早在 1914 年就得出结论认为，沙皇俄国的绝大多数民众都仅仅因为刑罚的威胁而放弃

---

〔1〕 Ферри Э. Указ. соч. С. 258－259.

〔2〕 Garofalo. Criminologia. 2－е изд. Турин, 1886. С. 217.

〔3〕 Анденес И. Наказание и предупреждение преступлений. С. 125.

实施犯罪。[1] 这样的论断证明刑罚具有积极的一般预防意义，虽然没有任何资料支撑这一结论。库尔加诺夫（С. И. Курганов）认为，刑罚威胁的直接对象不是所有的主体，而是其中那些仅仅因为对刑罚的恐惧而不实施犯罪的人。[2]

科甘（В. М. Коган）认为，从刑罚威胁的角度出发，可以将民众分为三类。第一类是那些刑罚对其没有意义的人，他们因为意识或其他与刑事禁止完全无关的情节而不实施犯罪。第二类是那些威胁对其没有意义的人，因为尽管存在不良后果的威胁，他们依然实施犯罪。第三类是那些威胁对其有意义的人，他们不实施犯罪是因为对刑法的不良后果的恐惧。他们是刑罚威胁的主要对象。[3]

对判处剥夺自由刑的人，即刑罚的威胁并没有抑制其实施犯罪的人，进行的问卷调查表明了以下内容。根据马尔采夫的数据，200 人当中有 58% 的人在实施犯罪时对自己即将面临的刑罚持无所谓的态度，[4] 而根据诺依的数据，245 人当中，64% 的人在实施犯罪时没有考虑刑罚。[5] 关于"可能刑罚的威胁抑制某一部分人实施犯罪"的论断，可以认为

〔1〕 Тимошев С. Н. Уголовное осуждение. СПб. , 1914. С. 304 – 306.

〔2〕 Курганов С. И. Наказание: уголовно – правовой, уголовно – исполнительный аспект. М. , 2008. С. 172.

〔3〕 Коган В. М. Социальный механизм уголовно – правового воздействия. М. , 1983. С. 160 – 161.

〔4〕 Марцев И. Общая превенция преступлений // Правоведение. 1970. №1. С. 73.

〔5〕 Ной И. С. Сущность и функции уголовного наказания. . . С. 153.

是公理。[1]

但要确定这一部分人的数量是不可能的。问题不仅在于 206
刑罚，更是由于目前为止根本不能解释犯罪的原因。

刑法学，在自己开始获得的新形式中，首先开始寻找的
是被称为犯罪的病态社会现象的自然原因；它努力找到正确
的手段，如果不是为了完全消灭犯罪，也是要把犯罪控制在
一定范围内。希波克拉底（Гиппократ）说过："药物治不好
的，铁能治好；铁治不好的，火能治好；火治不好的，就应
当认为是不可医治的。"

现代社会中的犯罪是不可医治的现象，因为人类使用过
并且现在还在使用所有必要的手段，包括最重要和迫不得已
的，即刑罚，刑罚可以和火相提并论。刑罚的威胁覆盖社会
所有成员，而不是其中某一部分人，因为立法者不能确定这
种威胁的具体指向。但是，人们按照不同的方式理解刑罚的
存在。对一些人来说，这是预防，而对另一些人来说这是抑
制其犯罪意图的手段。但不管是谁，都有对刑罚威胁的恐
惧。这种结论基于的是心理学的数据，在任何人的心理中合
理的、情绪的和抑制的方面相互作用。

人在个体行为中的外部表现是其内在心理活动授意的。
在此情况下，心理的意志活动既可以由思想产生，也可以由
感觉产生，两者相互影响。从外部对理智和感觉进行作用的

---

〔1〕 См.：Коробеев А. И.，Усс А. В.，Голик Ю. В. Уголовно‐правовая
политика. С. 114.

时候，可以确定一个人的意志，从内部形成意志并促使其表现为意志行为。

207 威慑的任务正是在于激起这种行为的动机，这种动机在和其他动机对抗时，应当克服它们，并使主体倾向于需要的正确行为。通常，这是对不服从的不良后果的恐惧动机。

但是，似乎只有对那些在实施之前经历了一定的盘算、权衡"干"还是"不干"——动机斗争——的犯罪可以这样说。因此，司奇（К. А. Сыч）是完全正确的。他认为："恐惧要想具有能够改变人的行为、抑制人实施社会危害行为的有效动机的意义，应当是对人的意识产生经常影响的现实范畴。"[1]

威慑作用的程度取决于主体的社会道德的败坏程度。毫无疑问，个体在这方面越败坏，即社会化越小，就越难以通过刑罚的威胁对其产生作用。对更有教养和更有道德的公民来说，轻缓的刑罚，即较少的威慑剂量，可能与粗鲁、野蛮和愚昧的严厉的刑罚对另一个国家的公民的作用相同。

在此想特别强调的是，刑罚的威胁涉及人的心理。因此，如果心理学家对刑罚的威胁如何作用于人感兴趣，则这会带来重要的实践和理论成果。这里说的是对"人—刑罚威胁"这一体系的心理规律的研究。只有通过这种方式，我们才能够解释对这一威胁的心理态度。对这个问题的研究，要

〔1〕 Сыч К. А. Указ. соч. С. 16 – 17.

求简要借鉴研究人的心理活动规律和机制的心理学。最初，心理学是作为哲学的组成部分发展起来的，只有到 19 世纪中期，才成为独立科学。

杜加里诺夫（В. П. Тугаринов）指出："哲学是对科学和实践之前的全部发展过程的总结。这种情况使得哲学成为理论基础，是所有其他社会科学的思想基础。"[1] 哲学帮助解决一系列最重要的问题，其中也包括关于人和个性的性质、关于心理和理论的水平问题。不得不遗憾地指出，法学到目前为止在研究人的犯罪行为的原因领域还没有充分利用这些研究的成果。

至于刑罚对人的心理作用的问题和个人感受这一威胁的机制问题的研究，以及刑罚的抑制作用问题，这些实际上从来没有成为科学研究的对象。当然，不能不指出的是，最近三十年在法律心理学方面的研究范围非常广泛。

众所周知，目前对这样一些法律心理学领域，如法庭心理学、审前调查心理学基础、审判活动心理学、劳动改造心理学等，研究得足够深入。笔者认为，普通心理学与刑法联合研究和制定"人—刑罚威胁"体系的科学标准和方法的必要性已经成熟。这将帮助立法者在构建刑法制裁时形成有科学依据的建议。

当然，刑法不能制止犯罪人实施犯罪，就像医学不能治

---

〔1〕 Тугаринов В. П. Законы объективного мира, их познаниеи применение. Л., 1954. С. 98.

愈所有的病人一样。我们不怀疑，在复杂的法律情形下人能够独立和不依赖于刑罚的存在找到正确的解决方法，因为离开了刑事法律，人也能区分合法和非法。但是，我们同样不怀疑，个体经常不实施犯罪，正是因为刑罚的存在。

209 　　刑罚的威慑属性的效果总是所有时代进步思想家——法学家、哲学家、精神病学家、作家等——争论的对象。

　　最近几年，有足够多的关于刑罚效果的著作问世。尽管学者们对此问题发表了各种不同的观点，但最终所有的观点都集中于确定效果时应遵循"目的即结果"的公式。

　　我们也认为，通过对比提出的目的和收到的成果来确定刑罚的实现程度和有效程度是合理的。在此情况下，自然应当注意，在社会提出的目的——系统地减少整体上的犯罪（包括严重犯罪和特别严重犯罪）——和实际的结果之间存在相当大的差距，这一差距需要克服。在这一道路上可能产生一系列相互关联的、对实现效果产生影响的情节。确定刑罚法益的复杂，还与其目的本身的不确定性、不清晰性有关，这与用数量指标自由和准确表现的结果不同。

　　换言之，如果结果的实现可以通过引入相应的指标来"物质化"，这些指标赋予结果量和质的确定性，则针对目的就不能这么做。因此，为了测量目的的大小，必须找到可测量的大小和另外一个作为计量单位的同类大小的关系。换言210 之，为了实现测量的程序，首先需要进行比较分析，即其一，要找到评价的直接标尺；其二，在同一测量单位中既表达目的也表达结果。因此，为了测量刑罚的效果，哪怕是大概测量，必须首先用可对比的测量单位表达社会提出的目的和结果，为此需要制定指标体系。例如，为了确定替代死刑的剥夺自由刑的效果，可以在法律规定了这一刑罚措施的犯罪水平之间进行比较分析。如果这一类犯罪的水平系统性地增长，则可以推测死刑比其替代刑更有效。

这一方法在修订剥夺自由刑限度，即在扩大或缩小其限度的情况下，确定剥夺自由刑的效果时可以采用。因此，通过数字指标测量刑罚的效果是不可能的。可以基于数字的相对大小：低等、中等和最大；最差、中等、最好；小、中、大。我们建议，根据犯罪的现有结果区分出四种刑罚效果的象征性程度：高效、中效、低效和无效（零效果）。

遗憾的是，最近 20 年犯罪的水平、性质和动态证明，刑罚在实现社会提出的目的方面收效甚微。可以理解的是，不能将刑罚的效果归结为实际发生的可期待的结果，因为实际上很难想象目的和结果完全吻合的情形。但是，我们希望结果接近于期待的目的——高效，而不是零效果。也应当考虑到，刑罚的结果可能达不到，并非因为目的是无效的，而是因为目的实现得不好，比如，因为刑罚的不可避免性原则没有得到保障。

适用刑罚所追求的目的面向的是未来。因此，关于今天的刑罚效果的许多问题直接与其预测性实质有关。所以，这样的事实不产生任何怀疑，即刑罚的未来与在刑罚学说及其 211

实际运用于立法、司法以及执行判决的过程中使用预测有关。

刑罚的威慑作用的效果以及整体上犯罪的预防目的的实现，在很大程度上都取决于预见刑罚的未来结果。问题正在于此，因为我们遇到的是在作出决定时（从通过刑法制裁到执行法院判决）的预测，即预见刑罚的未来结果。因此，没有成功的预测实际上就不能消除影响提高刑罚效果的障碍。而这意味着，刑罚的效率低下是在刑法创制、处刑的审判活动以及在执行法院判决的过程中，不使用预测领域的科学成就的结果。

在对刑罚的实质、内容和属性进行考察之后，可以作出下列哲学定义。刑罚是国家掌握的、用以抑制人们实施犯罪的特殊工具，这一工具的实质是报应，内容是惩治，属性是预防和威慑。

第三节　刑罚权

国家将刑罚权掌握到自己手中的时机已经来临。但是，国家如何成为行使曾经属于公社和个人的职能的机关呢？原因何在？谁把这个权利给了国家？虽然这些哲学问题早已存在，但直到今天仍然是热点问题和有争议的问题。

212　　如戈利克所正确指出的："对国家的刑罚权这一问题的正确回答可以使我们准确明白国家在现代的、快速变化的世

界中的作用，明白刑事司法和刑事预防的作用及意义，构建
普遍接受的、主要是行之有效的刑罚体系。"[1]

　　刑罚权也给予了该权力的主体确定通过刑罚想要达到的
目的的权力。所以，这些问题不仅仅是纯粹的哲学问题，也
是实践问题，因为对这些问题的回答决定着刑事政策的
制定。

　　关于国家刑罚权的哲学问题曾经是哲学家、宗教代表人
物以及许多思想家关注的焦点。但是，现在这一主题不是严
肃讨论和研究的对象。戈利克是这样来解释这一状况的：
"权利变成了义务。正是因此，也就停止了寻找刑罚权的
根据。"[2]

　　那么，刑罚权是否起源于宗教和道德？或者就是产生于
公共利益呢？

　　关于刑罚权的神权论不是在道德原则中，不是在公共利
益、报应或某些人的属性中寻找刑罚权的根据，而是在人类
交往的产生条件、在宇宙规律，即在宗教中寻找。这一论断
的实质在于：上帝自己从创世纪开始便承担了管理所有物质
和精神世界、政治和宗教事务的工作；上帝一个人把人变成
了现在这个样子；上帝是他们的立法者、导师、先生和
法官。

---

　　〔1〕 Голик Ю. В. Философия уголовного права: современная постановка
проблемы // Философия уголовного права. СПб. , 2004. С. 21.

　　〔2〕 Там же. С. 50.

神权论的代表人物认为，属于上帝的报复权同时可以被精神和世俗的长官所代表。这些长官承担惩罚的义务。这样一来，惩罚权仅仅属于上帝，没有他的授权，任何人，甚至社会都无权侵害人的生命和自由。应当指出的是，中世纪的宗教法学家援引宗教经典以及上述理论，为实现自己的目的可以借助刑罚实施不可名状的残忍行为，如绞刑和其他酷刑。

根据逻辑，拥有刑罚权的是规定行为准则、确定什么行为正确、什么行为违法即犯罪的主体。因此，要证明刑罚权属于上帝，必须首先求助于同样被视为立法文件的上帝训诫。如果其中规定了什么是犯罪、应当判处什么刑罚，则无疑，正是作为立法主体的上帝根据这些宗教经典拥有刑罚权。

我们先来看一下基督教关于犯罪与刑罚的教义。和其他所有宗教一样，基督教也规定了一定的行为模式，这一点毫无争议，虽然它不具有公权力性质，不能代表国家，将自己的教义作为具有普遍约束力的文件指向整个社会。因此，基督教不能被看作调整社会关系的手段。

这就是为什么基督教作为行为规范与接受该宗教信仰的具体人有关系，同时也反映了信教人对其他人的态度。在具有历史意义的宗教渊源中，应当区分出摩西的法律——上帝通过摩西向犹太人转交的法律。

摩西法律是系统的结构，其核心要素是十个上帝的训诫，也称为《十言》。据证实，摩西是在西奈山上从上帝那里得到了训诫文本（《出埃及记》第20章第1－17节）和法律一起向人们进行了宣布（《出埃及记》第21章：1－36；22：1－31；23：1－33）。《约书》和法律都具有合约的形式，也就意味着是有法律意义的文书。因此，可以从两个立场出发：法律的作者不仅仅是上帝，还有犹太人民；或者第一个文书的主体只是上帝，而摩西是犹太人和上帝之间的媒介。我们的出发点是，旧约来自上帝，因此被视为上帝之法。无疑，摩西的法律具有刑事法律所特有的一系列指标。其中最重要的就是规定了犯罪，关于罪过、刑罚和排除责任的情节。例如，在《法律》中详细描述了故意杀人的具有侦查和证明意义的要件。刑罚是摩西法律的不可分割的组成部分；刑罚因上帝而神圣，为犹太人民作为天经地义所接受。也就是说，刑罚最初是上帝规定的、对他所创造的人类进行作用的手段。

　　这样，存在过只与一个民族——犹太人——有关系的《摩西法律》。这个法律文件的作者是上帝。因此，在这个法律失去法律（而不是宗教的）效力之前，刑罚权都属于上帝。可以理解的是，上帝本身并不惩罚，至少是在今生。在一定的历史时期，这一任务是由教会以上帝的名义和根据上帝的命令，完全依照创立者本人及其直接信徒所规定的规范来完成的。作为教会的可见的首脑、基督在世间的全权代理人，神父对犯罪给予应有的刑罚，以报应的形式，在上帝赋予自己这一报应的意义上，说"申冤在我，我必报应"。

与天主教会不同，东正教除了不可见的基督之外，没有其他首脑，不能以满足上帝公正的形式将对犯罪的报应移交给某个可见的权力机关，而是将这种报应交付上帝直接审判。

215　《摩西法律》停止了作为法律手段的作用，但是继续在精神层面发生作用。与此不同，《古兰经》作为真主为穆斯林制定的法律，到现在也只适用于某些民族。

在上帝的启示之后，阿拉伯人开始根据《古兰经》生活。这意味着，应当像真主嘱咐的那样行动，否则等待他们的将是严酷的刑罚。然而，在现实生活中人们也遇到使其为难、不知所措的情形，即古兰经"沉默"，并且他们不知道在这样的情形中该如何做。虽然，与《摩西法律》不同，授予先知穆罕默德的法律更具体且更有效地调整着刑事法律关系。在这些情形下，人们的行为和责任的基础是《逊奈》。这个阿拉伯语词具有很多意义，如习俗、道德、传统、生活方式等。

因此，奥本海默的观点是有争议的。他认为："《古兰经》中规定的伊斯兰刑法的根据非常少，并且学者们相互之间对一些文本的解释没有形成一致意见。"[1] 其一，《古兰经》是通过先知穆罕默德传达给人类的训诫，而非人创造的

---

〔1〕Оппенгеймер Г. Историческое исследование о происхождении наказания. М. , 2012. С. 47.

产物。其二，如现代学者所一致断定的那样，《古兰经》非常清楚地规定了真主认为的犯罪，并且包括他要求的对这些行为的刑罚。

与包含真主对穆罕默德的训诫的《古兰经》不同的是，《逊奈》是与先知本人的行为和话语相关的不成文法以及传统习惯的汇编。《逊奈》是《古兰经》在刑法领域的补充，适用于《古兰经》未直接规定允许法律生活中的偶然事件的情形。《逊奈》也包含关于先知的战友和追随者的记录。关于《逊奈》的意义可以这样形象地表达："遵守《逊奈》意味着模仿穆罕默德。"先知穆罕默德以真主的名义为信教的穆斯林规定了行为的某些基本规则、规范和刑罚。另外一部分具有法律意义的规范是根据穆罕默德的生活和活动而制定的。在穆罕默德死后，他的法律创制活动由其最亲密的战友——虔诚的哈里发——艾卜·伯克尔（Абу Бакр）、欧麦尔（Омар）、奥斯曼（Осман）和阿里（Али）继续进行。他们根据《古兰经》和《逊奈》制定了自认为符合真主和先知穆罕默德意志的新的行为准则。在对犯罪和刑罚领域产生的问题没有回答的情况下，他们共同裁量决定刑法规范，或如先知所建议的那样，由每个哈里发独自决定。

由此可见，在 7 至 8 世纪，伊斯兰刑法的渊源是《古兰经》和《逊奈》以及先知的战友的语录。而这意味着，这时刑罚权属于真主——《古兰经》的作者、对真主的训诫在刑法领域进行增补的先知穆罕默德以及先知的战友。原则上

216

应当同意这样的论断，即先知穆罕默德没有试图创制严格意义上的什么法，而是教导人们如何在各个生活场景中行动，如何对待这样或那样的事件、事实、行为等。

应当强调的是，只有到了 8 世纪，伊斯兰法学家才将刑法规范与宗教规范加以区分，即他们制定了伊斯兰法，其中也包括刑法，试图论证从《古兰经》或《逊奈》中推导出的一些决定。

但是，足够多的例子证实，调整相似关系的宗教规范和在其基础上形成的刑法规范，完全有可能在关于行为准则的规定方面不吻合。例如，在故意杀人和导致身体残疾方面，《古兰经》实质上允许血亲复仇和同态复仇。而伊斯兰刑法反对适用《古兰经》中关于刑罚的原则，坚持支付赎金，只有在极端的情形下才允许死刑。从 9 – 10 世纪开始，伊斯兰法渊源的作用逐渐过渡到制定伊斯兰法的大多数具体刑法规范的理论。

伊斯兰法理论产生道路上的第一步是乐园——相对自由的裁量。这种裁量用于解释《古兰经》和《逊奈》，以及在这些渊源沉默时形成新的行为规则。

但到了 10 世纪末，穆斯林法官在《古兰经》、《逊奈》和其他渊源中找不到需要的刑法规范的情况下丧失了根据自己的裁量作出决定的权力。必须遵循国内民众通过的解释。到 13 世纪，伊斯兰刑法实际上已经丧失了整体性，并成为被分成不同分支的半学说性的法。

这样，到 15 世纪末之前，学说形式的伊斯兰法——主要解释的最重要代表人物的结论——是规定对犯罪的刑罚体系和调整适用程序的主要渊源。随着奥斯曼帝国的形成，对这一部门法产生明显影响的是统治者的扩大的立法实践。统治者就《古兰经》和《逊奈》没有调整的问题通过了法律。实际上，所有的奥斯曼苏丹都颁布过关于刑事问题的规范性法律文件，只是穆罕默德二世（征服者）（Мехмед Фатих）将其系统化，并以两部法律汇编的形式开始实行——《卡农与纳灭法》，而且其中第二部包含内容丰富的刑罚篇。

从 19 世纪下半叶开始，伊斯兰刑法发生了重大变化，这些变化首先与这一点有关：在更为发达的伊斯兰国家的法律体系中，伊斯兰刑法逐渐让位于按照西欧模式创制的法律，从而退居次要位置。其中，1840 年颁布了以法国法律为基础的《刑法典》。法典的效力几乎遍及奥斯曼帝国的所有阿拉伯国家。但是随着帝国的解体，土耳其在第一次世界大战中战败，其中一些国家通过了新的刑事法律，基于的同样是欧洲模式。

到 20 世纪中期，更为发达的阿拉伯国家通过了刑事法律，这些法律参照的是资产阶级的模式，并且取代伊斯兰"不法行为法"作为审理刑事案件的主要渊源。沙特阿拉伯到目前为止也没有统一的刑法典。在也门，刑法也没有法典化。刑法的伊斯兰化过程更为鲜明地体现在巴基斯坦、伊朗、苏丹。现在，摩洛哥、约旦和巴基斯坦的法律也对穆斯

218

林不遵守斋戒规定了刑事责任。伊朗为打击所谓的道德恶化而成立的专门的穆斯林法庭，可以对在衣着方面蔑视穆斯林传统或违反公共行为的"沙里亚规范"而适用刑罚。

由此可见，刑罚权属于国家，因为国家确定着社会成员的行为规则。但国家是如何获得这一权利的呢？

刑罚权属于国家是必要性使然。马奴夫里耶（Мануврие）写道："我认为，刑罚权不是什么别的，而是惩罚的必要性。社会应当追求减少这一必要性，如果不是消灭的话。目前，'刑罚'这个词应当表达的不是别的，而是对危害整体安乐和社会进步的行为的有益和必要反应的构想。"[1]

谢尔基耶夫斯基认为："国家拥有刑罚权的根据是，国家离开刑事司法不能存在。对刑法学而言，刑罚权的法律依据归结为以下：如果存在法律秩序，则刑事司法也应当存在。"[2]

和福依尼茨基一样，戈利克也认为，属于国家的刑罚权是国家的义务，一种不能放弃履行的义务。[3]

弗兰克对在国家之前刑罚权属于谁，以及这一权力如何转移给国家的问题是这样回答的："难道我们无权认为，源

---

〔1〕 Manovrier. Указ. соч. С. 116.

〔2〕 Сергиевский Н. Д. Русское уголовное право // Философия уголовного права. СПб. , 2004. С. 231.

〔3〕 Фойницкий И. Я. Учение о наказании в связи с тюрьмоведением // Там же. С. 305；Голик Ю. В. Философия уголовного права：современная постановка проблемы // Там же . С. 50.

于自身的刑罚权，在自己的原则中，抽象于所有的历史原因，这些原因迫使将其从私人手中剥夺并且托付给社会，不是什么别的，就是报复权"……"刑罚权无处存在，只要这个地方要求服从的义务，并且服从的义务反过来要求强制和刑罚的权力。"[1]

目前在所有的文明国家，不论其政治组织如何，刑法的具体载体都是最高国家权力机关。因此，问题不在于恶是否值得惩罚，（这是显而易见的）而在于社会是否可以惩罚以及在什么限度内惩罚、在什么领域以及为何赋予社会这一权利？

在家族和宗族生活阶段，在家族范围内对犯罪和过失行为惩罚孩子的权力，其中也包括惩罚妻子的权力，属于家族或宗族的首领。原则上，过去和现在没有任何社会不拥有自己的强制性规则，不借助于这样或那样的强制措施支持自己。部落、宗族、联盟的首领起初不仅是立法者，也是法官 220 和自身判决的执行者。刑罚权只属于他们。

在历史发展的过程中，逐渐发展的国家其国家权力机关逐步替代宗族及其成员，成为对违反行为，确切地说，对危害行为的反应因素。国家权力机关承担了守护它所管理的内部世界不受任何侵犯的义务。逐渐为其单独所有的、不仅是以刑罚相威胁禁止某些行为和不作为的权力，而且还有处刑

---

[1] Франк А. Указ. соч. С. 116.

和执行刑罚的权力。这样，刑罚权从部落、宗族和联盟过渡到国家，因为所有社会成员都为这一机构放弃了权力。

但是，这完全不意味着，国家是因为人的恣意妄为而形成的。在国家的构成中，有道德的必要性。人们就其本质而言被迫在国家中生活，为了人的福利和发展以及文化的增长，必需的是被称为社会生活的有组织的共同生活，而社会生活离开法律秩序是难以想象的。法律秩序只有在被赋予了阻止违法人的权力的国家中才是可能的，即社会委托国家通过相应的手段保护其免受违法行为的侵害。这里说的是刑罚这样的保护手段。因此可以断定，自然原则——刑罚权的基本原则——源于既必须保护社会肌体本身，也必须保护社会中的个体。属于国家的刑罚权是其对某些社会成员和对整个社会的义务和责任。

此外，任何对法律规范的违反不但引起社会舆论的反应，也引起国家的反应，国家动用力量维护源于公权力的某部法律。

这样，根据社会契约原则而属于国家的刑罚权，就像家族首领的刑罚权一样，也是无可争议的。区别仅仅在于，前者不能具有后者那样的目的。[1]

在国家手中，刑罚成为通过强制和威慑保护社会秩序和预防犯罪的手段。在此情况下应当特别强调的是，这里说的

221

---

〔1〕 См.: Там же.

不是赋予国家报复违法者的权力，而是刑罚具有同样的道德
必要性。

正是公正报应（不是报复）的感觉要求存在和适用刑
罚，离开刑罚，国家本身就不可能存在。这就是为什么刑罚
是合法和公正的。为了消除私刑、无法无天、报复，社会以
国家为代表承担了惩罚犯罪人的义务，因为要求这一点的是
遭受了恶，成为暴力、侮辱客体以及被剥夺了财产等的人。
最后，为了确信是否需要刑罚，现代社会中刑罚是有益还是
无益的，只要设想一下在宣布废除对犯罪行为的刑罚后的第
二天会发生什么就足够了。

这样，根据福依尼茨基的观点，"刑罚权只能属于作为
主体的国家"[1] 至于上帝的刑罚权，则可以在上帝训诫的
范围内适用。

虽然本书的目标不是详细考察文献中存在的关于国家刑
罚权的理论，但笔者认为有必要指出的是，根据谢尔基耶夫
斯基的数据，从格老秀斯开始共计有 24 个哲学体系和大约
一百个不同法学家的单独理论，这些体系和理论分别接近于
某一流派。[2] 其中也有绝对反对刑罚权的哲学和法学流派， 222
因为他们反对这一权力客体的存在，即道德的恶。

---

〔1〕　Фойницкий И. Я. Учение о наказании в связи с тюрьмоведением. С. 302.

〔2〕　См. : Сергиевский Н. Д. Русское уголовное право. СПб. , 1890. С. 77.

另外一个流派的代表人物，其中包括斯巴索维奇
（Спасович），认为否定意志自由是否定刑罚权所具有的特征，
并且将所有的决定论者和神学家、唯物学家纳入这一组。

还有一个流派既不反对刑罚权，也不承认社会或者人类
的什么权力机关可以享有这一权力。由此得出结论认为，刑
罚权是医疗艺术领域。因此，任何人无权惩罚犯罪人，而是
应当借助于各种工具、训练手段对其进行医治，这些训练逐
渐使生病的器官重新获得缺乏的力量和健康或者改造因大自
然的无常而变坏了的形式的不正确性。但是否有针对这一点
的药物呢？监狱将被特殊的医院所替代，司法和刑事立法将
因为新的治疗和卫生体系而被推翻。

第四节　刑罚的未来

一、刑罚和非惩治作用

最近在西方，关于从惩治司法向恢复性司法即非惩治刑
罚过渡的思想得到普及。索罗金曾经说过："我们不进行预
测，但由于历史表明惩治活动的逐渐加速消亡以及社会心理
和人的行为的优化，因此没有任何理由断定这在未来不会发
生。既然如此，则显而易见的是，惩治变项所追求的演变的
界限，可能只是零，即惩治的消失。"[1]

---

[1] Сорокин П. Указ. соч. С. 374.

事实上，刑罚的历史证明其逐渐缓和的趋势。血亲复仇 223
被同态复仇所替代，即规定了犯罪和刑罚之间的相当性。后
来实行了金钱赎买制度。今天废除死刑的过程等等逐渐接近
尾声。这是完全正常的现象，因为随着文明的增长，也需要
不太严厉的对人的作用手段。但改变的不是刑罚的实质——
刑罚的实质在于公正报应——而是内容，即作用的惩治性
质。那么，非惩治作用是什么呢？这实际上是消除刑罚的惩
治内容，即放弃通过刑罚给犯罪人造成的痛苦。

在挪威的奥斯陆，有两个知名的刑法学者在给一些大学
生讲课。每天早上，挪威科学院和瑞典皇家科学院院士克里
斯蒂（Н. Кристи）对学员们说："我个人认为，现在停止继
续推行一般预防理论，抑制新古典主义思想影响的进一步加
强的时间已经到来，至少是在我们这里，在斯堪的纳维亚
半岛。"[1]

对于一个同学的问题：您为什么这么认为呢？克里斯蒂
肯定地回答道："我没有找到认为造成当前水平的痛苦是完
全公正和自然的严谨根据，因为这个问题相当重要，并且我
应当作出选择；我没有看到其他可以支持的立场，除了为减
少痛苦而战之外。"[2]

同学们明白了，院士不是空想家，因为他完全没有放弃

---

〔1〕 Кристи Н. Причиняя боль. Роли наказания в уголовной политике.
СПб., 2011. С. 47.

〔2〕 Там же. С. 20.

刑罚。这里说的是刑罚在可能程度上的最小化，因为其最主要的出发前提是，为减少地球上的人们所造成的痛苦而战是公正的事业。[1]

克里斯蒂的建议是什么呢？

224 　　第一，意识到刑罚的本质，他将其确定为造成"疼痛"、痛苦、限制、剥夺等。

第二，解决造成这种疼痛的界限问题，为此应当建立独立的公社替代刑罚。

虽然演讲者没有公开宣称喜欢非惩治作用理论，但是，大学生们体会到了这一点。克里斯蒂的阐述的确因为自己的人道主义而吸引着许多人，因为判处和执行刑罚是有意识地、目标明确地造成痛苦；而痛苦，他认为，能够"抑制或减缓人的精神成长，使其变恶"。[2]

讲座通常都是以美好的话语作为结束："应当遵循的规则之一是：如果有疑问，就不能造成痛苦。另外一个规则是，应尽可能地减少造成的痛苦。找出刑罚的替代措施，而不是替代刑。"[3]

如我们所看到的，克里斯蒂原则上拒绝刑罚，因为他怀疑公正的报应，理由是因不能准确确定犯罪与刑罚的严重程度相当。所以，他谨慎地对待无条件承认返回一般预防的理

---

〔1〕 Там же.

〔2〕 Там же.

〔3〕 Кристи Н. Указ. соч. С. 21.

论。然而，他没有建议任何具体措施来替代刑罚。最主要的是，痛苦要尽可能地少。

显而易见的是，克里斯蒂认为刑罚的本质在于给犯罪人造成疼痛，即在于痛苦、剥夺等。而这意味着，减少痛苦证明刑罚的实质是变化的，但现象的实质是不变的。而刑罚的内容，即其惩治方面，是变化的，刑罚论的历史证明了这一点。克里斯蒂写道："我的立场……简单地归结为，社会体系的建立应将以社会监督为目的造成痛苦的可感知的需求降到最低。不可避免的是悲伤，而不是人所建造的地狱。"[1] 但是怎么实现呢？这一痛苦的边界在哪里？非惩治作用被比作躯体医学，被理解为福利。治疗以及刑事司法体系中的非惩治作用的目的是改善人的健康状况。有一个高尚的目的——使人恢复社会健康，医治其不犯罪。[2] 作为"医治犯罪"的非惩治作用丧失了信任，虽然作为提供帮助的非惩治作用证明自己是有根据的。克里斯蒂本人也承认了这一点。同时他深信："全民福利的国家将来可以不借助监狱，对那些制造困难和对公社造成不安的人提供更有效的帮助。"[3]

就本质而言，非惩治作用理论否定作为威慑的刑罚，即它仅仅指向犯罪人，而不指向潜在的犯罪人。另外，这一理论导致潜在的惩罚，以及假装提供治疗而暗中造成痛苦。造

225

---

〔1〕　Там же.
〔2〕　Там же. С. 41.
〔3〕　Там же. С. 130.

成痛苦是非惩治作用理论所允许的，但仅仅是作为未来应当能够改善遭受痛苦人命运的事件中的一环。如何在实际上过渡到这一理论呢？放弃监狱和剥夺自由的场所、不再造成其他痛苦，或者将因这些痛苦、限制等造成的疼痛降至最低。如何达到威慑、预防其他人实施犯罪呢？

226 克里斯蒂指出："关于一般预防问题的争论，不是讨论疼痛如何直接作用，而主要是讨论乙受到惩罚的事实如何影响甲。"[1] 显而易见，刑罚是有意造成痛苦和剥夺，而不是治疗疾病的手段。造成痛苦是作为对行为的报应以及为了别人的利益。对造成痛苦的调整正在成为更重要的问题，并应当处于公众和科学的关注焦点，这就是另外一回事了。

关于刑罚在预防犯罪表现方面的重要性和合理性，柏拉图在《法律篇》中也提到过："如果立法者发现，人是不可治愈的，就给他处刑并规定另外的法律。如果立法者能意识到，对这些人本身来说最好停止存在，告别生命，这样他们就会给其他人带来双重益处：在不应当实施不公正行为的意义上他们会是其他人的榜样，而且能够使国家摆脱坏人的存在。"[2]《那罗陀法典》指出："如果没有刑罚，谁都不会在正确的道路上。"[3]《摩奴法典》特别关注刑罚，强调了刑

---

〔1〕 Там же. C. 36.

〔2〕 См.：Платон. Законы. C. 350.

〔3〕 См.：Дхармашастра Наряды / Пер. с комм. А. А. Вигасина, А. М. Самозванцева. М.，1998. C. 62.

罚的独特作用:"刑罚管理着、保护着所有的人,在所有人沉睡的时候,刑罚振作着;圣人宣布刑罚是达摩的化身……如果皇帝没有一直对应当受惩罚的人施以惩罚,其中的强者就会烧死弱者,就像铁钎上烤鱼一样。"[1]

下午,在同一个教室里对相同学生讲授一般预防理论的 227 优点和必要性的是安捷涅斯,他和挪威科学院院长克里斯蒂一样,都是同一法领域的知名学者。授课人开始说道,对犯罪人不适用刑罚而进行非惩治作用的思想是高尚的思想,对其他国家的立法者产生了重大影响。"但是在犯罪与刑罚的长久的历史当中,非惩治作用理论在不到一百年的时间内是间断性占据优势。这不意味着改造犯罪人的尝试应当被停止,但是应当在公正惩罚的范围内尝试。刑罚的起始目的不是改变犯罪人个人,而是确定社会规范。而这意味着一般预防。"[2]

对于学生的问题:您怎么理解"一般预防"这个概念呢?安捷涅斯回答说:"刑事法律及其适用能够保障公民的守法行为。"[3] 因此,使人更为守法的最简单的方法是扩大刑罚。如果立法者和法官试图遏制犯罪数量增长,通常都是

---

〔1〕 Законы Ману (Ⅶ. 18, 20) // Хрестоматия по истории государства и права зарубежных стран: В 2 т. / Отв. Ред. Н. А. Крашенинникова. Т. 1. М., 1999. С. 105.

〔2〕 Анденес И. Наказание и предупреждение преступлений. С. 18.

〔3〕 Там же. С. 29.

加大刑罚的严酷性。[1]

可能，这个时候圣彼得堡大学法律系的大学生正在听舍斯塔科夫（Д. А. Шестаков）教授关于这一问题的讲座。在这个讲座上他强调，到 20 世纪末，学术界开始批判性地评价作为调整大众行为工具的刑罚制度。因此，21 世纪的犯罪学应当注意到非惩治性制裁的前景，将其纳入犯罪个别化预防的语境中。[2]

228　　　这样，对刑法学和犯罪学来说，未来的刑罚表现在两个方面：从刑罚过渡到非惩治作用和完善现代条件下作为预防犯罪手段的刑罚本身。

非惩治作用。刑罚效果低下的事实使其在打击犯罪中的未来受到质疑，这始于龙勃罗梭。他依据人类学说、刑事统计数据、刑法和监狱学，建议放弃作为无益手段的刑罚并用其他措施加以替代。那么，他建议用什么来取代威慑和刑罚呢？

承认犯罪的生物属性的刑事人类学派建议用"保安措施"来替代刑罚，而刑事社会学派则建议用"社会防卫措施"取而代之。这种替换归结为通过对犯罪人意识的心理医学影响和社会影响，寻找包罗万象的克服犯罪这种社会心理学现象的手段。例如，普林斯（А. Принс）试图从理论上论证必须用社会防卫措施替代刑罚，他坚信，社会防卫措施具

〔1〕　Там же. С. 261.

〔2〕　См.：Криминология XX век. СПб.，2000. С. 5, 12.

有原则性的不同。

有鉴于此，目前在刑罚理论中越来越经常性地和执着地提到社会防卫思想，出现了对刑罚制度和社会防卫措施进行区分的必要性和实际需求。众所周知，社会防卫措施的概念具有悠久的渊源。但是到目前为止，其与刑罚关系的实质、其范围都没有最终确定。文献中存在的关于社会防卫措施的性质的观点可以归结为两个方向：承认刑罚与社会防卫措施之间的原则性不同，以及否定二者之间的原则性不同。在考察这一制度的外部表现并澄清其内部内容的时候，我们发现，社会防卫措施是完全独立的制度，在犯罪的其他形式中占据特殊位置。与刑罚不同，适用社会防卫措施不是出于需要对已实施的犯罪作出评价，而完全是出于需要预防被适用社会防卫措施的人实施犯罪的可能性。由此可以得出，这个制度仅具有预防性质。因此可以断定，刑罚的概念是更狭义的概念，因为社会防卫措施是实现既定目的的广泛可能。

戈盖里（С. К. Гогель）将刑罚与镇压等同，镇压的渊源无疑是报复。他写道："随着现代意义上的国家的产生和发展，镇压式的复仇转移到国家权力机关手中……作为国家义务的镇压在打击犯罪方面完全无能为力，逐渐被认定为不适合打击犯罪，虽然这不是最终结论。"[1]

笔者认为，从法律和社会政治的角度来说，在镇压和刑

---

〔1〕 Гогель С. К. Курс уголовной политики в связи с уголовной социологией. М., 2010. С. 142.

罚之间画等号是错误的。镇压纯粹是国家政治措施，和司法没有直接关系。甚至，适用最严厉的刑罚来打击犯罪都不能称为镇压，如果不是追求政治目的的话。

这样，在反对刑罚的时候，戈盖里建议从镇压转移到预防。下列理由说明可以进行这种过渡，而且是完全过渡。实施犯罪在多数情形下不是某些人生活中的偶然现象，而是结果，是缓慢的、持续的经济、身体、道德弱化过程的结束。[1]

德里尔当年也持有相同的立场。他写道："对活生生的现实现象的认真研究结果有力地反驳了适用从远古继承而来的、旨在造成疼痛和痛苦的镇压措施打击犯罪人。"[2]

如我们所见，社会防卫措施理论和预防之间没有特别的不同，因为在两种情况下说的都是对犯罪的预防并非通过刑罚，而是通过对犯罪的原因和来源的非惩治作用。1945 年，在意大利律师格拉玛吉科（Ф. Грамматик）的倡议下，社会防卫论的追随者在热那亚成立了社会防卫中心，而法国人安塞尔组织了"新社会防卫"运动。格拉玛吉科的思想是意大利实证学派的新的现代的方案，这种方案在加罗法洛和菲利的著作中得到了发展。格拉玛吉科反对国家惩罚犯罪人的权力，而安塞尔的出发点是，对犯罪人应当只适用人道作用措施，目的是对他们进行改造和再教育。

---

〔1〕 Там же. С. 139.

〔2〕 Дриль Д. Преступность и преступники. Учение о преступности и мерах борьбы с нею. С. 158.

这样，新社会防卫运动的拥护者承认社会学家关于社会防卫的理论，并且同意放弃将刑罚理解为对过错责任的经典理解。同时，与社会学派的拥护者不同，新流派的代表人物试图找出社会与个人之间的平衡，指责古典学派和新古典学派将刑罚认为是国家唯一可能和公正的反应方式。皮昂特科夫斯基（А. А. Пионтковский）坚决反驳了"新社会防卫论"，认为它把刑罚制度定义得过于主观化和心理化[1]。231

当下某些学者认为："21 世纪的犯罪学应当注意非惩治措施的前景，将其归入犯罪个别化预防的语境中。"[2] 最近在刑法学和犯罪学中非常时髦地援引这一概念，但什么是非惩治作用呢？

对某些人来说，非惩治作用意味着，为恢复违法者个人，不采用惩治方法，而在执行刑罚过程中吸收精神病学家、医疗人员和其他专家的意见。一些人建议，为此加入在剥夺自由的过程中采用的方法。更为激进的改革者的出发点是，非惩治作用体系基于的是恢复个性的原则，当然，如果这可能的话。相反，个人在恢复之前必须被隔离，目的是剥夺他重新犯罪的可能性。这意味着，犯有同样罪行的人应当被判处不同的作用措施以恢复名誉，不是因行为而惩罚，而是因实施行为的条件。

---

〔1〕 Пионтковский А. А. О теории. новой социальной защиты. в уголовном праве // Советское государство и право. 1968. № 4. С. 14.

〔2〕 Криминология Ⅹ Ⅹ век. С. 12.

换言之，不因行为，而是因实施行为的条件进行惩罚的思想，根据推测的犯罪人的个人的危险属性来改变刑罚措施，最终产生了非惩治作用理论和实践。这一体系基于的完全是恢复犯罪人个性的原则；或者，可能的话，将其隔离，直至剥夺其重新实施犯罪的可能性。为此，这一理论的某些代表人物建议吸收精神病学家、心理学家的意见，目的是恢复犯罪人的心理。

事实上，与具有长期的、往往"阴郁"历史的刑罚相比，对犯罪人的非惩治作用和恢复其个性的措施，看起来是文明的、人道的和现代的。正是因此，某些学者和专家认为，未来的任务正在于用没有惩治因素的作用措施替代刑罚。

因此，非惩治作用被理解为高尚的、人道的措施，因为他追求一个目的——把社会健康归还给人，医治他们，使他们不犯罪。但是，为了进行医治，必须要知道生病的原因。众所周知，到目前为止，犯罪行为的原因还未准确确定。此外，如果除了外部条件之外这一原因还隐藏于人本身，就必须得弄清隐藏在复杂生物肌体中的具体原因。但是这可能吗？今天的科学还不能对这一问题给出正面回答。

非惩治作用的思想还具有一个优势。问题在于，从确定效果的角度上看，不仅理论上，而且实践上，通过刑罚预防犯罪都是比非惩治作用更为复杂的过程，因为在此情况下说的是清楚确定的客体。

通常，非惩治作用的拥护者是这样来推论的：经验教育我们，刑罚对犯罪人产生的恰恰是反面作用，因为使被判刑人不道德的趋向是刑罚所固有的。并且，刑罚经常将其变成被社会否定的阶级。可能，执行刑罚的过程事实上对一定部分的被判刑人产生负面影响，这最终导致累犯。但是，刑罚的积极作用在于让其他人不实施犯罪，即通过威慑作用进行预防。

笔者认为，怀有美好初衷而采取的非惩治作用措施去替 233 换刑罚的试图可能会产生不确定性和恣意妄为。还应当记住的是，从伦理方面来看，非惩治作用理论中断了几千年形成的关于公正、善恶尺度、罪责相当等概念。〔1〕

这一理论的最鲜明的现代代表人物之一克里斯蒂指出："非惩治作用理论相当成功地解决了价值性质的问题。基于躯体医学的类似物的非惩治作用被理解为显而易见的福利。治疗，即非惩治作用，在刑事司法中的目的是改善病人的身体状况。因此，询问非惩治作用是否能够造成痛苦是不恰当的。"〔2〕

如司奇所正确指出的："我们认为，非惩治作用理论是'危险状况'和'犯罪人是应当接受治疗的病人'的理论（菲利、加罗法洛）、'天生犯罪人'学说（龙勃罗梭）形式

〔1〕 Никифоров Б. С. Вступительная статья к книге И. Анденеса. Наказание и предупреждение преступлений. С. 9.

〔2〕 Кристи Н. Пределы наказания. М., 1985. С. 45.

的实证思想继续发展的例证。"[1]

如我们所观察到的，除了某些原则性的区别之外，社会防卫理论、预防理论和非惩治作用思想的实质在于反对或不信任作为打击犯罪手段的刑罚。笔者认为，这里可以说的不是用其他措施替换刑罚，而是刑罚效果的完善，以及打击犯罪不同措施的平行存在。毫无疑问，理论上不排除，终有一天"刑罚的惩治会弱化到需要引入新术语的程度"[2]。

但是，放弃威慑，造成恶和痛苦之后，逻辑上也应当放弃刑罚本身。刑罚目前不是破坏名誉的现象，相反，刑罚被认为是某种职业的不可避免的和必要的后果。

说到刑罚，经常提出一个绝对正常和自然的论据：人类尝试了所有的镇压手段，包括死刑的加重类型和各种花样百出的酷刑，但是不知道为什么，无论犯罪还是其他形式的偏常行为都没有消失。要知道，当我们说作为打击犯罪手段的刑罚时，说的不是某种奇迹和犯罪的根除，而主要是抑制其继续增长。也应当考虑的是，有时实现既定目标不仅取决于提出的目标是否正确，而且在很大程度上取决于使用我们所掌握的达到目标的手段的效果。也许，刑罚就自己的客观能力而言是相当有益的手段，但我们不善于在最大程度上对其加以使用。我们同意戈盖里的观点，他曾经强调："刑罚会被立法者从刑罚体系中排除，如果刑罚完全不符合社会的观

---

〔1〕 Сыч К. А. Указ. соч. С. 60.

〔2〕 Криминология XX век. С. 225.

点和道德。因为在个人生活中，更何况是在社会生活中，都不允许残忍和暴力的道德的弱化。"[1]

现在，我们想提出一个问题：我们的道德水平和广义上的发展水平是否允许放弃刑罚和用非惩治作用替代刑罚？在苏联时期的刑法学中，有段时期曾经存在过这样一个流派，该流派认为，刑事政策的方向是通过社会作用和教育措施缩小刑罚的适用范围。例如，卡尔佩茨写道："由于社会关系的完善和人们觉悟的提高，将不再需要各种形式的国家强制。刑罚将越来越多地吸纳与其说是惩治措施的特点，不如说是教育措施的特点。"[2]

某些学者指出，用社会作用措施替代刑罚的过程的发展前提是社会作用措施逐渐缓和，劳动人民文化水平的提高不仅导致犯罪的降低，用教育措施替换刑罚措施，也导致措施本身变得轻缓，因为在越来越多的情形下已不再需要更严厉的措施。[3]

别里亚耶夫认为："用社会作用和教育措施替换刑罚的主要途径是减少刑事可惩罚行为的范围和减少犯罪。"[4]

就实质而言，"社会作用和教育措施"的概念等同于

---

〔1〕 Гогель С. К. Указ. соч. С. 129.

〔2〕 Карпец И. И. Социальные и правовые аспекты учения о наказании // Советское государство и право. 1968. № 5. С. 68.

〔3〕 См. : Ной И. Вопросы теории наказания в советском уголовном праве. Саратов, 1962.

〔4〕 Беляев Н. А. Избранные труды. СПб. , 2003. С. 76.

"社会防卫措施"以及"非惩治作用"的概念。众所周知，术语"社会防卫"产生得要早一些，后来开始使用"非惩治措施"的概念。至于社会作用和教育措施，则这个术语在苏联时期很时髦，通常用于意识形态和政治目的。

我们认为，用社会作用和教育措施逐渐替代刑罚的拥护者错误地认为，失去任何惩治因素的刑罚的存在是可能的。但这种刑罚在原则上是不可能存在的，因为刑罚首先是其内容包含惩治因素。因此，认为刑罚应当不包含造成身体痛苦或侮辱的因素是荒谬的。莫科林斯基写道："作为感性生活的事实，刑罚是强制痛苦的行为。当国家不再通过造成痛苦对一定的事实进行反应的时候，这个历史形成的概念本身就应当从法律的词汇中消失。"[1]

笔者认为，通过逐渐将刑罚的惩治因素归结为零来改变刑罚的内容是一种实际上不成立的措施，在现代条件下甚至是有害的措施，这一点也由犯罪的状态、结构和动态变化得到证实。不能说用社会作用和教育措施可逐渐替换刑罚，而应该说非惩治性质的措施和刑罚平行存在，这可以从对国家与法的历史命运、强制和信念在社会中的作用和地位的原则观点中推出。在此情况下，应当特别强调的是，今天不经过全面和深刻的事先准备而广泛采用社会作用措施而非刑罚，可能导致不良后果。

---

〔1〕 Мокринский С. П. Наказание, его цели и предложения. С. 3.

重新考察长期剥夺自由刑以及根本改变执行刑罚的内容在学术思想的发展中发挥着重要作用。因此，我们不能同意这样的立场：社会体系的构建应该从社会监督的目的出发，将可以感知的、造成痛苦的需求降到最低。[1]

这种立场是对刑罚的一般预防作用的否定，众所周知，一般预防作用在预防犯罪中发挥着重要作用。没有作为惩罚内容的痛苦、疼痛、剥夺，未必可以在对社会有利的方面对人的行为产生影响。只能说对那些实施不太严重犯罪的人限制适用刑罚的这些惩治因素。但是，在不久的未来不可能限制刑罚在预防犯罪中的作用，也排除了对其他作用措施的更多重视，首先是对那些能够不但直接作用于个人，也可以通过改变个人生活和个性形成所处的社会经济、文化等条件来作用于个人的措施。

有些人断言，需要停止继续推广威慑理论的时代现在已经来临，我们想提醒他们：抑制理论是完全可以接受的，如果说的是在两个极端中进行选择——要么全部，要么什么也没有。如果不对违法行为采取任何措施，如果不对它们进行威慑，我们再重复一遍，无疑将导致犯罪总体水平的增长。

不能忘记，目前有效打击犯罪的问题已经不是局部问题，而是关系到整个社会存亡的问题。今天没有必要证明，抑制犯罪方面的积极结果可以不仅借助于合理的社会政策实

[1] Кристи Н. Указ. соч. С. 12.

现，也可以通过对犯罪人进行非惩治作用来实现。

因此，对犯罪的社会控制包含通过刑罚进行打击和预防。所以，我们想再做一个非常重要的澄清。当我们说威慑的时候，指的不是使用严厉的措施，而是通过合理的刑罚对居民当中的一定的不稳定部分施加作用，目的是帮助他们适应社会生活条件。尽管如此，如果有信心认为，在此之后犯罪会开始逐渐减少，那么就可以更高兴地接受非惩治作用和放弃刑罚。既然没有这种信心，则应当在不远的未来也将刑罚看作预防犯罪的措施。真相在于，实际犯罪的指标说明刑罚的预防作用收效甚微，但同时他们没有对究竟多少人正因为这一威胁的存在而没有实施犯罪的问题给出回答。

基于此，立法者没有思考适用还是不适用刑罚，虽然他知道，刑罚的威胁并不作用于所有人。因此，从一个人放弃实施犯罪的所有原因中区分刑罚的恐惧、威慑，并且准确确定这种威胁在所有原因中占据的比例，实际上是不可能的。

刑罚的影响不能从数量上进行确定，刑罚起作用是看不见的。现实在于，对于现代的立法者来说，在确定刑罚时预防的动机是主要的。这意味着，不应怀疑，对一定种类的犯罪刑罚的威慑预防作用在增长。从苏联时期打击犯罪的经验中可以举出事实，当时由于加强了对具体种类犯罪（流氓罪、受贿罪、盗窃国家和公共财产罪等）的刑罚，犯罪水平确实急剧减少。但是笔者认为，完全不允许根据镇压的残酷程度和前科的变化来得出关于刑罚对犯罪的影响的结论。实践中不可能存在这样的状况，即犯罪水平在刑罚的严厉性的影响下发生变化。必须对在具体条件下作用于犯罪的情节进行多方面的分析。

这样，在讨论刑罚的未来及其被非惩治作用措施替代的可能性时，我们支持安捷涅斯的立场。他说："我选择具有公开和直接惩治性质且不试图隐藏在关于改造和恢复个性的 239 慷慨言辞之后的刑法，即主要基于一般抑制和公正性考虑的刑法，并预言，未来属于这样的刑法。"[1]

这就是为什么我们应当不是对"刑罚的危机"进行讨论和争论，而是应当深入研究和理解刑罚威胁对人的作用机制。是否可以发现原先不为所知的，或者恢复实证真理并以新的证据对其加以补充呢？

美国犯罪学家断言："最终，刑罚是否发挥作用不是那么重要，因为刑罚不再适用……"[2] 为什么呢？因为如他们所认为的那样，刑罚越来越与占统治地位的道德不相容。"可以设想，刑罚的惩治会弱化到需要引入新术语的程度。"[3]

在俄罗斯，曾经有过一段时期刑罚被称为社会防卫措施，但是国家对犯罪的反应没有改变，还是以前的"报应"。1954 年《丹麦刑法典》为格陵兰放弃了"刑罚"这个术语，

---

[1] Анденес И. Наказание и предупреждение преступлений. С. 261.

[2] Buttur and Plat t/ The Meaning of Punishment // Issues in Criminology. 1966. Vol. 2. P. 79.

[3] Криминология XX век. С. 225.

而用"措施"取而代之。二战后的瑞典也严肃讨论过放弃
"刑罚"这个术语的建议,尽管如此,1962 年新的刑法典还
是保留了"刑罚"这个术语。笔者认为,关于刑罚的这些观
点在西方体现的是道德评价的重大变化,而在后苏联国家则
与民主改革有关。无疑,当前需要对关于犯罪反应的国内法
进行真正的改革,与 18 世纪末 19 世纪初的改革深度相当的
改革,当时人类摆脱了肢解刑和死刑的加重形式。[1]

240

但是,发明新的术语替代"刑罚"的企图什么也改变不
了,并且不能被认为是严肃的。因此,安捷涅斯指出:"我
不认为会发生重大变化,如果具有进步思想的立法权力机关
决定用听起来更为中性的术语,如'制裁'或'社会措施'
来替代'刑罚'这个术语。"[2]

如果我们现在同意克里斯蒂的观点,在刑法典中不用
"刑罚"的概念,而使用"造成痛苦",会发生什么变化呢?
同样是什么变化也没有,因为社会对犯罪的反应的实质没有
发生变化。如果我们努力对刑罚在预防犯罪中的作用进行认
真研究,考虑到不同民族的社会经济、伦理宗教、国家特点
从而去构建新的刑罚理论,就是另外一回事了。有一点是清
楚的,即刑罚在打击犯罪中收效甚微的事实越来越显而
易见。

这样一来,放弃"刑罚"这个术语,用其他更人道、民

---

〔1〕 Шестаков Д. А. Введение // Криминология XX век. С. 12.
〔2〕 Анденес И. С. Указ. соч. С. 260.

主、现代的术语来替代它，也产生不了实质变化。刑罚的历史证明了这一点。因此，刑罚的未来不是与其名称的改变有关，而是既与许多客观因素有关，也与许多主观因素有关。出发点必须是：刑罚的未来的确定不能离开犯罪原因的语境。在我们不能回答犯罪行为的原因这个问题之前，未必可以谈论在刑罚的惩治实质方面的根本改变。

对犯罪人的非惩治作用只在这样的情况下可以取代刑罚，即能够证明，人实施犯罪不是按照自己的意志，而是因为其意志之外的原因，并且这些原因可以无需惩治作用而被排除。刑罚的未来，在其惩治实质的程度方面，将直接取决于一个国家整体上的犯罪动态变化和水平，而这将因我们现在未知的犯罪行为的出现导致新的替代刑种的出现。从犯罪的水平和性质判断，被判处剥夺自由刑的百分比几乎会保持在今天的水平上。

刑罚的未来与法官自由裁量的扩大有关，因为刑罚的低限和高限的差距在扩大，同时也与新的替代刑的出现有关。随着时间的推移，短期刑将不再"时髦"，会被数额巨大的罚金制裁所取代。某些国家因为严重犯罪和特别严重犯罪的增长而重新适用死刑。

刑罚的未来也直接与刑罚效果的确定有关。如果能够证明刑罚实际上带来不了社会所期待的结果，则有充分的理由放弃刑罚并找到对犯罪行为的其他作用措施，其中包括非惩治性质措施。但是如果我们确信，刑罚能够带来某种益处，

241

则应当找到对刑罚进行完善的途径。原则上，刑罚的未来不排除在适用刑罚之外对一定类别的犯罪和犯罪人适用非惩治作用的方法。

二、死刑的未来

今天几乎所有国家，不管是在保留死刑的国家，还是在已经废除死刑的国家，时不时地都会爆发激烈的争论。这涉及欧洲国家、美国、后苏联国家。例如，英国议会在 1969 年最终废除死刑之后，先后 18 次提过恢复死刑的建议。

别尔纳（А. Бернер）当年也写道："最近十年几乎所有保留死刑的国家都庄严宣布，总有一天会完全废除死刑。"[1] 242 众所周知，这一刑罚措施在世界上的许多国家都存在并且实际执行，虽然死刑的反对者更多并且其论据也足够有力。其中，许多学者在反对死刑的时候和贝卡利亚一样，努力引用某一民族生活、历史中的证据作为自己立场的根据。例如，作为死刑无益处的证据，他们指出，死刑不能把人变得更好，不威慑犯罪人，犯罪并没有因为死刑的存在而减少。例如，别尔纳指出："个别死刑的血腥场面完全恶化了人民的道德：这种场面在人的内心唤起粗鲁，使人的同情感减弱，激发残酷和嗜血。"[2] 据说，即便是作为残酷的真正体现的尼禄（Нерон），在让他签署对一个犯罪人的死刑时，他感叹道："我多想不会写字啊！"在想到要判处一个人死刑的时

---

〔1〕 Бернер А. О смертной казни. С. 90 - 91.
〔2〕 Там же. С. 30.

候，他的内心是如此紧张。有时，死刑的反对者援引莫尔
（T. Mop）的说法：人的生命不能和世界上的任何财富相提并
论。但莫尔指的是死刑对经济犯罪是不需要的。他写道：
"我认为，由于金钱损失而剥夺一个人的生命是完全不公正
的。人的生命就其价值而言不能等同于世界上的任何财富。
如果有人对我说，刑罚不是因为金钱的报应，而是因为破坏
公正，因为违反法律，则为什么不完全有根据地将这一最高
权力称为不公正。上帝禁止杀任何人，而我们却这样轻易地
因损失了微不足道的金钱而杀人。"[1]

支持废除死刑的论据经常与这一点结合在一起，即死刑
是从血亲复仇的习俗中产生的。例如，日里佐夫（C. B. 243
Жильцов）认为："死刑这一刑罚的客观基础是对杀人的报
应，以"相同还相同"的同态复仇原则。客观上，无论对什
么犯罪都不能判处死刑。"[2]

这种立场是错误的，虽然学界有观点认为，存在死刑与
血亲复仇习俗在起源上相互联系的事实，血亲复仇具有死刑
所不固有的，并且是非典型的特点。血亲复仇被认为是道德
义务，不履行这一义务导致耻辱和有辱先辈。因此，与作为
报应的死刑不同，血亲复仇追求的是维持宗族、部落、家族
的威信。

叶西波夫（B. B. Есипов）的观点是正确的。他认为，死

〔1〕 Мор Т. Утопия. М. ; Л. , 1958. С. 68.

〔2〕 Жильцов С. В. Указ. соч. С. 7.

刑不能从血亲复仇中推导出来，因为后者"自然退化为结构体系，这种体系在实行死刑之前很早就已存在"。[1]

复仇与死刑的区别不仅在于前者是根据个人的意志，而后者是根据国家的意志，还因为在血亲复仇中主体从实施行为中得到满足，主体实施报复正是为了满足自己和自己的亲属、部落、宗族等的满足感和公正感。在死刑中不存在这一成分。但可以说，只能是满足社会成员的公正感，其中包括受害人的亲人。

此外，血亲复仇没有规定在损害和复仇之间的必需的相当性。对于欺侮，甚至可以赎买。如果死刑的客体是犯罪人自己，则复仇的客体不但可以是欺侮者本人，也可以是该宗族、部落、家庭等的任何其他成员。这样一来，血亲复仇的渊源就是某一民族的习俗和道德，而死刑的渊源则是保护公共利益和个人利益。

立即废除死刑的拥护者的主要论据总是归结为，这个刑种不具有预防意义。塔尔德认为，反对这一刑罚的最有力的论据不是其对社会无意义，而是它所引起的道德和伦理的反感："我一直试图克服自身对死刑的恐惧感，但做不到。"[2]

断言人不怕死，也就意味着断言虚假，反抗自然，宣布无意义占上风。基斯佳科夫斯基完全正确地指出："没有什

---

〔1〕 Есипов В. В. Преступление и наказане в древнем праве. Варшава, 1903. С. 42.

〔2〕 Тард Г. Д. Указ. соч.

么比死刑的威慑更直观、更简单和一目了然了。人一想到这一刑种就会感到恐怖。"[1]

害怕死亡对犯罪人来说是严重的障碍。甚至从通常的健全理智出发，人们对于死刑的恐惧要高于其他刑种，因此，死刑比其他刑种更能抑制犯罪。茹科夫斯基（В. А. Жуковский）写道："死刑不是别的，而是严厉真理的代表，追求的是恶，并且拯救上帝自己创造的公共秩序。死刑作为从远处用自己的剑进行威慑的涅墨西斯，作为对可能死亡的恐惧，作为追逐犯罪人的幽灵，因为自己的不可见的存在而感到恐怖，关于死刑的想法抑制着许多人实施恶行。"[2]

因此，关于死刑完全不恐怖——因为死亡是每个人必定的归宿，不同的圣人都认为死是平静——的论据，以及关于通过斩首和绞刑来剥夺生命是无疼痛和甚至有些愉悦的生理考虑，虽然在科学方面是公正的，但是违背了一般情绪的共同感受[3]

废除死刑的支持者的下一个论据是：死刑是令人厌恶的刑罚；死刑基于的是力量，而不是真理，不是人道主义。无疑，反对人道主义是愚蠢的。因此，我们会完全支持这一论据，如果不是由于下面两个重要的因素。

---

〔1〕 Кистяковский А. Ф. Указ. соч. С. 55.

〔2〕 Жуковский В. А. О смертнойказни // Соч. Т. ⅩⅠ. СПб. , 1857. С. 186.

〔3〕 Кистяковский А. Ф. Указ. соч. С. 57.

第一，如果我们认为死刑是反人道的刑罚，并且要求对犯罪人持有人道的态度，则让我们也不要忘记犯罪的受害人。难道一个女人的丈夫被罪犯残忍杀害，丢下她和两个、三个，甚至更多的孩子任凭命运的摆布就人道吗？不知道为什么在这个时候我们想得更多的是对犯罪人的人道主义。只有在国家充分保障犯罪受害人的家庭的情况下，人道主义和公正才会充分彰显。

第二，如果死刑是反人道的，则其替代刑、终身剥夺自由的人道主义也不是无可争议的。因此，只有我们坚信，死刑是最不人道的刑罚，同时其替代刑具有同样的预防效果，才应当放弃死刑。遗憾的是，时至今日我们对此并不坚信。毫无疑问，与死刑相比，终身剥夺自由是更为人道的措施，虽然这个刑种注定让犯罪人承受终身的折磨。

但是应当承认，对死刑的恐惧比对终身剥夺自由的恐惧要强烈一些。这是个无可争议的事实，虽然一些人并不认同。被判处死刑的犯罪人更喜欢最残酷和长期的剥夺自由，以及最沉重的劳动和恶劣的服刑条件，而不是死刑。因此，甚至对剥夺自由刑的恐惧也不能像死刑那样抑制犯罪。

246 　　只有在死刑的必要性和不可替代性被证明时，其公正性才可以被承认。相反，如果证明死刑是不合理的和可替代的，则死刑的公正性就受到质疑。从人道主义的立场反对死刑的同时，我们仍然断言，这一刑罚措施具有最高的威慑作用。

死刑的未来如何？放弃死刑的国家重新回到恢复死刑的问题上，而那些至今仍保留死刑的国家更加坚信自身立场是正确的。这个结论有宗教、哲学和法律根据。

（一）死刑的宗教根据

虽然法的问题，其中包括刑法问题，不能根据宗教趋势和宗教经典来解决，但尽管如此，在考察死刑的存废问题以及惩罚的性质，包括刑罚的性质时，这些因素的意义不能忽略。坦白说，面对神学观点的时候，我们不明白，为什么一个受过教育的、文明的人可以在过时的原则上构建对死刑的辩护："谁使流血，谁的血也应当被流。"

众所周知，人民的声音，即不容忽视的人民的观点，要求以血还血。但是，这种声音从何而来呢？从宗教感觉中，因为上帝的训诫"以眼还眼、以牙还牙"作为公正和司法的象征存在于人民的意识中。

生活通过许多历史事实证实，"人病态地喜欢看与自己同类的人被处以绞刑"[1]如果宣布白天将在广场上对某人处以绞刑，则人们一大早就会聚集在那里，为什么？

如人们所理解的那样，报应理论从宗教经典出发，在推导出死刑绝对必要时，可能在根据上是错误的并且不适合采用，但这一理论的存在不仅具有严肃的宗教根据，还有哲学和法律根据。同时，为公正起见，应当指出，最早的值得尊

247

---

〔1〕 Голик Ю. В. Философские проблемы наказания... С. 37.

敬的反对死刑的声音经常出现在基督世界中。顺便说一下，在判处亚当死刑的时候，上帝倾向于不确定刑的形式来剥夺他的自由，而不是立即判处死刑，即让他进入另外一种生活：从乐园到人间，从永生到生死有时。这样，刑罚"被描绘为将行为的全部自由赋予追求将活的肌体解体的自然力量"[1]。同时，对上帝来说，亚当从作恶的时候起就已经死了，但不是在肉体层面，而是在精神层面，因为人和上帝之间的联系中断了。

《古兰经》呼吁不杀人："你们不要违背真主的禁令而杀人，除非因为正义。"（第17章"夜行"第33节）因此，《古兰经》认为最严厉的刑罚是死刑。死刑根据的是"以命偿命"这样的训诫。"你们不要违背真主的禁令而杀人，除非因为正义。无辜而被杀者，我已把权柄授予他的亲戚，但他们不可滥杀，他们确是受援助的。"（第17章"夜行"第33节）

在真主的圣书中经常遇到"痛苦的惩罚"这样的表述。笔者认为，这里说的是死刑。在《古兰经》所说的交付死亡应当同样被理解为实际剥夺生命和死刑。同时，根据《古兰经》，作为犯罪的"杀人"概念和作为刑罚的"死刑"概念是不等同的。

在杀人行为中，总是存在一个人的恣意，而在死刑中，

---

〔1〕 Гольбити Э. , Пьяцца А. Трудные страницы Библии（Ветхий завет）// Христианская Россия. Милан；М. , 1992. С. 97.

即在剥夺生命中，是真主的最高意志、最高公正的保障。在对杀人规定死刑作为报应时，《古兰经》同时也赋予了受害方选择的权利。"如果一个人的亲人被杀害，则他可以二选其一：要么为死者接受赎罪，要么在另一个地方替他报复。"[《布哈里圣训实录》——穆罕默德言行录（92），信仰]

《古兰经》对杀害信士规定了专门的刑罚。真主呼吁世人："信士不至于杀害信士，除非是误杀。谁故意杀害一个信士，谁要受火狱的报酬，而永居其中，且受真主的谴怒和弃绝，真主已为他预备重大的惩罚。"（《古兰经》第 4 章"妇女"第 92 - 93 节）

不仅伊斯兰教，还有其他宗教，都从上帝的训诫出发，认为死刑是公正的惩罚。

（二）死刑的哲学根据

死刑不仅基于宗教"以血还血"的要求，也基于康德和黑格尔的哲学原则和思想。由此可见，保留死刑不仅是报应的宗教原则，也是哲学的要求。是否可以根据其哲学立论：同等报复，以命抵命，认为康德和黑格尔是死刑的拥护者？我们知道，这一理论存在几千年了，即从原始人类开始就存在。康德将犯罪与刑罚平衡的原则作为确定刑罚尺度的基础。由此可以得出，对杀人一定要判处死刑。

黑格尔也希望确定犯罪与刑罚之间的一定的平衡。但这种平衡不应当是一种特殊的平等，而只是与犯罪的性质相当的平等，这种平等根据近似评价确定。

248

奇切林写道："公正的惩治在于消除具有同样价值的东西。尽管死刑有时被废除并用其他刑罚替代，但这不是由于司法的要求，而是出于其他考虑。"[1]

249

有趣的还有，不管是死刑的反对者还是支持者都援引公正性。有鉴于此，基斯佳科夫斯基指出："导致两个对立结论的一般公正性是什么呢？一些人说死刑是神圣的制度，符合我的要求；另外一些人说死刑是我所讨厌的，它基于的是力量，而不是真理。"[2]

（三）保留死刑的法律根据

犯罪的增长和犯罪的性质，非常普及的新的现代的杀人方法、手段和工具，越来越迫使法学家思考保留作为威慑手段的死刑的合理性。

奇切林写道："如果为了保护社会要求威慑犯罪人，则在这一方面死刑的效力最强大。甚至，对终身监禁持相当无所谓态度的根深蒂固的恶人，也止步于死刑。对社会来说，清除被感染的成员是有益的。如果有不能改造的犯罪人，则最好一次性摆脱他们。"[3]

甚至，龙勃罗梭在《犯罪及其原因和矫治》这部著作的最后一版中（1907 年），也回到了死刑问题上，并且认为必

---

〔1〕 Чичерин Б. Н. Указ. соч. С. 156.

〔2〕 Кистяковский А. Ф. Исследования о смертной казни. Тула, 2000. С. 13.

〔3〕 Чичерин Б. Н. Указ. соч. С. 156.

须"让死刑的前景像达摩克利斯之剑一样，悬挂在更为恐怖的恶人头上，虽然这些人已经被判处了终身监禁，但仍然多次侵害他人的生命"。他认为，在这些情形下，"只能采取这种严重的筛选手段"。这时，死刑"和其他刑种一样，是相对公正的"。龙勃罗梭认为："死刑被以鲜明的字母写进了自然之书和历史之书，甚至肌体的全部过程完全基于的是为生存而斗争。" 250

那么，犯罪人自己是如何对待死刑的呢？他们是否同意用终身剥夺自由来代替死刑呢？

暂时还没有人能够回答这些问题，也未必什么时候能有人作出回答，因为这涉及的是不同心理、性格、意志品质等的人。我们所进行的研究表明，在某些情形下犯罪人宁可接受死刑，也不要终身监禁，虽然正是死刑对人的精神的作用最为强烈：死刑迫使犯罪人永远面对自身并忏悔自己的罪行。但是显而易见的还有，许多犯罪人是抱着完全无所谓的态度走向刑场。当我们说害怕死亡的时候，我们首先想到的是死亡之前的痛苦。死亡或者已经发生或者将要发生，都与当下没有关系，死亡本身比等待死亡的感受要轻一些。蒙田指出："树木在被砍伐的时候似乎也在呻吟。至于死亡，则我们不能感受它；我们只能片面地认识它，因为生与死之间只是一眨眼的工夫。"[1] 拉罗什富科（Ф. де Ларошфуко）* 也表达了同样的内容："被判刑的人在绞刑时所表现出的毫无窘迫感以及对死亡的蔑视，只是说明了害怕直接面对死亡；因此可以说，这两者对他们的理智来说就像是眼罩一样。"[2]

轻缓的刑罚对发育程度较高的公民的作用可以如此强烈，就像严重的刑罚对无教养和受教育水平低下的人的作用一样。逻辑上，由此推导出下列立论：如果我们想让刑罚体系更为轻缓，则必须关心公民的道德和教育水平。由此可以

251　得出结论，死刑的废除和保留正是取决于这一基础。因此，应当理解地看待那些至今仍然保留死刑的国家。事实上，对在道德、法律和政治方面发展水平较高的人，展示死刑会产生痛感。死刑对无教养和受教育水平低下的人的作用完全不同，对他们来说这是正常现象和场景。

我们认为，法律应当对加重情节的故意杀人，以及对加重情节的强奸幼年人规定两种刑罚：死刑和终身剥夺自由。选择权应当赋予罪过得到证明的受审人本人。

三、剥夺自由刑及其未来

没有任何一个国家的刑法典没有规定剥夺自由刑。此

---

〔1〕 См.：О природе человека. Монтень. Ларошфуко. Паскаль. М.，2009. С. 32.

＊ 弗朗索瓦·德·拉罗什富科（фр. François Ⅵ, duc de La Rochefoucauld，1613－1680 年），法国思想家，著名格言体作家。一生作品不多，仅有《回忆录》和《道德箴言录》两部作品传世，但影响极为深远。——译者注

〔2〕 См.：Там же. С. 201.

外，在实践中剥夺自由刑比其他刑种适用得更为频繁。

每个国家都按照不同的方式确定剥夺自由刑的限度。例如，在比利时，剥夺自由的最短期限为 5 年，最长期限为 30 年，此外还有终身剥夺自由。在荷兰，监狱监禁的期限最短为 1 天，最长不能超过 15 年（在个别情形下为 20 年）。《瑞士刑法典》规定了 1 年以上 20 年以下的苦役监禁，在个别情形下是终身剥夺自由。除了苦役监禁，在刑罚体系中还有 3 天以上 3 年以下的监狱监禁。在中国，除了有期徒刑之外（6 个月以上 15 年以下），刑法还规定了无期徒刑，即终身剥夺自由，虽然在刑罚体系中也有死刑。顺便说一下，格鲁吉亚的法律没有使用终身剥夺自由而使用了"无期剥夺自由"的概念。在圣马力诺监狱监禁的最短期限为 3 个月，最长期限为 35 年。

应当注意的是，某些国家不使用"剥夺自由"的概念，而使用"监狱监禁"的概念，实际上指的是同一事物。

18 世纪末 19 世纪初，现代监狱体系开始"凯旋进军"。众所周知，在此之前存在恐怖的身体刑和死刑（绞刑、断头台、车轮刑、截肢刑）；关押并监禁实施各种犯罪的人（海盗、小偷、妓女、流浪汉等）的苦役监狱。换言之，18 世纪后半期监狱中的条件极为恶劣。社会的主要目的是对人进行警告、威慑。不存在长期剥夺自由和作为刑罚的强制性劳动。

约翰·霍华德（Джон Говард）* 是第一个在自己的故乡英国和其他国家研究服刑条件并对当时的监狱秩序提出著名指控的人。同时，许多学者开始承认这样的事实，即犯罪人也是社会的牺牲品，因此不能消灭他，必须努力拯救他。后来在费城，甚至建造了带有单独禁闭室的著名的模范监狱。和现在一样，当时监狱中的在押犯人的数量超过了监狱位置的容量。对一些犯罪通过死刑和身体刑进行打击是难以想象的，这类犯罪的急速增长也促进了剥夺自由场所的出现，同时出现了对廉价劳动力的需求。因此，长期剥夺自由并同时从事严格的强制劳动成为保护社会的新的惩治手段。这个刑种在 19 世纪的惩治体系中占据统治地位，并且深深地植根

253 于大众意识中，其有益性被认为是无可争议的。分歧可能只在于确定更好的剥夺自由体系。学术界的代表以及实践工作者开始探索完善和提高剥夺自由场所效果的途径（这种尝试至今仍在继续），方向为服刑过程的人道化、减少被判刑人的痛苦和疼痛。但是，到什么程度呢？要知道，不给犯罪人造成痛苦和疼痛，剥夺自由刑的执行就是不可能的。应当承认，这种现代机构基于的正是承认报应和造成痛苦的必要性，而不是改造被判刑人。因此，实际上现代剥夺自由场所仅仅对隔离犯罪人是必需的。

---

* 约翰·霍华德（1726－1790 年），英国监狱改革家，著有《英格兰及威尔士监狱状况》一书，披露了监狱的黑暗状况，并提出了监狱改良的若干措施。——译者注

对被判刑人造成痛苦和疼痛绝对不意味着压制或消灭他。同时，在构建剥夺自由体系时应当考虑到居民的整体生活水平。被判刑人应当感觉到这种区别，否则刑罚不会产生威慑作用，不管是对犯罪人本人，还是对整个社会。

剥夺自由刑，在理性范围内造成痛苦和疼痛的同时，应当通过各种改革使其变成改造、教育和恢复人本身的体系。遗憾的是，当代的服刑场所不能完成这一任务。它们不仅不能减少累犯犯罪，相反，产生着越来越多的犯罪人。今天，这些机构不能保护社会免受新犯罪的侵害，因为它们失去了曾经拥有的威慑力量。

必须考虑周全的并且实际上可以接受的改造作用体系，同时人道地执行刑罚。因为在现代机构中，被判刑人完全未被吸收到劳动过程中，即便剥夺自由场所设施相当完备。如果在剥夺自由场所没有劳动可能的话，为什么一定类别的被判刑人不能被吸收到私人公司去工作？在此情况下，不应当忘记，只有被判刑人自己选择的、他自己喜欢的、给他带来愉悦的工作才会有助于被判刑人的改造。我们现在是否能够这样做并解决这一问题？对此需要进行思考。

与苏联时期的阿塞拜疆存在的剥夺自由场所相比，现代的惩罚机构看起来好多了。在这些机构的内部也发生了积极的变化。但是，就实质和社会意义而言，惩罚机构变得更差，即惩治教育过程实际上达不到既定目标。

引人注意的是这样一个事实，即随着时间的推移被判处剥夺自由刑的人数每年不降反增。如果说在 20 世纪 60 年代被判处剥夺自由刑的被判刑人的平均指标是 28%–32%，则从 1970 年开始，这一指标快速增长，到 1983 年已经达到 55%。对法院的惩治实践的分析表明，1971–1991 年间，即在苏联解体之前，被判处剥夺自由刑的被判刑人的比例在 35%–55% 之间浮动。例如，1971–1977 年为 41%–45%。1980–1997 年，则增至 50%–54%。

努力扩大这一刑罚措施的适用与降低犯罪水平的愿望有关。然而，结果是否定的。犯罪在增长。例如，如果说 1961–1970 年的平均犯罪为 13 600 起，则 1971–1980 年为 14 650 起，1981–1990 年为 15 850 起。

从 1976 年开始，呈现严重犯罪和其他暴力犯罪增长的趋势。例如，1980 年，因严重犯罪被判处剥夺自由刑的被判刑人约占 25%。苏联时期所执行的刑事政策的无效性，不仅在于对剥夺自由在预防犯罪中的效果的错误认识，也在于对不具有严重社会危害性的轻微犯罪相当广泛地判处剥夺自由，这导致了被判处剥夺自由刑的被判刑人的比例被人为增长。

阿塞拜疆的共产主义制度解体之前，每年在所有被判刑人中有 6%–10% 的人因农产品投机倒把被判刑，其中也包括被判处剥夺自由刑；相同数量的人因欺骗顾客被判刑。其中，1982 年，在所有被判处剥夺自由刑的人（54.2%）当中，实施非严重犯罪和非累犯占 58.4%。

独立后的阿塞拜疆在对犯罪人适用剥夺自由刑方面的刑事政策没有发生变化。最近 13 年（2000－2013），一定期限的剥夺自由刑处于 42%－49% 的水平，虽然现在已经没有投机倒把和欺骗顾客这样的犯罪了。

引用这些统计数据是必要的，因为笔者要论证这样的结论，即剥夺自由刑总是最流行的和在实践中可适用的刑种。因此，未来的刑罚直接与剥夺自由有关。如果说用非惩治作用替换刑罚，则只有逐渐减少剥夺自由的作用直至其作为对犯罪行为的作用手段完全消失，才是可能的。但是，这可能吗？

遗憾的是，阿塞拜疆最近十年的犯罪统计数据不能给出正面的回答，因为目前的趋势是犯罪在增长。例如，2000 年在阿塞拜疆一共登记了 13 958 起犯罪，在 2010 年则达到 23 000 起，2011 年已为 24 000 起。

也应当考虑这样的事实，即在上述期间严重犯罪和特别严重犯罪，如故意杀人、强奸，即各种侵害人身的犯罪的数量，不但没有减少，相反呈现增长的趋势。如果现在有一半犯罪是侵害人身犯罪，我们是否可以放弃适用剥夺自由刑？

剥夺自由刑在未来仍然是针对严重的暴力犯罪和累犯的 256 主要刑种。同时，未来没有必要将一定类别的、实施非暴力犯罪（经济犯罪、过失犯罪以及与吸食毒品有关的犯罪）的犯罪人隔离在剥夺自由场所。这将导致剥夺自由刑的比例降低，罚金、劳动改造、限制自由的比例扩大。笔者认为，未来的刑罚也与放弃短期剥夺自由刑有关，因为这个刑种绝对不能达到什么正面结果。短期剥夺自由刑的适用实践鲜明地证实了这一点。

如果在现代条件下我们将剥夺自由理解为对处分自己权利的自由的一定限制，而不是完全剥夺自由，即造成痛苦，则这一刑种的未来与限制其惩治内容有关。但是，如果剥夺自由场所看起来像用纳税人的钱建造的汽车旅馆、疗养院，则将导致这一刑种实质上完全消失，也就意味着，将导致主要的并且几乎是唯一的威慑作用的丧失。

因此，现在没有任何一个国家放弃1780年在费城以完全隔离犯罪人为目的而设计建造的监禁场所、剥夺自由场所、监狱、惩罚机构，怎么称呼没有区别，尽管所有人都怀疑这些机构的效果。

结　语

犯罪和刑罚理论的历史证明，人类在解决刑法这一领域
的问题中取得了怎样辉煌的成绩。因此，2012 年 12 月哈夫
罗纽克在北京举行的刑罚问题国际研讨会上的下列阐述使人
吃惊："这样说来，恕我直言，一个世纪又一个世纪、一千
年又一千年地过去了，人类最优秀的思想者和法律学者在刑
罚问题上并没有走得太远，实质上他们只不过断言：刑罚应
当是正义和仁慈的……如何让刑罚在具体情况下的确是正义
和仁慈的，他们做的努力还不够。我们至今也不知道，应当
给犯罪人判处什么样的刑罚才能既达到惩罚的目的，又能把
他改造好并且使其不再犯罪。"[1]

---

〔1〕 Хавронюк Н. Каким должно быть уголовное наказание, или Почему
юриспруденция отстает от физики? // Материалы Научно - практической
конференции в Пекине. 2012 г. 1 – 3 дек. С. 13.

正如书中所指出的，正是刑罚的预测性的实质使得我们不能在法律创制阶段和处刑、执行刑罚的阶段预见到刑罚的未来结果。因此，不能确定某些刑种的效果，也不能确定整个刑罚体系的效果。

因此，可以得出结论认为，法学家没有充分利用其他科学的成就，以便完善刑罚的效果。对此，哈夫罗纽克自己也说到了，并提出了这样的问题："法律科学特别是刑法如此258 落后的原因是什么？"并且自己答道："或者是因为刑法像任何其他一门法律科学一样忘记了必须对社会与人的发展（这种发展只有在各学科交叉时才是可能的）的自然规律进行统计计算，忘记了必须寻找机会在法律规范中尽可能准确地反映其他科学（首先是社会学、犯罪学、刑事统计学、心理学、精神病学、医学）的成果？"[1]

众所周知，与自然研究不同，人文科学的结果和意义不能被立刻确定。为此需要足够长的时间，因为它们直接与社会政治进程、历史条件有关，与人的意识，首先是法律意识有关。

毫无疑问，哥白尼的日心宇宙体系理论（1543）、孟德尔（Г. Н. Мендель）的遗传规律（1865）、胡克（Р. Гук）发现的植物细胞结构（1665 年）、贝尔（К. Э. фон Бэр）研究的胚胎学基础（1828）以及宇宙发现等，都是人类最伟大的成

---

[1] Там же. С. 2.

就，这些成就可以被感知，可以看得见。难道贝卡利亚在
《论犯罪与刑罚》中阐述的思想对人类社会的发展来说不是
和相对论或达尔文的进化论同样伟大的吗？难道刑事立法的
现代体系不是构建在其思想和原则之上的吗？

　　刑事古典流派是文艺复兴时期的自然产物，这一时期诞
生了这样一些思想家，如卢梭、伏尔泰、孟德斯鸠。在刑罚
领域，上述方向源于基本要求：将对人的行为的作用措施降 259
到可能的最小程度，即刑罚不应当超过公正的要求；犯罪和
刑罚应当事先清楚规定；刑罚应当完全符合犯罪的严重程
度。从人类文明和文化发展的角度来看，这些思想和以上所
列举的科学家的发现同样伟大。

　　哈夫罗纽克只有在一个方面是正确的，即在实践中适用
相对论。我们到现在还不能找到根据社会危害性和严重程度
对犯罪进行区分的标准，并在此基础上构建公正的刑罚与犯
罪相当的体系。

　　应当也同意作者这样的论断，即我们至今不能研制出足
够有效和公正的"工具"，使得法官不是凭空，而是有科学
依据地处刑和确定刑罚。但是量刑、处刑和执行刑罚体系向
人道化方向的重大变化正是应当归功于伟大的思想家和法学
家。世界上绝大多数国家已经废除死刑就足以说明这一点。
难道这是物理学家、生物学家、医学家、天文学家的功劳吗？

　　今天，我们应当鉴于当前条件和社会发展水平来思考刑
罚的未来，思考如何拥有更加有效的又减少痛苦的新的刑种。

书 评

拉基莫夫教授该书研究犯罪现象与刑罚哲学，这是从人类历史初期就令人关注的重要问题。

第一章揭示了犯罪概念本身的哲学和法律方面，揭示其实施的原因。在对实施的犯罪作出判决时也关注到人格因素。

该书的第二章研究刑罚概念的本质。在这里，作者引证了著名学者的观点，对刑罚的内容和特征进行条分缕析的解读。在阐释犯罪与刑罚概念的法律方面的同时，作者还揭示了与其相关的社会和心理问题，并能够引用著名哲学家和社会学家如黑格尔、涂尔干等人的著作予以论证。

与此同时，在研究与犯罪和刑罚有关的问题时，作者还触及了善与恶的伦理范畴。

该书有着诸多引人入胜之处，其中之一便是对犯罪哲学问题的研究。这一问题被认为是理解其原因的必要基础。从这一视角出发，拉基莫夫让我们注意，在确定犯罪的原因时要思考人的行为。在此，作者重点讨论的是自我意识哲学，并提醒读者注意铭刻在德尔菲阿波罗神庙的著名碑文"认识你自己"的实质。

本书另一个值得关注的特殊之处在于从宗教角度解释实施犯罪的原因。

传统和习俗在犯罪与刑罚中的作用在书中也有一席之地，从哲学和社会学两个方面对存在于民间的"有益的"和"有害的"传统进行了分析。

我坚信，拉基莫夫的这本专著不仅在刑法学界，而且在哲学、社会学、心理学界的专家学者以及更广泛的读者群中都会引起极大的兴趣。

侯赛因诺夫·萨基特·叶海亚·奥格雷

（Гусейнов Сакит Яхья оглы）

哲学博士

阿塞拜疆共和国民族科学院哲学、社会学与法研究院宗教学和文化哲学部主任

俄罗斯联邦行政科学院通讯院士

* * *

众所周知，在学位论文和专著研究的范围内对有关犯罪与犯罪现象的科学理论观点、看法和命题进行体系化分析和总结由来已久。如波兹尼亚科夫（Э. Поздняков）出版的专著《犯罪哲学》、巴比切夫（Д. Бабичев）的副博士学位论文《犯罪哲学的政治法律研究》。不久前面世的亚历山大罗夫的《恶的哲学与犯罪哲学》则是一个大部头专著。

我们完全可以认同拉基莫夫的观点，即"哲学是科学的基础，是研究包括法律在内的其他科学具体问题的根基所在"。

拉基莫夫对"犯罪"与"刑罚"制度反映在哲学世界中并折射出不同面相的著名哲学大家的学说、观点进行了研究和系统的分析，并以此在研究诸如犯罪与刑罚这些复杂和多面相概念领域开辟了新的视野。

作者正确地认为，"犯罪与刑罚概念的复杂性、解释的困难性与其哲学本质有关。因此，首先我们发现，存在着一种对这些现象采取整体的与此同时又是深入的哲学立场的需求，目的在于揭示其哲学本质……"

拉基莫夫指出："我相信，敢于从事研究诸如犯罪与刑罚这种并不轻松且费力不讨好的问题的每个人，不仅必须专注于了解那些优秀的法学家，而且还有著名的哲学家、心理学家、社会学家、作家与研究这些刑法制度有关的著作。"在这里，在对哲学家、法学家、社会学家、心理学家和其他过去思想家的观点和看法进行分析的时候，"在研究哲学、宗教、法和其他科学关于犯罪与刑罚的历史的时候"，作者的出发点是："所有新的东西，都是被遗忘得干干净净的旧物件。"

事情确然如此。许多法律学者，如多尔戈娃（А. И. Долгова）、库兹涅佐娃（Н. Ф. Кузнецова）、明科夫斯基（Г. М. Минковский）、雅科夫列夫（А. М. Яковлев）、古德利亚采夫（Н. В. Кудрявцев）、卡尔佩茨（И. И. Карпец）、霍赫里亚科夫（Г. Ф. Хохряков）、因沙科夫（С. М. Иншаков）等都正确地强调，历史的教训让我们重新审视现代性，对以往科学发展的研究能够帮助我们看清未来。历史研究对于解决许多现阶段问题具有重要意义。在犯罪与刑罚学说的发展进程中，形势复杂且危机重重，了解这些有助于避免未来犯错。相反，所有那些在其时代遭受挫折、被遗忘而只是到现代才获得承认的进步，都将丰富未来科学思想的发展。有鉴于此，历史研究对于形成每一代新人对未来的责任至关重要。在科学发展日新月异的现代社会，对其提出的要求也越来越多，对其历史进行研究也成为必然选择。

在指出关于犯罪与刑罚科学发展的历史研究的重要性和必要性，并认识到古希腊罗马、中世纪和现代关于犯罪、犯罪现象和犯罪人理念构成一个完整的链条的同时，伊万诺娃

（Л. П. Иванова）和伊利英娜（Л. В. Ильина）强调指出："诞生于此一时代或彼一时代的每门科学自身无不带有局限性与时代困惑的痕迹。但是，作为一门科学，它又向研究者的观念中注入有关认识对象某种新的、真理的成分。真理并不受时代的控制，哪怕是革命时代，因此必然被列入更新换代的下一历史时期的科学之中。黑格尔将这一过程称为'摘除'过去。而这意味着，除去那些否定因素，所有那些基于时代水平所产生的正面的、合理的东西都会保留下来。"

正如作者本人指出的那样，该专著尝试回答一些具有哲学实质的问题，包括："何为刑事法律之外的犯罪？人的行为，尤其是犯罪行为的原因和根源何在？刑罚的实质是什么？刑罚从何而来？因为什么而惩罚？为了什么而惩罚？惩罚谁以及如何惩罚？刑罚权属于谁以及谁赋予此权？一般来说，社会是否需要刑罚以及刑罚的未来如何？"

我们认为，专著中所阐述原理的科学真实性和论证充分性保证了科学认识诸如刑法、犯罪学、刑事政策学、社会学、心理学等这类科学的哲学、科学学和理论的基本原则及原理。通过综合运用系统结构观点、历史法学、逻辑法学、比较法学的分析方法，并旁征博引哲学家、社会学家、心理学家、犯罪学等专家学者的基础理论著作，使得在整体上能够正确确定专著的结构、据以研究的科学立场，选择正确的方法收集一般理论材料，对其进行系统化的分析，保障研究结果更高的可靠性和论据的充分性。所有这一切都使得作者得以完成这部可被认为是第一部研究犯罪与刑罚哲学的内容丰富、逻辑严谨的专著。

作者在专著中论述并加以论证的许多原则、思想观点、看法和立论都具有深厚的科学理论基础，使人兴趣盎然，应当得到支持和赞扬。

拉基莫夫对"犯罪与刑罚"这个题目研究的价值还在于其为一系列问题的争论留下了足够的空间。可想而知，作者所涉及的许多犯罪与刑罚问题的科学争论将继续下去，而本专著在法律科学中必将占有重要的一席之地，将满足学者、研究生、法律实务工作者和所有那些对犯罪与刑罚问题感兴趣者的需要。

Ф. М. 贾瓦多夫（Ф. М. Джавадов）

法学博士

教授

＊ ＊ ＊

现在所评议的著作是作者——拉基莫夫教授对与犯罪和刑罚有关的刑法基本问题探寻答案的作品的继续。此前，作者曾撰写过一部内容丰富的专著——《犯罪与刑罚》（莫斯科，2012 年）。

这部专著——《犯罪与刑罚哲学》的书名本身即已道出了作者为自己设定的应予研究和论述任务问题的复杂性。作者致力于回答的问题包括:"何为刑事法律之外的犯罪?人的行为,尤其是犯罪行为的原因和根源何在?刑罚的实质是什么?刑罚从何而来?因为什么而惩罚?为了什么而惩罚?惩罚谁以及如何惩罚?刑罚权属于谁以及谁赋予此权?一般来说,社会是否需要刑罚以及刑罚的未来如何?"

许多过去的和现代的思想家都探讨过犯罪与刑罚的哲学论题,而且不仅限于法学家和哲学家,还有心理学家、医学家、社会学家、宗教界人士、作家、政治家,等等。这一点足以证明,回答犯罪与刑罚的哲学问题,一方面不仅会让法学家感到有趣,而且另一方面,仅仅在刑事法律研究的范围内他们也未必能够找到答案,对此,作者在自己的著作中不止一次地提醒大家注意。

因此,该著对其他知识领域相应问题的考察给予了极大关注,尤其是专门分析了犯罪与刑罚在宗教学说中的解释,剖析了哲学家、社会学家、心理学家对该现象的观点,当然也研究了刑法学家的理论。这样便能够从更高的角度——如果允许这样表达的话——来审视问题,并在科学方面得出趣味无穷的结论。

本书由两章构成,依照逻辑和先后顺序,第一章考察犯罪哲学,而第二章考察刑罚哲学,并尝试确定刑罚的未来。

在讨论犯罪的本质时,作者得出结论认为:"通过人为的方式将犯罪人和犯罪从对其具有意义和与其处于不可分离之有机联系的社会环境中,从那些日常生活条件当中剥离出

来并超越时空对犯罪人和犯罪进行研究是不可能的，也是没
有意义的。"我们应当同意作者的这一结论。值得注意的是
犯罪哲学本质的基本结论，根据这一结论，犯罪的哲学本质
"乃是一个人自由的、有意志的行为形式，其根源在于人格受
外部负面社会经济条件和情境影响的心理、生理的特殊性"。

作者对刑罚哲学的思考使他得出值得关注的内涵丰富的
结论，这无疑具有科学价值。比如，在对刑罚的选择，即有
可能采用非惩治措施进行分析时，作者不无根据地断言："对
犯罪人的非惩治作用只在这样的情况下取代刑罚，即能够证
明，人实施犯罪不是按照自己的意志，而是由于其意志之外
的原因，并且这些原因可以无需惩治作用而被排除。"与此同
时地，作者在专著中指出："刑罚的未来，不排除在适用刑罚
之外对一定类别的犯罪和犯罪人适用非惩治作用的方法。"

有关未来的刑罚原则应予注意。作者认为："刑罚的未
来，在其惩治实质的程度方面，将直接取决于一个国家整体
上的犯罪动态的变化和水平。而这将因我们现在未知的犯罪
行为的出现而导致新的替代刑种的出现。"

当然，正如任何一部严肃的著作，在拉基莫夫的著作中
也存在一些论断有待进一步的研究，甚至会产生广泛的科学
争论。我认为，这些争论可能包括诸如有关刑罚及其个别刑
种的未来预测，"刑罚的未来与法官的自由裁量的扩大有关，
因为刑罚的低限和高限的差距在扩大，同时也与新的替代刑
的出现有关。随着时间的推移，短期刑将不再'时髦'，会

被数额巨大的罚金制裁所取代。某些国家因为严重犯罪和特别严重犯罪的增长而重新适用死刑"。这些预测建立在对刑罚制度的发展史分析、其作为法律和社会调节器作用的确定、对统计数据进行研究的基础之上。对这些预测的论证需要进一步来研究,而且,拉基莫夫教授本人也承认这一点。

作者修改立法的建议需要思考:对于加重情形下的故意杀人以及青少年在特殊加重情形下的暴力犯罪必须规定两种刑罚:死刑和终身监禁。在此,选择权应当赋予被证明有罪的被判刑人本人。

对所评议之书进行评价,总体上来说,这其中表达了作者对犯罪与刑罚哲学关键问题的观点,这些观点的综合便构成了一个逻辑上相互联系和相互依存的结构均衡体系。

本书文笔通顺流畅,能够为广泛的读者所接受。

综上所述,拉基莫夫的这本书无疑值得推荐印行出版,它将引起各种不同领域专家群体和法律院校的大学生、研究生、法官和执法机构的代表以及所有对犯罪与刑罚问题感兴趣的读者的兴趣。

А. В. 萨利尼科夫 (А. В. Сальников)

俄罗斯联邦总检察院科学院圣彼得堡

法律研究所 (分所) 副所长

俄罗斯联邦功勋检察官

法学副博士